中学物理教师专业成长系列丛书

# 高等师范理科写作

王力邦　封小超　编著

科学出版社

北京

## 内 容 简 介

本书是中学物理教师专业成长系列丛书之一,主要论述中学、大学理科教师应当掌握的写作知识,共分 11 章.全书从如何搜集整理资料、如何选科研课题分析入手,进一步指出理科写作的语体风格和应避免犯的逻辑错误,并通过典型案例阐述了理科教师在进行实验报告、教案编写、科学技术考察报告、教育教学调查报告、学术论文、科学普及类文章等方面的写作方法.每章教附有思考题,供读者边学边思考边练习.

本书在突出高等师范院校理科专业特点上做了一些新的探索.可作为高等师范院校理科专业的本科生、研究生的教材,也可供广大进修学习的中学理科教师阅读参考.

---

图书在版编目(CIP)数据

高等师范理科写作/王力邦,封小超编著. —北京:科学出版社,2008
(中学物理教师专业成长系列丛书)
ISBN 978-7-03-022246-6

Ⅰ.高… Ⅱ.①王… ②封… Ⅲ.理科(教育)-写作-师范大学 Ⅳ.G652

中国版本图书馆 CIP 数据核字(2008)第 081941 号

责任编辑:贾 杨 / 责任校对:李奕萱
责任印制:徐晓晨 / 封面设计:耕者设计工作室

科 学 出 版 社 出版
北京东黄城根北街 16 号
邮政编码:100717
http://www.sciencep.com

**北京捷迅佳彩印刷有限公司** 印刷
科学出版社发行 各地新华书店经销

\*

2008 年 6 月第 一 版 开本:B5(720×1000)
2020 年 1 月第五次印刷 印张:11 3/4
字数:219 000
**定价:38.00元**
(如有印装质量问题,我社负责调换)

# 前　言

　　写作，作为人类为实现信息书面存储所从事的一项智能活动，它在总结研究成果、普及各种学科知识、加强各种信息交流等方面都是不可或缺的．

　　高等师范院校是培养未来教师的摇篮．未来的教师除了要能教书育人，还要能搞科学研究．哪怕是对中学教材或教学法的研究，对教学手段、教学仪器的改造革新，都属于科学研究，都需要未来的教师去总结、发现和创新，并以论文、实验报告、技术总结、科技建议等形式阐明自己的发现、发明、创造或见解．未来的教师培养的是新世纪的建设人才，从孩子接受启蒙教育开始，普及各种学科知识的工作需要逐步加强，因此需要未来的教师能够根据需要编写科普读物，进行针对性的科普教育．未来的教师，不仅要自己能够进行写作，还要对自己的学生施行写作方面的教育，以提高学生信息书面交流与存储的能力．鉴于此，我们说，在高等师范院校开设写作课，是时代的要求、教育与科技发展和人类进步的需要．

　　高等师范院校的理科与综合性大学的理科或工科性更强的理科，由于培养目标的不同，其在写作方面的要求也不同．高等师范院校的理科体现出教师职业的特色，更关注学校教育与教学方面的研究，其写作大都围绕理科教育、教学工作展开．鉴于现行的科技写作课教材，其内容大都面向未来的工程师、科技工作者；即使有的教材也提及教师如何指导毕业论文与毕业设计，但仍然感到对未来的中学理科教师帮助不大．为此，我们编写了这本《高等师范理科写作》，试图通过中学理科教师写作方面的内容和方法的介绍，让高等师范理科的同学们掌握一些必备的写作知识，并通过在讲授这门课程中一些必要的训练，以达到提高同学们写作水平的目的．

　　"理科教师的写作"蕴涵着丰富的内容，远非有限的篇幅、有限的学习时间，特别是笔者有限的能力所能概括．我们意识到问题的严峻．但该做的事，总得有人去做，我们愿意倾听来自各方面的批评．

　　如果这本小册子对选修这门课的同学们能有所帮助，我们将受到鼓舞和鞭策．

　　仅以此书献给未来的光荣的中学理科教师们．

王力邦　封小超

2005 年 9 月于四川师大

# 目　　录

前言
## 第一章　高等师范理科写作概述 ······················································· 1
### 第一节　什么是科技写作 ·································································· 1
### 第二节　关注当代大学生的科技写作能力 ············································ 2
### 第三节　关于"高等师范理科写作" ···················································· 4
### 第四节　"高等师范理科写作"课的教学要求和方法 ······························ 6
### 思考题 ·························································································· 8
## 第二章　占有材料——理科写作的前提 ··············································· 9
### 第一节　科学观察与科学实验 ···························································· 9
　　一、科学观察是获得科学事实的基本方法 ·········································· 9
　　二、科学实验是科学发展的源泉、动力和检验标准 ···························· 10
　　三、坚持通过科学观察与科学实验获得第一手材料 ···························· 12
### 第二节　实地调查 ········································································· 13
　　一、调查的原则 ········································································· 13
　　二、实地调查的方法 ··································································· 13
### 第三节　文献查阅与资料整理 ·························································· 16
　　一、文献查阅 ············································································ 16
　　二、资料整理 ············································································ 23
### 第四节　把握概念 ········································································· 26
　　一、关于概念 ············································································ 26
　　二、概念的内涵和外延 ································································ 30
### 思考题 ························································································ 35
## 第三章　科研选题——理科写作的起点 ············································· 36
### 第一节　科学研究程序 ··································································· 36
　　一、从物理学上的"$\tau\text{-}\theta$ 思之谜"谈起 ······································· 36
　　二、一般的科学研究程序 ····························································· 37
### 第二节　科研选题的原则 ································································ 38
　　一、需要性原则 ········································································· 39
　　二、创造性原则 ········································································· 40
　　三、科学性原则 ········································································· 41

四、现实可行性原则 ………………………………………… 41
第三节　科研选题的方法 ………………………………………… 42
　　一、从实践中发现问题 ………………………………………… 42
　　二、从科学的内部矛盾中寻找问题 …………………………… 43
　　三、到科学技术发展的前沿领域去选题 ……………………… 44
　　四、在学科交叉的领域中选题 ………………………………… 44
　　五、在研究课题中扩大选题范围 ……………………………… 45
第四节　高等师范理科写作选题 ………………………………… 45
　　一、在选题方面存在的问题 …………………………………… 46
　　二、从中学"新课程标准"谈起 ……………………………… 47
思考题 ……………………………………………………………… 49

第四章　理科写作的语体风格及常见的逻辑错误 ……………… 50
　第一节　理科写作的语体风格 ………………………………… 50
　　一、简约性 ……………………………………………………… 50
　　二、准确性 ……………………………………………………… 51
　　三、清晰性 ……………………………………………………… 53
　　四、平实性 ……………………………………………………… 54
　第二节　逻辑错误是可以避免的 ………………………………… 55
　　一、避免假说不恰当 …………………………………………… 55
　　二、避免错觉和夸大结论 ……………………………………… 55
　　三、避免因果关系不明确 ……………………………………… 56
　　四、避免分类不当 ……………………………………………… 57
　　五、避免推理无效 ……………………………………………… 58
　思考题 …………………………………………………………… 61

第五章　实验报告的写作 ………………………………………… 62
　第一节　实验报告的构成 ………………………………………… 62
　　一、从《用伏安法测电阻》实验看实验报告的构成 ………… 62
　　二、理科教育实验研究报告的组成 …………………………… 67
　第二节　实验报告写作范例 ……………………………………… 69
　　一、中学化学实验报告 ………………………………………… 69
　　二、中学物理教育实验研究报告 ……………………………… 72
　思考题 …………………………………………………………… 76

第六章　理科教案的编写 ………………………………………… 78
　第一节　理科教案的写作要求 …………………………………… 78
　　一、理科教案编写要体现的课堂教学设计原则 ……………… 78

二、理科教案写作的基本内容 …………………………………… 79
　　三、教案的基本写作要求 ………………………………………… 81
　第二节　理科教案范例 ………………………………………………… 81
　思考题 …………………………………………………………………… 91

## 第七章　科学技术考察报告的写作 …………………………………… 92
　第一节　科学技术考察报告的写作 …………………………………… 92
　　一、科学技术考察报告的正文写作 ……………………………… 92
　　二、学术会议考察报告的格式 …………………………………… 94
　第二节　科学技术考察报告举例 ……………………………………… 95
　　一、关于赴欧洲学习焦化新技术情况的考察报告 ……………… 95
　　二、学术会议考察报告举例 ……………………………………… 97
　思考题 ………………………………………………………………… 102

## 第八章　理科教育调查报告的写作 …………………………………… 103
　第一节　理科教育调查报告的一般步骤 …………………………… 103
　　一、选择调查对象 ……………………………………………… 103
　　二、明确调查要涉及的五个方面 ……………………………… 104
　　三、选择调查手段 ……………………………………………… 105
　　四、准备调查材料 ……………………………………………… 106
　　五、实施调查 …………………………………………………… 106
　　六、整理调查材料 ……………………………………………… 106
　　七、分析调查结果 ……………………………………………… 107
　　八、撰写调查报告 ……………………………………………… 107
　第二节　调查问卷的设计与编制 …………………………………… 107
　　一、理科教育调查问卷的内容设计 …………………………… 107
　　二、关于理科教育问卷的问题编制 …………………………… 110
　第三节　理科教育调查研究报告的撰写 …………………………… 112
　　一、案例 ………………………………………………………… 112
　　二、理科教育调查研究报告的写作格式及要求 ……………… 118
　思考题 ………………………………………………………………… 120

## 第九章　理科论文写作 ………………………………………………… 121
　第一节　理科写作三阶段 …………………………………………… 121
　　一、关于开题报告 ……………………………………………… 121
　　二、关于完成阶段 ……………………………………………… 124
　　三、发表阶段 …………………………………………………… 127
　第二节　理科论文的书写格式及要求 ……………………………… 128

　　　　一、头 ……………………………………………………… 129
　　　　二、主干 ……………………………………………………… 131
　　　　三、尾 ……………………………………………………… 133
　　第三节　理科教育、教学论文的写作技巧……………………… 136
　　　　一、分析读者 ……………………………………………… 137
　　　　二、组织材料 ……………………………………………… 138
　　　　三、关于"毕业论文写作手册" ………………………… 140
　　第四节　理科教育、教学论文范例……………………………… 143
　　　　一、关于教学理论探讨方面的论文举例 ………………… 144
　　　　二、关于研究学生学习方面的论文举例 ………………… 150
　　　　三、关于指导中学生写课题研究报告的举例 …………… 155
　　思考题…………………………………………………………… 161
第十章　科学普及类文章的写作…………………………………… 163
　　第一节　实用性科普文章的写作………………………………… 163
　　　　一、实用性科普文章的基本特点 ………………………… 163
　　　　二、实用性科普文章的写作要领 ………………………… 165
　　第二节　科学小品文的写作……………………………………… 172
　　　　一、什么是科学小品文 …………………………………… 172
　　　　二、科学小品文的特点 …………………………………… 173
　　　　三、科学小品文的选题 …………………………………… 174
　　本章结束语……………………………………………………… 176
　　思考题…………………………………………………………… 177
主要参考书目………………………………………………………… 179

# 第一章  高等师范理科写作概述

高等师范院校的理科主要指：数学、物理、化学、生物、地理、计算机等专业，而高等师范理科写作也是指师范类的上述专业的写作。尽管它较之科技写作来，范围缩小了，但包含的内容仍然十分丰富。了解高等师范理科写作所包含的内容，进而明确开设高等师范理科写作课的重要意义，这是本章要达到的目的。

## 第一节  什么是科技写作

一般认为，科学是"不断完善和发展着的反映客观事实和规律的知识体系"，它主要回答"是什么"、"为什么"和"能不能"的问题；技术来源于生产实践、科学实验和科学理论，是在生产实践经验和自然科学原理的基础上发展起来的方法（包括管理）、技能（包括经验和工具、设备等）的体系，它主要回答"做什么"、"怎么做"和"做出来有什么用"等问题。科学与技术之间互相促进、互相制约、互相影响，二者结合是一把双刃剑，它既可能造福于社会，也可能祸害于社会。科学技术虽说是生产力，但这仅是一种潜在的意义。只有当科学技术为劳动者所掌握，直接进入了生产过程，并且制造出产品来，才成为社会生产力。而要使科学与技术的结合真正造福于社会，就需要总结科学与技术方面的研究成果，向社会交流、推广，而科学技术成果的表达手段不可避免要用文字表达。这种文字表达，包括各类具有一定科学技术内容的文件、手稿、资料、出版物，我们统称为科技写作。科技写作作为一种文字载体，它是向社会传播科学技术知识的桥梁，是将先进的科学技术转化为社会生产力的重要媒介。

有人把科技写作分为四大类[①]。

第一类为文献、资料的写作，即各种科学技术的专著、论文、报告、述评、文献、讲义、科研或教学用的资料等。

第二类为科技应用文的写作，即各种科学技术工作的公文、函件、计划、建议、总结、规程、合同、广告、产品说明书等。

第三类为科学普及性作品的编写与创作。包括：①各种知识性的科普文章，如科学浅说、科学漫谈、科学趣话、科学史话等；②各种技术性的科普文章，如技术问答、技术操作指南、工农业技术推广资料、家用电器的使用和维修等；

---

① 中国科普创作研究所编. 科技写作十六讲. 天津：南开大学出版社，1988. 3.

③各种科学文艺作品，如科学散文与小品、科学童话、科学故事、科学考察记、科学家传记、科学报告文学、科学诗歌、科幻小说等；④其他，如少儿科普作品、科学广播稿、科教电影、电视和幻灯片的脚本等。

第四类为各种科技新闻稿的写作，如科技消息、通讯（特写）、人物专访、述评、调查报告、新闻资料等。

从上述分类，我们不难看出，科技写作扎根于一般的语文写作，是一般写作理论在科技写作上的具体运用和发展。一个没有语文基础、文笔不通的人是谈不上科技写作的。又由于科技写作的内容、读者对象及文章的用途和一般写作有所不同（一般写作大多偏重于文学写作的训练），它有许多特殊的问题需要有别于一般写作的理论加以处理。当代，科技写作已经被当作一门学科来研究。

作为一门学科，科技写作包括：①有关科学技术的社会功能、科学技术的发展史及其相应的政策法规；②从事科技写作的人应当具备什么样的专业科技知识；③有关科技写作的基本功训练；④有关科技写作的各种文体的体例、规范、基本要求、写作方法和写作要领；⑤其他有关科技写作的业务知识。

总之，科技写作的内容是十分丰富的，它有许多独特的理论问题、技巧问题和知识修养问题。

## 第二节 关注当代大学生的科技写作能力

当代大学生自觉培养和提高自身的科技写作能力，关系到未来的工程师、科研人员、科技管理者、教师等能否适应社会发展在以下几个方面的需要。

第一，是卓有成效地做好本职工作的需要。

工程师（包括农艺师）要经常起草各种生产计划、设计方案、施工方案、技术标准、产品说明书、技术操作指南、培训教材、讲义和小册子等。

科研人员，只有把科研成果写成文章，让其观点、见解、创造和发明以科技论文、科研报告、科普作品的形式公诸于世，才是其某项科研工作最后完成的标志。此外，科研人员还要经常草拟开题报告、经费申请书、实验报告、科研简报、综述等文稿。

教师要编写讲稿、教材，要指导学生实验、实习并写出实验报告、实习总结和毕业论文等。

科技管理者要经常草拟、审定各种计划、报告、建议、条例、公文、简报、合同、协议等科学技术工作文书……

上述情况表明，当代大学生在未来的工作岗位上要做、要说、要写，要展现自己的科技写作能力。因此，科技写作能力是他们将来能否卓有成效地做好本职工作的一个不可忽视的基本条件。

第二，是及时而恰到好处地对外进行交流的需要.

我们处在一个科学技术飞速发展、知识信息量激增的时代，各种新的发明、发现、创造、成果在竞争环境中不断涌现、不断更新. 这就需要我们的科技人员能够及时把握机遇，及时地恰到好处地把自己的成果发表出来. 过早了，成果不受重视；过晚了，荣誉和专利可能归于别人，而使个人、集体和国家都可能蒙受损失.

这种及时和恰到好处，对于科技人员提出很高的要求. 它不仅要求科技人员在专业上过硬，能有所发现、有所发明、有所创造、有所前进，而且还要求科技人员掌握国内外科技发展的最新动态，把握时机；还要求科技人员在关键时刻能清晰、准确、严密地表达自己的思想，及时写出思路清楚、结构严谨、论证有力、文笔流畅、简洁明快的论文、报告来. 可见，科技写作能力对希望有所贡献、有所作为的科技人员，是多么的重要.

第三，是得以在各种论争中战胜对手、获得支持的重要因素.

在科学技术的发展过程中，经常会发生一些不同观点的争论. 有理论上的、方法上的、有技术上的、措施上的，在实际工作中还常常形成不同的方案. 在这种情况下，孰是孰非，谁优谁劣，不仅取决于真理是否掌握在手中，还看谁能否言之有理，提出一些无可争辩的论点和论据，否则即使掌握的是真理，由于说不清、道不明，得不到有关方面的理解和支持，有时也会受到挫折.

当代的大学生，在未来的工作岗位上，会遇到诸如：一个地区的开发、一项工程的上马、一项技术的引进、一个产品的改进甚至一个理论的创新等问题上的论证与争辩. 对一时难以作结论的理论，允许百家争鸣，继续探讨；对实际工作中一些具体问题，就不允许长期争论不休，莫衷一是. 解决后者的办法往往是：把争议的几方找到一起来，经一番可行性论证，然后由主管部门拍板定案. 因此，作为一名科技人员，你的建议、方案、措施能否获得支持、采纳和通过，除了它本身是否合理、可行、完善之外，在一定程度上还取决于你能否言之有理、论证有力. 显然，它涉及你的科技写作能力.

第四，是争取社会上各方面的理解和关注的需要.

如果社会各方面不理解科研工作的性质和意义，不了解科技人员可能发挥的作用和将给社会带来的利益，就不会给予足够的支持，甚至会给予种种非议、阻挠和责难. 一些新的研制项目要上马、一种新的见解或学说要提出、一门新的学科要建立和发展、一项新的研究成果要推广和应用，如果不能取得社会各方面的理解和支持，是不可能成功的. 因此，科学家们在其学术研究上有了建树，有所突破之后，总是设法写些科普读物，向社会介绍他们的学术成果；工程师们在新产品问世之前，总是设法利用电视、广播介绍其产品……这一切都需要科技写作. 只要努力利用科技写作将本单位本部门的工作向社会作广泛宣传，引起社会的关注，争取社会各方面的支持，本单位本部门的工作才可能取得进展. 这叫学会向社会推销自己.

第五，是服务于社会并从社会获得信息反馈的需要.

一方面，一项新的科学技术，在群众中推广普及得越好，应用的范围越广，才可能产生越大的经济效益. 这就需要科技人员不仅在论文、报告及工作文书上有较强的科技写作能力，而且能写出较好的科普作品，这样才能更好地服务于社会.

另一方面，在向群众解答提出的各式各样问题的过程中，科技人员可以进一步了解社会各方面的需要，从而使自己的研究方向更加明确，攻关目标更加具体，并在与群众的交流中得到各种启发与帮助，使他们的工作做得更好. 而在了解社会各方面需要的过程中，不可避免地采用文字表达的形式，记录来自群众的要求、建议、意图、想法等，这也涉及科技写作.

总之，作为一个现代社会的科技人员，科技写作是他立足于社会的一种十分重要的能力.

科学技术方面的写作能力，历来受到老一辈科学家的关注. 仅以中国著名科学家说过的话为例[①]：

严济慈说："作为一个科技工作者，应当会读书、教书、写书和做研究工作."

华罗庚说："不会说话，不会写文章，行之不远，存之不久." 他还说："学科学的不学好语文，写出的东西文理不通，枯燥乏味，诘屈聱牙，让人难以看下去，这是不利于交流，不利于科学事业的发展的."

钱学森说："一个科学专门家，如果不能把本行的专业知识通俗地表达出来，怎么能说他精通了本行的专业呢？"

卢嘉锡说："培养科学工作者的老师们，要教会年轻人学会表达. 表达是很重要的，一个只会创造不会表达的人，不能算是一个真正合格的科学工作者."

周培源、苏步青、钱临照等还在不同的场合进一步强调：自然科学工作者要学些文学、历史知识，这对提高一个人的文化、思想素养和语言、文字表达能力都大有好处.

总之，我国老一辈科学家反复强调提高青年科技人员（包括在校大学生、研究生）的语言、文字表达能力，他们认为这是科技人员必须具备的一项基本功，关系到我国科研成果能否很好地总结、交流与推广、普及，关系到科学技术事业能否得到整个社会的广泛支持，也关系到科学技术工作者自身成长和作用的发挥.

## 第三节　关于"高等师范理科写作"

人们习惯把高校中广泛运用数学和自然科学（物理、化学、生物学、地学、

---

① 中国科普创作研究所编. 科技写作十六讲. 天津：南开大学出版社，1988. 1.

天文学等）知识，并强调科学实验的专业称为理科．综合性大学的理科重点培养科学研究人才，其理科专业的学习，更注重向纵深领域的发展；偏重工科应用的理科，要培养技术管理人才，其理科专业的学习，更注重向横向领域的拓宽；而高等师范院校的理科，重点是培养未来的教师，因此除了涉猎相关专业知识与技能的学习外，还要涉猎与教育、教学有关的职业知识与技能的学习．比如高等师范院校的物理教育专业，除了学习数学、力学、热学、光学、电磁学、原子物理学等专业理论知识及相应的物理实验技能外，还要学习教育学、心理学、物理课程与教学论等与教师职业知识与技能紧密相关的课程．

因为培养目标的不同，其写作能力的培养也有不同的侧重点．综合性大学的理科学生，应当侧重于：以科学技术方面的内容为研究和表述对象，以说明、议论为主要表达方式，反映数学或自然科学某个领域内某些现象的特征、本质及其规律性，用于科学技术信息的生产、储存、交流、传播、转化和普及等方面的写作．而高等师范院校的理科学生，则应侧重于：以本专业的教育、教学的内容和要面对的学生为研究和表述对象，同样以说明、议论为主要表达方式，反映的是学校教育、教学方面的写作．

就科学技术的文书而言，有：①科技报告类，如实验报告、考察调查报告、可行性研究报告、科技成果报告、科技建议书等；②科技信息类文书，如科技文摘、科技动态简报、科技综述等；③科技新闻类文书，如消息、通讯、人物专访；④科技说明类文书，如科普说明文、专利申请、产品设计说明书、工程设计说明书、产品使用（维护）说明书等；⑤技术鉴定证书；⑥科技合同；⑦科技论文．就学校教育、教学的文书而言，有：①教育文书，如学生守则、公约、学校工作要点、各项管理规定、教育评估报告等；②教学文书，如教学大纲、教学计划、教案与讲稿、试卷分析报告等；③毕业设计与毕业论文（包括研究课题的开题报告）等．

我们认为，虽然侧重点不同，高等师范院校理科教育专业的学生仍然必须具备一些基本的科学技术文书的写作能力，如调查报告、实验报告、科普说明文，特别是科研论文的写作能力．至于与理科教育、教学有关的文书，诸如本专业课程的教学大纲、计划、教案与讲稿、试卷分析报告等，这方面写作能力的培养，当然更不应该被忽视．

归纳起来，"高等师范理科写作"有如下特点．

1. 科学性

就数学与自然科学而言，其内容能准确反映人类对客观事物、自然规律的正确认识，经得起时间和实践的检验．因此高等师范理科写作首先要求作者必须具备实事求是的科学态度和相关的科学技术知识，其作品应能指导和启示读者正确地从事科学实验和相关的理科教学活动．

在表达形式方面，科学技术方面的文书，其语言是准确、规范的，使用的科学技术术语、计量单位、符号等符合国际标准化的要求，由于该文书的内容具有极强的客观性，定性准确、定量亦准确，忌用夸张和带主观感情色彩的词句．即使是教育、教学方面的文书，只要涉及理科专业的术语、计量单位、符号等，同样要求国际标准化，同样要求定性和定量准确，这一点是不容含糊的．因为只有努力做到理科写作的书写格式规范化，包括专业术语、缩写、符号、计量单位、表格、插图等的使用要求符号国家标准或国际标准，才能做到在检索和翻译上方便，更能发挥传播、交流科技与教育的信息的作用．

2. 创造性

无论是科技文书还是教育、教学方面的文书，理科写作都应有创造性的内容．作者可以表述本人研究的，在理论、方法或实践上有新进展、新突破的内容；也可以创造性地收集、整理某一范围内众多人在同一课题方面的最新成果，还可以创造性地表述是怎样把别人的研究成果运用于自己的工作实践中去的；更可以依据自己的专业知识，分析教育、教学实践中面临的各种问题，创造性地提出一些解决问题的办法、措施，或者是对问题的深入思考……总之，理科写作应有作者创造性的劳动，要能在增长读者的理科专业知识、解决读者困惑的问题或者给读者一些有益的启迪等方面体现出新意来．

3. 实用性

理科写作具备的实用性表现在以下方面．

一些文书具有规定约束作用．例如，实验室规章制度，它指明进实验室的学生必须遵守的纪律条例；而教育主管部门制定的教学计划则指导学校教育、教学工作的开展；教师课前准备的教案、讲稿则指导着教师在课堂上开展的教学活动．

一些文书具有宣传、说明作用．例如，科普说明文、实验注意事项须知等，都是按照一定的逻辑顺序对所写的内容予以客观的说明，帮助读者理解认知新对象，避免认识或操作上的失误．

一些写作，如研究论文，具有增长知识、解决困惑或给人启迪的作用，这不仅是体现创造性，同时也体现实用性．

为了突出其实用性，理科写作在文字表述上总力求简明通俗易懂，而且用词造句总力求准确、肯定，重点突出、层次清楚、条理分明，以便读者能很好地了解掌握相关的规定、知识或技能．

## 第四节　"高等师范理科写作"课的教学要求和方法

通过"高等师范理科写作"课的教学，要求学生：

（1）逐步了解和掌握作为中学理科教师应具备的写作理论、写作方法与技巧、写作要领等方面的知识与技能．

（2）逐渐熟悉与理科教育专业相关的具有代表性的调查报告、实验报告、科普说明文、教育教学研究的学术论文等方面的写作．

（3）培养并提高自身独立思考的能力、洞察事物的能力、文字及口头表达能力和创作才能．

"高等师范理科写作"课的教学方法是：

（1）教师讲课、提供读物、组织讨论相互配合进行．通过教师指导查阅资料、示范性地分析各类范文，进一步要求学生做笔记、摘要和提出需要讨论和解答的问题，并组织一些评论性的阅读和讨论．

（2）提供学生练习写作的机会，并针对性地提出批评和建议，力求因人而异地提供写作方面的指导．可结合专业学习，布置有关写作的作业，如撰写一份调查报告、撰写一篇小论文或实验报告，针对某一章节内容进行教学设计，写出一节课的教案等．

总之，"高等师范理科写作"课强调自主学习与合作学习．

所谓"自主学习"，是很多情况下，由教师介绍一些书籍、文章或文字资料，由学习者通过自己独立阅读、独立思考、独立研究、独立动笔写作……从而达到"七会"．

（1）会读书．能够抓住书本中的重点和中心内容，以求深刻理解，领会其实质．

（2）会发现问题和提出问题．能够依所学习的内容，在已知知识和未知知识之间出现差异或矛盾的基础上，发现并提出问题．

（3）会观察．围绕所学内容，对日常生活、工作或科研活动中发生的现象进行准确、迅速、全面、深刻地观察．

（4）会进行实际的或想象的实验．即能够根据书中的实验装置、实验步骤去想象具体怎样做实验，有条件的便可进行实际操作．

（5）会运用所学知识．能正确运用自学的知识去分析解决问题，去指导自己的写作．

（6）会记忆．对所学的知识，包括各类写作的格式要求、规范，涉及的各种科学技术上的基本常数、公式，记得快、记得牢、记得准．

（7）会用参考书和查找资料．对本教材未提及的文书、未涉及的范例，需要时，能够知道从什么地方能快捷、准确地找到自己需要的信息．

所谓"合作学习"，是通过分组讨论，小组推举代表发言的方式，交流写作心得．而且，对每个人的习作，常采用同学们互换互评、小组间互换互评等方式，促进学生在异质小组中互相合作，达到共同的学习目标．

再比如，为完成某个课题的写作，需要对某事件进行调查，会事前明确小组调查任务，让小组成员先讨论需调查的内容项目，设计问卷、问题和采访对象，乃至地点时间及各成员的分工，事后要整理、分析处理数据、结果，写出调查报告．这其中没有合作、交流、沟通与共享，是不可能出色完成调查任务的，这就体现了"合作学习"．

我们希望通过上述的教学方式，让同学们学会与人共事，学会知识信息共享，学会更富于挑战的写作．

**思考题**

1. 什么是科技写作？为什么说科技写作的内容丰富且各具特色？
2. 高等师范理科写作包括哪些内容？就其特点而言，你认为哪一条最重要？
3. 本章中提及的教学内容和教学方法，你希望突出哪些内容，强调哪些方法？
4. 谈谈你对自主学习和合作学习的理解．

# 第二章 占有材料——理科写作的前提

"不凭主观想象，不凭一时的热情，不凭死的书本，而凭客观存在的事实，详细地占有材料，在马克思列宁主义一般原理的指导下，从这些材料中引出正确的结论."这是毛泽东同志在《改造我们的学习》一文中告诫大家在搞调查研究和进行决策时遵循的"谋事之基，成事之道". 高等师范理科写作同样有"详细地占有材料"的要求. 正如盖房子，先得准备充足的基石、木材、钢筋、水泥和砖瓦一样，从事写作，首先要详细地占有材料. 而要详细地占有材料，就须进行科学的观察、实验，进行实地的调查，进行文献查阅和资料的整理……本章就这些问题逐一作简单论述.

## 第一节 科学观察与科学实验

人们有目的有计划地对自然现象或社会现象在自然发生的条件下进行考察的方法称之为观察. 而人们根据研究的目的，利用科学仪器、设备等，人为地控制（模拟）自然现象或社会现象，排除干扰，突出主要因素，在有利的条件下去研究自然规律或社会规律的方法，称之为实验.

### 一、科学观察是获得科学事实的基本方法

人们要获得事物的各种直接知识，要为科学理论的发展提供可靠的科学事实，首先是学会观察. 观察者直接用自己的眼、耳、鼻、舌、身等各种器官去感知事物的各种现象称直接观察；而利用科学仪器或其他手段去考察研究对象的称间接观察. 我们判断外界事物的颜色、物态、冷热、粗细、大小等性质时，常用直接观察；而借助望远镜、显微镜、声纳、雷达、激光和红外技术以及其他综合性遥感技术考察一些人的感官难以测定的诸如宇宙天体、分子原子、细胞等，进而作出定性定量分析的观察，是间接观察. 不论是直接的还是间接的观察，都不具有变革和控制研究对象的主动性，这是它不及实验方法的地方. 但任何实验都离不开同时使用观察，才能获得各种科学事实. 而对天体运行、地壳变迁等人们无法或暂时无法变革和控制的研究对象，观察方法还不能替代.

观察有可能产生错误，究其原因，主要来自观察者的主观和片面. 例如，在观察现象并作记录时，观察者不自觉地掺进自己的主观想象，或者对某些观察所得的模糊情节作出错误的判断，或者心理上的先入为主，受假象和错觉所蒙蔽，

从而导致主观性错误,像"重物比轻物下落得快"、"力是物体运动的原因"、"太阳围绕地球运转"等科学史上的错误论断,都是出于此. 又例如,只观察既定目的有关的现象,而对其他很有价值的现象不予理采;或者只观察一些现象来印证自己的观点,对大量与自己观点不符合的现象视而不见;或者只注意事物局部发生的现象,而不顾整体发生的情况;只强调个人的观察而不重视别人观察资料的收集;没有进行历史的和现实的观察对照……都会产生片面性错误.

在科学观察上,学理科的人应当在观察过程中养成定性、定量分析问题的习惯. 比如,大家正在教室里上课,忽然天降大雪. 转眼间,外边的远山近物一派银装素裹. 此时,学文科的同学会想起许多咏雪的诗句,会联想某年某月大雪中发生的历史事件,会想到大雪对人们社会生活、经济的影响……而学理科的同学会本着专业的习惯,估测下雪的时间、数量;会走出教室去观察雪花的晶体形状;会观测周围的气温、气压、光线的变化;会思考如何定性、定量分析这样的自然现象中物态变化的成因……文科学生的表现是一种触景定情,乃至发挥联想,不是科学观察. 只有像理科学生那样,走出去,仔细地看,乃至借助科学仪器进行各种数据的测量,才是科学观察.

**二、科学实验是科学发展的源泉、动力和检验标准**

实验是从生产实践中分化出来的,是在理性指导下的一种感性活动. 由于它有目的性,人为控制性,即依研究的目的,利用仪器、设备人为地排除一些干扰,控制一些条件的变化,突出了主要因素,因此能够直接改变客观事物,抓住事物一些本质特征. 从这个意义上讲,实验属于社会实践的一种基本形式.

归纳起来,科学实验有如下特点.

第一,科学实验可以纯化研究对象.

由于任何自然现象或生产过程,都有多种多样的功能和属性,它们彼此联系着;同时自然现象或生产过程又同周围环境互相作用、互相影响. 在这种状态下,单靠笼统的直观不能认识事物的规律. 为此,通过特制的仪器设备,将对象置于一个特殊的环境,让对象的某些功能或属性在简化了的、纯粹的形态下暴露出来,从而准确地认识它. 例如,1799 年,英国物理学家亨弗利·戴维做了一个实验. 他在真空中用一只钟表机件使两块冰互相摩擦,并把整个实验仪器都保持在水的冰点,这样就排除了实验物和周围环境的热交换,使实验在纯粹的摩擦条件下进行,结果冰融化了,证明融化冰所需的热只能来源于摩擦,从而给所谓"物体中存在一种没有重量的热素,由它引起物体温度变化"的"热素说"以致命打击,为热的分子运动论的发展扫除了障碍. 这充分表明,用实验手段纯化对象,是导致科学发展的重要途径.

第二,实验可以强化研究对象,以保证在各种特殊条件下进行研究.

由于许多事物的本质特性及运动规律要在非常特殊的条件下才能暴露出来，而非常特殊的条件下，在自然状态中难以控制，在生产过程中难以实现，只有在实验中创造出来．例如，1931年范德格拉夫发明了静电加速器，接着又出现了回旋加速器，从而获得加速中子、氘核这些用以轰击原子核的"炮弹"，这就给实验创造了特殊条件，使人造元素的设想得以实现．为了强化研究对象，人们设法制造超高压、高真空、超低温、高能量等实验环境，使实验获得在自然状态或生产过程不可能获得的许多重大发现．比如，1911年，昂尼斯在接近绝对零度的实验中发现水银失去了电阻，从而引起了超导体及其性能的研究……事实表明，科学实验可以强化对象，从而保证在各种特殊条件下进行研究，并可能导致新的发现．

第三，科学实验可以检验任何理论或发现的真理性．

一个学说或理论，如果被科学实验的结果所否定，它就失去了存在的价值．另一方面，科学发现是通过科学实验而获得的，但是，它不被其他人的重复实验所证实，也不能得到公认．这是因为实验的过程往往存在着多种复杂的因素，鉴于仪器设备的局限造成测量精度不够，或者实验者对复杂现象作出的判断有偏差，都可能导致结论的错误．再有，科学实验是一种探索性的活动，不可避免要遭受多次失败才获得成功．为此，科学界坚持：任何理论或发现，必须经受科学实验的检验．曾经在科学界盛行的"以太说"，即充塞宇宙空间的是一种"以太"物质．1887年，美国科学家迈克耳逊和莫雷通过实验，否定了"以太"的存在，从此，"以太说"被否定．相反的例子，德国科学家哈恩公布了他的铀核裂变实验发现，美国的一批科学家在实验室里去重复这方面的实验，在不到一个月的时间里，纷纷得出同样的实验结果，哈恩的核裂变发现得到公认．又比如，"磁单极"有关理论可以使麦克斯韦的电磁波方程显得更对称，使现行的电磁学理论显得更完美，但由于"磁单极"迄今为止，没有获得科学实验的证实，因此，尽管该理论多么诱人，仍未被科学界所接受．

值得注意的还有：科学发现需要重复进行，而实验也恰好具有便于重复的优点．与生产实践比较起来，实验规模小、周期短、花钱少，因而便于重复进行．此外，实验室研究成果投入到生产中去的过程中，还需要中间实验这样的环节，通过中间实验才能把实验室的研究成果转移到工厂化生产中去．

第四，实验要求周密思考、精心设计．

实验的全过程大体上可分为：实验课题的选择、实验的设计和实施、对实验数据的分析和从中引出结论、对实验成果的鉴定等阶段．其中，周密思考和精心设计，是实验成功与否的关键．正如英国科学家贝弗里奇说的："最有成就的实验家常常是这样的人：他们事先对课题加以周密思考，并将课题分成若干关键的问题．然后，精心设计为这些问题提供答案的实验．"

丁肇中实验小组关于强子三喷注的著名实验，就是周密思考、精心设计的典范．其思考过程大致是这样的：由于具有电磁作用的粒子（电子等）可以辐射光子，从而认为层子也可能辐射胶子这一强相互作用力的传递媒介物；又由于正负电子对撞产生强子的实验中，发现强子呈双喷注的空间分布，从而认为如果胶子存在，将在高能电子对撞产生强子的实验中，看到强子的三喷注现象．经过这样的逻辑推理，再精心设计捕捉三喷注现象的实验方案，并把实验设计方案物化到实验设备中去进行实验，1979 年，丁肇中小组根据这一实验设计，在西德汉堡高能电子对撞机上进行的实验中，发现了三喷注现象，从而取得了胶子存在的实验证据．

为了使实验设计巧妙、完善，人们还借助数学统计方法，把原先的简单对比设计发展到复杂因素的析因设计，引入偶然误差的基本理论和系统误差分析，从而选择最佳实验方案，实现实验设计的最优化．

值得引起我们注意的还有：在实验观察中可能有事先意想不到的另一种很有意义的事实，这种意外的发现被人们称之为机遇．比如，1895 年，德国科学家伦琴在研究阴极射线管的放电现象时，偶然发现放在实验室内一包密封的照相底片被曝光了．这一意外的现象引起他的注意．他对其分析研究后发现，是实验中的某种射线的结果，他把这种射线称为 X 射线，并应用于其他方面的研究．为此他荣获了诺贝尔奖．而伦琴之前，不少人遇到过类似情况，像 1879 年英国的克鲁克斯、1890 年美国的兹皮和詹宁斯、1892 年勒纳德和德国的另外一些科学家，都曾先后发现在阴极射线管附近的密封照相底片被曝光了．他们中有的只埋怨自己不小心，有的对这种"干扰"感到气恼，有的认为与自己的研究课题无关而不去深究，结果都错过了发现 X 射线的机遇．因此，学理科的人，应当记住：机遇青睐的是具备敏锐的识别能力、尝试新步骤的勇气、勤奋认真工作的态度、坚持不懈锲而不舍的精神以及丰富的学识和熟练的观察实验技能的人．

由上述分析可知，科学实验是科学发展的源泉、动力和检验标准．

**三、坚持通过科学观察与科学实验获得第一手材料**

高等师范院校各理科教育专业，其理论基础绝大部分植根于科学观察与科学实验．可以说，没有科学观察与科学实验，就没有今天理科各学科的蓬勃发展．同样，没有科学观察与科学实验，就很难获得理科写作所需要的第一手材料．而缺乏第一手材料的写作，往往停留在空泛的议论上，不能以事实和数据说话，让人难以信服．比如，我们所学专业的理论（包括教育、教学理论），在具体的实践中究竟产不产生矛盾？产生的是什么样的矛盾？这样一些问题，如果不通过科学观察和科学实验，是很难分析清楚的．鉴于此，坚持通过科学观察与科学实验获得第一手材料，对高等师范理科写作来说，就显得十分重要．

## 第二节 实地调查

研究者围绕选定的课题直接到现场、到基层，面向具体的人或事进行观察、咨询、了解有关情况、搜集各方面的资料，以供具体研究之用，这就是实地调查.

### 一、调查的原则

运用实地调查以占有材料时，必须遵循以下原则.

1. 实事求是的原则

要从大量错综复杂的现象中找出事物的内在联系和本质规律，只能持唯物主义的态度，即尊重客观事实、尊重群众的经验，从实际出发．对别人的经验，绝不能轻易简单地加以肯定或否定，更不能凭主观想象，带着框框找事实根据来对待调查研究，而是要通过大量事实之间的相互联系来分析对比，透过表面现象，发掘其内在本质．而从实际出发，还要求调查研究者能因地制宜，根据事物发生时的历史背景、所处条件进行全面地考察，才能做到正确反映客观事实.

2. 虚心向群众学习的原则

广大人民群众中蕴藏着丰富的实践经验，只有深入其中，才能听到一些真知灼见；只有虚心向群众请教，才能比较敏锐地发现新情况和新经验；只有树立群众观点，才可能获得更多的情况和材料．因此，以任何主观自大、自以为是的态度去对待群众，只能闭塞言路，使调查工作深入不下去.

3. 辩证科学判断的原则

对掌握到的调查事实材料，首先要反复核对，不放过任何细小的问题，然后要认真进行分析．这里边需要具有辩证的思想和科学的态度．例如，由于被调查对象的不同，或是在不同的时间、地点搜集的事实材料不同，就可能使显示的结果截然不同，对这种比较复杂的情况，需要有一种发展变化的观点，一种严肃认真的态度，找不同对象所反映的情况以及不同时间、地点所搜集的材料中的共同点和差异点，从而判断这里边能揭示本质的或主流的东西．也只有如此，才算达到了调查的目的.

### 二、实地调查的方法

调查除了须遵循一定的原则，还须讲究一定的方法.

1. 调查前的准备

调查实施前，必须思考：为解决什么实际问题而展开调查？到何地找何人进行何种方式（有问卷式、咨询式、普遍调查、典型调查、抽样调查等）的调查？如何去熟悉调查对象（被调查者只有配合，才可能获得所需的重要材料）？

调查实施前，还须制订周密的调查计划．它包括：调查的目的、要解决的问题、选定的对象、调查的地区、单位、范围和规模、时间和步骤、调查的类型和方法、人员的分工等．

调查实施前，要草拟调查提纲．它包括：按一定逻辑顺序列出的调查项目，以及围绕调查项目事先准备的一个个小问题．有时也不必把怎样提问都一一列举，因为在调查中，可能遇到草拟的项目不切合实际需要的情况，得随时根据具体情况来发问．

此外，必要的物质准备，如工具书、摄影录相录音的器材、生活的各种必需品，乃至单位介绍信、赠送被调查者的小礼品等都要考虑到．对调查工作中可能遇到的各种困难，都应有一定的思想准备．

2. 调查的实施

调查的实施依不同的对象和不同的目的有：现场观察、个别访问、参加学术会议、召开调查会、问卷调查和收集样品之分．

走到调查对象那里，用自己的感官及观察仪器去直接观察调查对象，以收集直接的感性材料，这是现场观察．这里边有参与观察和非参与观察．如有的科学家为了揭开一些原始部落人群生活的奥秘，就只身进入原始部落，与那里的人们共同生活、友好相处，从内部进行观察，这是参与观察；而有的人为了了解野生象群的生活习性，他们采取跟踪，躲在象群不易发现的地方进行拍摄，这是非参与观察．现场观察要做到：①心中有数．即调查前就认真阅读过有关被调查对象一些情况的书面报告、历史文献、原始记录、统计材料等；②选择好观察的时机．比如何时何地进行现场观察才能获得最佳的效果；③边观察边提问边思考．即在观察的同时，向被观察者提问或自己问一个为什么，并在观察、提问的基础上积极思考，以求尽可能多地获取有用的信息．

个别访问是典型调查和抽样调查时普遍采用的方法．首先是选准访问对象．根据访问对象在所调查问题中所处的地位、可能知道些什么事实以及他有无代表性或针对性等来选择访问对象．其次，要掌握访问对象的心理．访问对象因为出身、年龄、性别、民族、籍贯、职业、经历以及性格、气质、素质等的不同，在接受访问时，会有不同的心理表现．对夸夸其谈者，要巧妙地提醒他不要言过其实；对不知所云者，要耐心向他讲清访问意图；对不愿意接受访问者，要设法打消他的思想顾虑，让他产生信任感．最后是要善于提问．访问成功的最大因素是善于把握谈话方向，使谈话自始自终围绕调查目的进行．比如，什么样的对象提什么样的问题，如何使提问由近及远、由易到难、由表及里、由此及彼地进行？如何紧扣调查目的来提问？如何随机应变地改变提问的方式？如何营造一个双方配合的良好氛围等．

同行业的学术会议是搜集情报资料与文献的一个重要渠道．学术会议上，专家、学者宣读论文，面对面讨论、交流在科研中的新成果与新进展、提出新观点或新课题，这是提供学术信息的活动．一些书面或口头发表的东西就可能是很有参考价值的资料．比如，通过会上讨论和会下交谈，可以知道同行正在做什么？解决了哪些问题？还有哪些问题没有解决？再联系自己思考：我能够做什么？不能做什么？我能从同行交流中获得什么帮助或提供对方什么帮助？是否能在交换数据资料、培训技术人员、购置科学仪器等方面探讨合作的可能性？总之，结合学术会议的特点，在与专家、学者面对面的交谈中，是能使自己的科研受益匪浅的．

由调查者主持会议，依事先准备的调查提纲，向到会者提出问题，展开讨论，这就是调查会．要想较快地掌握各方面的情况，及时了解各种分歧的意见，弄清事实的真相，召开调查会是一个好办法．要开好调查会，一是要慎重选择既有代表性又能提供情况的人参加开会，一般以 5～7 人为宜；二是要开有准备的会，可采取事前先发调查问卷让与会者做准备；三是要善于启发引导，让调查会既有热烈的讨论，又能把每一件事都弄清楚，问确切．

将要调查的项目设计成一个个的问题或要求填写数据的一个个表格，让被调查者书面回答或填空的，就是问卷调查．问题要设计得简单，只须回答是或不是、赞成或不赞成、有或没有等．如有多种可能性的，则设计选择题，提供有多种可能的答案供被调查者选择；或设计填空题．切勿题目过大或给被调查者过多的表述空间，这样不利于对问卷的归纳和统计．要想了解被调查者过多的想法，不如采用调查会等其他形式．而对问卷调查，要精心设计表格，要求被调查者填写的内容要能通过统计反映要调查的项目所需要的数据，要能提供准确的信息，达到调查的目的．

到调查对象处收集各种能说明问题的实物，这是收集样品．比如要研究黄河水土流失，从源头到入海口，分流段采集水样，测试其泥沙含量，就很必要．

3. 调查的总结

调查的总结大体经历材料收集与记录的整理、材料的核查、选择对研究问题有关的材料、写调查报告这四个步骤．

首先，我们收集和记录的材料应当是系统而全面的，所谓系统性是指详细了解每个问题的各个侧面，以及大侧面里的小侧面；还有小侧面里的各个细节及同周围事物的联系．只有这样，才能收集到某一问题的系统材料．所谓全面性是指针对或围绕某一事物有关的若干问题，逐个地收集一连串有一定广度和深度的事实材料，包含历史的和现实的材料、点上的和面上的材料、正反两方面的材料．只有这样，才能统观事物的全貌和整体．

在收集和记录的基础上，需要对材料进行初步的整理．比如，个别访问，当场记不下来的，事后要及时回忆补记．又比如，当场收集记录的内容比较凌乱，需要及时按调查提纲或依专门问题和材料性质，进行归类和调整．

为了保证汇总和初步整理的正确性，需要对材料进行严格的核实审查．从材料的合格性、准确性和完整性三个方面来考查所获材料的价值．比如，《中国青年报》于1995年作了一次有关国际政治方面的问卷调查，报社收到10多万份答卷．调查者分析了寄答卷的人，他们有学生、工人、农民、教师、机关干部、士兵和公司职员，代表性是广泛的，他们关注祖国的前途和命运所反映出来的观点是比较一致的．通过从合格、准确、完整三方面的核实，报纸慎重地公布了调查结果．

在对材料的整理中，有时需要设计表格、进行统计，或者把原始材料分类排列，登录在一张调查总表上，再根据登录号加以整理．

通过对调查材料的整理与核实，既便于今后查找又使自己对调查的问题有了进一步的认识．此时，对众多的材料，哪些是重要的、哪些是可有可无的，就能够心中有数．把围绕研究问题有价值的材料选出来，再认真进行归类分析，在确认这部分材料具有系统性和全面性之后，便可以着手写调查报告了．

调查报告的写作，本书安排在后面的章节，在此不赘述．

总之，围绕研究的课题，开展实地调查，是高等师范理科学生应当掌握的一种方法．运用这种方法，我们可以了解有关理科教育、教学方面的省情、校情，了解自己的学生；同时，也占有了许多对理科写作有帮助的详细而具体的材料．

## 第三节 文献查阅与资料整理

无论是课题的确定、规划的制定、方案的取舍、难关的攻克，还是成果的鉴定和总结，都离不开文献的查阅．而对搜集到的资料，只有通过归类和数据复核等方面的整理，才可能对我们的理科写作有所帮助．

### 一、文献查阅

通常依内容的不同加工层次或级别，把科学技术文献分为一次文献、二次文献和三次文献．一次文献又称原始文献，如期刊论文、专利、技术标准、会议文献等直接记载科研成果，报道新发现、新创造、新技术、新知识的原始创作．二次文献则是将分散、无组织的一次文献进行加工、简化、压缩、整理而成的目录、文摘、索引等，是查找一次文献的线索．三次文献是指在利用二次文献的基础上，选用一次文献内容，经过综合、分析而编写出来的文献，如书评、综述、述评、专论、进展报告、数据手册、百科全书、年鉴、产品样本等．

1. 查阅文献的一般原则

文献资料的查阅，目的在于搜集对研究课题有用的资料，并加以利用和再创造. 这就涉及对大量文献按一定原则进行筛选的问题.

(1) 广泛性原则. 尽量避免局限于某一种或某几种类型的科技文献. 搞应用研究或产品开发的, 还须避免只注意期刊, 不注意专利文献.

(2) 系统性原则. 要系统地查阅所研究领域中有关前人研究的成果, 了解该领域的全貌.

(3) 针对性原则. 针对要研究的问题选择自己确有用处的资料.

(4) 及时性原则. 科学技术文献的有效使用时间在不断缩短, 只有及时查阅才能使之发挥作用.

(5) 高质量原则. 从众多的科学技术文献中认真识别, 挑选高质量的期刊, 重点查阅.

2. 三次文献的查阅

像工具书（专业手册、辞典等）是最常用的三次文献, 而与专业有关的综论（综述、述评等）是最重要的三次文献.

先思考: 完成研究的课题需要查哪些类型、哪些专业、哪些语种和哪一时期的三次文献. 对工具书的查阅往往依需要而定. 例如查找某种化学物质的熔点、沸点、相对密度、溶解度等理论数据, 则先查阅手册、辞典. 要求数据较新的, 则查较新版的手册, 要求最新数据, 则查现行期刊. 若要查找某种型号的仪器设备方面的资料, 可查找产品说明书或产品数据手册. 比较定型的课题, 应多利用有关手册、教科书、评论性年鉴及技术标准等. 对查找的课题比较生疏, 或对课题的全貌中心无数, 则应先阅读有关图书、综述、述评, 再查找其中所引用的文献.

作为理科教师, 要认真阅读有关理科教育、教学方面的综论. 通过阅读, 了解自己要涉及的学科研究的基本原则、概念和实验方法, 了解自己所选课题的研究情况、发展方向等. 通常, 在综论文章里均附有文献出处乃至原始文献资料, 我们往往能从中追溯查找到一次文献或直接就获得一次文献. 特别是一些著名学者写的综述, 往往站在较高的水平上对有关问题的各篇论文作出评价, 分析各家论文在学科发展中所起的作用, 或概述该门学科研究的发展趋势. 认真阅读专家的综论, 对自己的研究将会帮助很大. 一些综论所引用的参考文献有限, 并未列举完有关问题的全部文献. 有的引用文献又与原文主题关系不大, 仅借以说明某一情况, 漏检或误检在所难免. 因此适当利用查阅二次文献的办法进行补缺, 也是研究者需要注意的.

3. 二次文献的查阅

二次文献在这里主要指文摘. 查阅文摘的主要目的是: 简单了解文献内容, 必要时按文献提供的信息查找原始文献. 若文摘著录详细, 从中可知原始文献所述的观点、结论和数据等内容, 以及文献研究的目的、方法和成果, 则不需要再读原文. 若文摘仅提供原文的大概情况, 满足不了要求, 则需进一步查阅期刊或专利的原文.

用二次文献查阅一次文献大体经历如下步骤:

(1) 分析研究课题. 首先对自己选定的课题进行分析, 其中有哪些要求? 需要哪方面的理论支持、数据资料和方法借鉴?

(2) 研究确定检索范围. 明确课题查找的要求后, 就要根据课题的学科性质, 研究检索的学科范围; 还要分析查找年代, 确定检索的时间范围; 分析文献类型, 确定检索的文献类型范围.

(3) 选定检索工具. 查找范围确定之后, 要考虑用何种文摘、题录或索引之类的检索工具查找某一课题. 一般先利用综合性检索工具. 条件许可, 则尽可能多地利用几种检索工具, 以防止可能出现的遗漏或差错. 还要充分发挥专利文献检索工具的作用, 因为这方面的检索期刊往往内容具体, 有的还有附图, 对有关生产工艺和实验研究方面的课题, 特别有参考价值.

(4) 找出检索标识. 选定了检索工具, 就要准确地找出课题的检索标识. 如主题词、关键词、分类号等. 按主题法编排的检索工具, 一般都载有或专册出版有专用主题词表, 供选择准确的主题词参考. 按分类法编排的检索工具, 在文摘正文的前面或后边附有"目次表", 供选择分类号参考.

(5) 确定检索途径. 根据找出的检索标识来确定检索途径. 途径一般有: 分类途径、主题途径、著者途径、序号途径等.

(6) 查找文摘和线索. 按所查索引的使用方法, 查出文献的文摘号. 再根据文摘号查出文献的篇名、作者、文种、刊载该文献的刊名等资料线索和文献的内容摘要.

(7) 获取原始文献. 阅读文摘后, 若需进一步了解和详细阅读原始文献, 则记下文献出处, 利用有关工具书, 查出刊名缩写的全称, 再通过查馆藏目录或联合目录, 到有关图书情报部门借阅原文或去函联系复印.

值得提倡的是利用计算机进行文献检索. 目前大多数图书馆都有相应的电子阅览室, 其数据库大多有重要学术期刊的光盘. 由于数据库加进了许多印刷本中没有的补充检索项, 能帮助用户更好地从找到的文献中选取所需的内容; 机检免去手检时需一卷卷地翻阅期刊的麻烦; 单位时间内机检可通过许多不同的数据库获得比手检多得多的信息资料; 机检结果可打印输出, 免去手工抄写, 甚至可以先在计算机上排序存盘, 需用时再打印出来……鉴于机检比手检效率高、速度快、利用计算机进行文献检索, 特别是二次文献的查阅, 受到越来越多人的青睐.

4. 阅读要讲究方法

让我们先来阅读选自山东教育出版社 1985 年出版的《语文学习十二法》的文章.

## 整本书阅读法

陈　刚　沈宝良

读整本书,和单独读一篇篇文章相比,有它不同之处. 一般说,整本书内容丰富,头绪众多,花费的阅读时间较多;而单篇文章,花费的时间就少些,半小时一小时,一天半天时间便能读完. 语文教材中有很多单篇文章,教师教这些文章,除了要让学生从中学会读单篇文章的方法外,更重要的是借助这些较短的材料来培养读书能力,进而能读整本书. 语文教材中,还从整本书里选取了不少片断,如《林教头风雪山神庙》、《王冕》、《草船借箭》等. 编选这些文章的重要原因之一,是为了培养学生阅读整本书的兴趣和能力. 一个人,在工作和学习中,是经常要和整本书打交道的. 学习某门学科,从某些书中查找参考资料,要了解某一方面的知识等,都要用到整本书. 所以,叶圣陶先生明确提出,中学生应当具有读整本书的能力. 每个中学生,都要努力通过课内外学习,掌握正确有效的整本书阅读法.

这里介绍几种方法:

一、读书要读序跋

不少学生不懂序文的重要性,认为这和全文无关. 他们常常在拿到一本书以后,马上看正文,或者挑选有趣的部分阅读. 须知,序文常常是介绍有关此书的重要情况的,如:编写意图、编写过程、主要内容、全书中心、阅读注意事项等. 参观一个展览会,走进展览大厅,我们总习惯于看看展览会的示意图、说明书,以便确定参观范围. 这样,在参观时就不会茫无头绪,以致漏掉了很多应该细看的内容,把时间白白花在那些意义不大的部分. 读书先读序,可以对全书有个概括的了解. 这等于旅游时有个导游,可省去很多盲目乱闯的无用功. 例如:江苏科技出版社出版的《伟大科学家的生活日记》一书,就有一篇《译序》和作者写的《导言》. 译者在《译序》中介绍翻译这本书的原因,译本的来源,本书内容的重点. 《译序》还分析了这些传记写作上的成功之点,并指出作者由于时代和阶级的局限,不可避免地在书中掺杂了一些唯心主义观点,提醒读者注意鉴别. 显然,在阅读这本书时,先读《译序》是非常重要的,等于逛公园先看了导游图,可以少走些弯路.

序文的名称、写法、重点等,有很多不同. 名称有"前言"、"写在前面"、"编辑大意"、"编辑例言"、"编写说明"、"关于本书"、"译者序"等. 有编辑写的,有作者写的,有译者写的,也有请学者名人写的. 有些书还有"后记"、"跋"、"编后记"、"再版后记"、"修订附记"等,也都是说明有关这本书的一些内容的. 作者写的序,介绍写作意图、取材、组织等内容,阅读它可以知道全书的概况;编者或作者师友写的序,常常是说明编写方法、体例,评论全书的得失. 有些序言属于引言性质,例如中国青年出版社出版的《历史文选》,有一篇两万多字的"前言",说的并非全书内容,而是介绍中国历代散文发展变化的知识. 它是阅读全书的准备,也可以说是阅读全书的门径或桥梁. 细读上述各种序言,对读懂、读好全书是有很大帮助的.

二、读书先看目录

目录等于全书的眉目、纲要. 细读目录,可以具体知道全书的规模及主要方面,进而确定阅读步骤. 例如陕西人民出版社的《作文练笔举要》一书,读了目录,就可以知道这书的规模，分仿写、缩写、扩写、改写、续写、整理、看图作文、读后感等十二部分．每部分都是先有一节文字，说明这类写法的含义、方式、注意点，再附示例和练习题．读了目录，就可根据自身情况，确定阅读重点．如果自己最不善于看图作文，那就可选看这一部分．

再如你要去苏州旅游，行前读《苏州的传说》一书，就可先读目录，从中知道苏州主要名胜古迹的名称，再选看几篇，并了解最有名的古迹如虎丘、灵岩、寒山寺等有关的传说．

有些书，如数学、物理，系统性特别强，不读第一章就看不懂第二章，必须依次看下去．对这类书，也可先读目录，知道它有哪些部分．如果你已经读过力学，再找有关力学的其他书时，便可从目录中找出和自己原先读的书不同的部分，确定重点阅读的范围．那些介绍历史、地理知识等的知识性书籍，还可在读完全书后，再看目录，借目录来温习全书，巩固记忆．

### 三、用工具书和参考书辅助阅读

读整本书，要注意利用字典、词典等工具书，弄清楚文字含义．此外，还要注意利用《中国现代作家辞典》、《中国人名大辞典》、《外国名作家传》、《中国通史简编》、《世界通史》、《青年文库》、《中学生文库》等参考书，查考、了解所读书籍的作者生平、时代背景等．例如，读老舍的《骆驼祥子》，就可借助《中国现代作家辞典》，了解老舍的生平；借助《名人轶闻录》，了解老舍创作此书的经过；借助中国青年出版社的《青年文库》，查看有关历史背景．

### 四、书籍不同，读法也要不同

阅读有些重在介绍知识的书籍，目的为汲取知识．读时要注意思考、判断，抓住全书要点，不遗漏，不歪曲，选取重要内容，编成提要或图表，以增强记忆．也可联系自身经验，使书上的知识化为自己的东西．例如北京出版社的《语文基础60讲》一书，阅读时就要偏重思考、分析、理解，也可画出语音、语法、修辞、逻辑各类知识简要图表，使自己记住各项知识的项目和要点．同时，还要联系自己阅读、写作的实际，提出问题；在钻研全书的过程中解决问题，把书中的知识化为己有．

读小说或剧本，就要换一种方法，偏重于感受．感受小说、剧本中塑造的人物形象，感受作者通过这些形象表达的思想感情．看完一本小说或剧本，要闭上眼睛想一想，书中有哪些人物，这些人物是否都已活跃在你眼前，你能否说出他们的面容、衣着、神情、举止、言谈的特征和各种使人难忘的事迹，说出他们各种品质、精神、思想．假如你一闭上眼睛，书中的各种人物都活跃在你眼前，你似乎都已熟知这些人了，那就说明你读的非但是一本好书，而且你是读懂了，是感受到了．在感受的基础上再作分析，作者是怎样写的，是运用什么材料、何种手段、哪些精彩文句写出来的．分析以后，再回顾全书，求得全貌的了解．这样读，就不同于读知识性书籍了．这样读，也避免了单纯追求故事情节，对作品的灵魂、形象、思路等都经过了一番研究探讨的工夫．不少学生读小说和剧本，光求情节，实在是舍本逐末的做法．

读诗歌集，则要重在享受，借以陶冶性情，要细致体察作者在诗中的感情及描绘的形象．读时心情激荡，几乎分不清所读的诗歌是诗人的还是自己的．在了解诗人的处境、心情、背景的基础上，把握诗中之情．在真正准确地了解诗的思想内容的前提下，再冷静地分析评论其内容的得失、境界的高下、思想的取舍．

### 五、预测寻思阅读法

读中国古典小说,每回结尾讲到最紧张的时刻,如讲到某英雄为奸臣所害,已绑赴法场,刽子手的大刀即将落下时,作者便以"欲知后事如何,且听下回分解"一句话带住,留下悬念,吸引你继续读下去.

读到此处,我们就可运用预测寻思法,不忙于读下去,而是细细寻思,预测这位英雄的命运如何,故事将怎样开展下去时,你就会看到作者的思路比你高明之处,禁不住拍案叫绝,进而找出自己和作者的思维方式上的差距,使自己获益;当你发现作者的思路和自己预测的大体相同时,你会有"英雄所见略同"的感受,从而肯定自己的思维方式. 这样"俯而读,仰而思",读读想想,想想读读,在预测寻思的过程中,充分训练了联想、想象的能力,使读和想有机结合,阅读中发现问题,思考中解决问题,读书效率就会大大提高. 预测寻思阅读法适宜读整本小说,也适宜读剧本、散文、故事等其他文艺作品.

### 六、介绍几位学有建树者行之有效的整本书阅读法

#### 1. "宝塔式"读书法

著名记者邹韬奋读书,先从头至尾看,"觉得其中特别为自己喜欢的,便在题目上做个记号,再看第二次;尤其喜欢的再看第三次,最最喜欢的,遇着偷闲的时候就常常看."此法的好处是:由粗到细,逐步深入,抓住精华,反复欣赏,从而获取很多益处.

#### 2. "一意求之"读书法

苏东坡是宋代诗、词、赋、文、书法各方面都有相当造诣的大学问家,是中国文学史上少见的大家. 他知识广博,得力于正确的读书方法. 苏东坡强调,读书要"每次作一意求之,勿生余念". 意思是:每本好书,优点很多,内容往往很广,每读一次,只从一个方面去思考、理解、集中注意一个问题. 如读《汉书》这类历史书时,第一次偏重了解事实史迹,第二次偏重了解典章制度. 这样,一遍一个重点,一遍一遍去读,表面看有点笨,但学成以后,各个方面都经得住考验,这和泛泛而读,读完后一点都经不住考问的读法相反. 苏东坡又把这方法称为"八面受敌法". 这方法,对于一些需要精读的书是很适用的. 例如读《三国演义》,可以从文学作品角度入手,欣赏许多栩栩如生的人物形象;可以从了解历史知识的角度入手,分析理解当时的主要历史事件,对照历史著作《三国志》中的《隆中对》《赤壁之战》等片断进行思考;还可以从学习地理知识的角度,对照历史地图,了解"鼎足三分"的地理形势;也可以从学习语言的角度,看看书中诸葛亮、庞统、周渝、司马懿等人的论辩技巧;还可以从学写记叙文的角度,看这书对战争的始末、各种场面的描写,学习它详略精当的剪裁方法等. 分多次读一本书,每次"一意求之",每次有一重点,次次深入,所得既丰富又扎实,自能"八面受敌",经得起各种考问了.

#### 3. "鸟瞰—精读—消化"式读书法

茅盾读整本文学名著,采用这种方法. 第一遍是"鸟瞰"式,即先迅速通读一遍,有个初步印象. 第二遍是"精读"式,细细咀嚼,细细体会. 最后一遍是"消化"式,即弄通作品的思想意义,包括文句篇章. 用他自己的话说,就是从"感情上的感动,到理智上的感动". 这样读书,能看出作品好在哪里,弄清作者为什么要这样写,理解深透.

#### 4. "联系现实、纵横思考"读书法

毛泽东同志读书,不是无所谓地马虎读读,而是联系现实生活,联系人民的事业,从古

到今,从文艺想到政治、经济、哲学等,纵横思考,把书中可以借鉴的内容自然而然地用来指导实践. 毛泽东同志读了《水浒》后说:这本书要当作政治书看. 梁山泊这支队伍,来自各个山头,但是统帅得好. 他从这里引申出我们领导革命也要认识山头,承认山头,照顾山头,到消灭山头,克服山头主义. 谈到《西游记》,毛泽东同志说:要看到他们有个坚定的信仰. 唐僧、孙悟空、猪八戒、沙和尚,他们一起上西天去取经,虽然中途闹了点不团结,但是经过互相帮助,团结起来,终于克服了艰难险阻,战胜了妖魔鬼怪,达到了西天,取来了经,成了佛. 这里主要讲不要怕有不同意见,不要怕有争论,只要朝一个目标,团结一致,坚持奋斗,最后总会成功. 毛泽东同志这样读书,就把书读活了,通过纵横思考,使读的内容为现实服务了. 我们读书,就要这样,联系实际,回顾历史,纵横思考.

5. 十二字读书法

著名哲学家冯友兰,他从七岁读书起,至今88岁,读了80多年书,写了10几部哲学著作. 他总结自己80年读书经验,归纳为12个字:"精其选,解其言,知其意,明其理." 具体说,就是读整本书要有选择. 他把书分为精读书、泛读书、翻阅书三类. 解其言,即要读懂书的文字. 知其意,就是要透彻理解书的真正含义. 除文字表面的意义外,还要看出文字里面蕴涵的更深的意义,要知"弦外之音,味外之味". 因为历来的好作品总是"书不尽言,言不尽意"的,总是给读者留有思考余地的. 读懂书,懂文字是一层,更要解其意,懂它更深一层的意思. "意不尽理",明白书中的原意,不等于有了自己的见解. 明其理,就是要做到有自己明确的意见. 在和书中或前人的意见互相补充、互相比较、互相纠正的过程中,形成一个比较正确的意见. 冯老形象地打比方说:明其理,"这个理是我自己的,我可用它处理事情,解决问题. 好像我用自己的脚走路,只要我心里一想走,腿就自然而然地走了. 读书读到这个程度,就算是活学活用,把书读活了."

6. "六步自学法"

一位自学成材的青年,创造了阅读整本书的"六步自学法":通读—提要—自问—复读—自考—加固. 具体说,就是:第一步,通读全书. 第二步,那全部内容要点编成提要简表,在编表过程中,同时也就抓住了要点,加深了理解. 第三步,自问,把书和提要放在一边,自己试着说说全书内容. 当然会有错漏,不过这不要紧. 再进行第四步,复读. 这遍比第一遍快一些,重点复读错漏之处. 接着自己出题考自己. 自考过程,无论出题、答题、纠错,每一环节都是加深理解、强化记忆的过程. 要编出能反映全书要点的问题,就要掌握全书重点. 自考结果,会有答不上的,可复看一遍,再次加固. 这六步,实际上是读三遍书,编一次提要,自我考问两次. 这样读书,费时多些,效果却很好. 这种读法,适宜于历史、地理、政治理论等一类书籍.

对理科的原始文献,有泛读和精读之分. 我们还想补充的是:

通过检索获得原始文献,并决定详细阅读,这里边还存在方法问题. 比如,对理科新编教材的阅读,一开始要关注其编写的特点. 一般而言,理科教材的前言或绪论,往往给出教材一个轮廓上的粗略素描. 读它,可以了解教材研究些什么,大体采用什么方法去研究. 每一章、节的开头,往往给要阐述内容一个线索,从哪儿开始,要引出些什么. 各章、节的具体内容常常是先从日常熟悉的现象或事物的阐述开始，引出要研究的问题，由浅入深，由感性向理性逐步深入．科学规律多从实验总结出来，而介绍实验，一般分为实验目的、仪器装置、步骤和注意事项、观察到的现象、结果分析等几项．一些定理通过数学演绎所得，凡演绎推理，其因果联系总是有一定的思路，步步为营、丝丝入扣，充分、必要条件满足与否，直接影响到结论．教材的每章、节的最后部分，总涉及知识的具体应用……根据这些特点，我们就知道，阅读时，哪些可以泛读、浏览即可，比如前言、绪论和每一章、节开头的线索内容；哪些应当精读，比如该节中的新概念、新规律，认真思考它们是怎样建立起来的，如何在实际中应用，有些什么注意事项等问题．

阅读要注意边读边思考．对学理科的人，阅读时应当注意：
（1）进行力所能及的观察、实验或经验回忆，建立感性认识；
（2）弄清书本是怎样通过抽象、概括来建立概念和规律的；
（3）将新知识与原有知识进行比较（求同求异）、弄清新旧知识的纵横关系，加深对新知识的理解；
（4）通过实际应用检查学习效果，必要时可重新再次阅读书本或资料．

阅读能力强者，表现在通过阅读，能够抓住书中的重点和中心的基本内容，求得深刻理解，领会其实质；能够根据书中所讲的内容，结合实验观察到的现象，在已知知识和未知知识之间出现的差异或矛盾的基础上，发现问题和提出问题；能够根据书中陈述的实验装置、步骤去想要做的实验，有条件的便可以进地实际操作；能够合理地运用已学知识和阅读中遇到的新问题进行对照，对阅读中需要记忆的内容，记得快、记得准、记得牢；会根据需要找参考书及其辅助性资料来帮助阅读．

总之，文献的查找和阅读是理科写作前必须经历的一个环节，未来的中学理科教师应当努力提高这方面的能力．

**二、资料整理**

资料的整理主要是归类和数据复核．最常见的记录资料方法是笔记、卡片与原件复印件等；最常用的归类是将搜集到的资料按：历史与现实、"点"与"面"、"正面"与"反面"、背景资料等进行归类；而数据复核，各理科专业学科也有些共同的内容．

1. 笔记、卡片与原件复印件

要从事理科写作，首先要有值得研究的问题．而问题又主要来源于理科教育与教学的实践．要从实践中搜集资料，寻找课题，得随时养成记笔记的习惯．例如，理科实验中遇到防锈层剥落，与原件黏附不牢，使实验设备受损的问题；物理或化学专业中会遇到诸如求原子基态光谱项有多种途径，而把握不准究竟哪一种方法较简捷的问题……往往问题的提出就可能成为一个有价值的研究课题，关键是善于捕捉瞬间即逝的思路，及时记录下来．

笔记，除了将实践中遇到的问题记录下来，还应当记录同行与非同行的同志间的讨论，往往在各种争论中、在广泛征求意见时，受到某些有益的启发，获得某些有价值的见解，及时记录，将成为很好的资料．

除了记录问题，笔记还应记录方法．例如，针对防锈涂层剥落，有研究工件外型及内部在加温升压等情况的变化；有研究涂层与工件黏附件中哪些属物理变化，哪些属化学变化的……这都是研究途径；又比如，对原子壳层电子分布所满足的规律进行分析，区别满壳层、最外壳层等概念，进而比较原子基态光谱项求解的几种方法，哪些方法被别人已采用？哪些方法是别人未采用，而同样得出正确结果？这些都是笔记记录的内容．

笔记也记工作程序，先干什么，后干什么，随时记录和翻阅，做到心中有数．笔记还记录事实与数据，明确自己所研究的问题，已经知道了些什么，积累了些什么，还需要做些什么，都可以在笔记中反映出来．

由于笔记记录的内容包括自己整理的和别人提供的资料，包括各类学术会议、学术团体文件、同行或非同行讨论中所得到的启发，还有网上获得的内容等，它们带有很大的随遇性，必须进一步归类、精简，这就用到了卡片．

卡片是许多文理科学者至今仍喜欢采用的整理资料的方法．他在将文献阅读、学术交流或实地调查中的笔记重新整理在卡片上，或者阅读时就直接作卡片记录．卡片强调归类，且简要．常见的卡片是64开（约$13cm \times 9.2cm$）纸，固定的栏目一般是：类别、编号、摘目、作者及内容（特别有用的数据、方法、结论等文字记录）也有按自己研究方向自行设计栏目的．比如用"WL-2005-03"把卡片的类别、编号集中在一起表示的，它表示物理力学类，2005年第3张卡片．用"《大学物理》2005（3）：7～11"表示资料出处．为了查阅和联络的需要，一般卡片上还比较重视文章名、作者名和通讯地址的登录．卡片在记的时候，是单片的，然后按类别分开存放．用时可节时捷取．必要时，对卡片进行重新组合，还可以使研究的问题更精细、更全面．

有的资料不属于己有，但又需要全部或大部分内容，则采用原件复印件方式来搜集．但归类时也要编号，或采用比笔记更有规律、比卡片内容更详细的活页纸记录．

2. 归类

逻辑学上有概念的划分和事物的分类．较大范围的概念称属概念，较小范围的概念称种概念．根据事物外部特征或外部联系而进行的分类称现象分类，而依事物的本质特征或内在联系而进行的分类称本质分类．对为理科写作而搜集的资料进行分类，既有对概念的划分，也有对事物的分类．由于理科教育与教学不仅涉及概念、规律等理论问题，而且涉及与理科教育、教学相关的人和事．因此，所搜集的资料，需要从高等师范理科教育专业的角度去进行归类．这里，我们采用一般写作上的归类方法．即将资料归为：历史与现实的、"点"与"面"的、"正面"与"反面"的、背景的资料这几大类．

（1）历史和现实的资料．事物出现某种结果以前的资料称历史资料．例如，开普勒将第谷多年的天文观测资料集中起来，再结合自己的观察和数学演绎，总结出行星运动三定律．第谷提供的资料使开普勒看清行星运动的演变过程，找出来龙去脉、前因后果，这是历史资料．事物正在发生和新近发生的资料，为研究提供佐证，指出关注的方向等，如开普勒研究时进行的实际天文观测及数学演绎的算式，就是现实资料．

（2）"点"的和"面"的资料．具体典型的，能反映事物或问题的深度，显得详尽而细致的，是"点"的资料；概括研究对象的全体，反映事物或问题的广度，强调概括性的，是"面"的资料．说明问题，反映情况，找出经验、方法，主要靠"点"，而"点"与"面"结合，才有利于全面深刻地反映事物．

（3）正、反两面的资料．包括与自己观察、实验的结论一致的别人的研究，与自己观点一致的文献，支持自己观点的理论、数据等都属于"正面"资料．与自己观点、理论、方法与数据不同的相反的别人的研究工作、文献资料等，都属于"反面"资料．只有详尽地搜集正反两个方面的资料，并认真对待、客观评价"反面"资料，才可能在研究中防止片面性倾向．

（4）背景材料．对周围环境的介绍，对若干不易弄懂的名词术语，进行注释等方面的资料，均属背景材料．某些历史的材料可以起到背景材料的作用．但背景材料不局限于历史的材料，任何书面的、口头的、直接或间接获得的资料，只要涉及研究对象的周围环境及名词术语的内容，都可归入背景材料．

有时，视具体需要而将资料另行组合，这又是一种归类法．比如，需要用数据来阐明某种观点，凡是与该观点有关的实验数据、计算式、图表都归在一起来；需要用某种新方法阐明某个问题，凡是与该问题有关的旧观点、旧方法以及新观点、新方法，还有正面的、反面的实例都归为一类．

大的类归完之后，还要逐层深入归小类．例如，与数据有关的实验、计算、图表又可各归一类．这样，可以理清思路，决定取舍．

3. 数据复核

数据复核包括以下工作：

（1）计算与列表．对别人做过的和自己做过的实验重新检查和核对，如有可能，用各种不同方法进行计算．对于较为复杂的计算过程，应该重复几次；重复计算工作最好不要在同一天进行；在进行第二次计算时，不要看前一次的计算．对于需要用统计分析的数据，应该考虑用适当的方法进行处理．应该注意数字的有效位数．把计算结果列成表．把观察和叙述性的记录分类并排好次序．

（2）绘图．尽可能把实验观察的结果用图表达出来．多数实验结果，尤其是某些因素变化的趋势，由图来表达更能说明问题．图可以帮助对实验结果的比较、分析、解释与讨论．因此，对于写论文很有益处．无论是否打算将图包括在定稿内，在写作阶段，绘图也是很必要的一种复核．

（3）结论．仔细研究有关系的图、表和分类的叙述性观察记录，进行分析，找出各项因素之间的关系，想想对所有数据能作什么解释．如果对某一事实可能有几种不同的解释，就不要只着重作一种解释，应该对于各种可能性作同等对待，作出暂时性结论，写出笔记．仔细检查什么地方会产生错误，错误的影响如何，由此可以估计一下结论的正确性．

（4）补充观察与实验．如果需要，应重复或补充一些观察与实验，收集更多的数据，看看这些结果是否与自己的结论符合．

（5）修正结论．把记录数据和计算结果以及叙述性记录反复核对，看看暂时性结论是否恰当．检查一下在什么情况下结论是适用的，在另外什么情况之下，结论不适用了．如果必要，修改结论的措词，检查一下结论是否与类似的已知事物一致．

（6）例外．检查一下记录数据或计算结果，与结论比较，看看是否有例外、不符、差异或反常的现象，如果有，对于这些数据或结果作进一步的仔细核对．从异常的结果中也许得到启发，甚至有新的发现．对于例外或异常的现象，要作适当的解释，根据这些例外或异常，把结论作适当的修改．

（7）笔记．在进行上述反复检查与核对工作的过程中，每有见解，即作笔记．一般是用活页纸分条写出，每条见解用一张活页纸，不宜把所有见解无次序地写在一页纸上．这样做，便于把各种见解进行分类．分类整理编排的活页纸随时都可以依需要而增减内容或变更次序或重新组合．

总之，资料的整理是一项艰苦细致的实践活动，要想在理科写作上突出科学性、创造性和实用性，只有老老实实、认认真真地做好资料的整理才行．

## 第四节　把握概念

写作，尤其是高等师范理科写作，常常要涉及一些教育学、心理学或本专业上的名词术语，它们是科研选题里的基本概念．在整个"占有材料"的过程中，对科研选题里的基本概念，弄懂其相关的知识，尤其是认真分析其内涵和外延，是十分重要的．

### 一、关于概念

毛泽东同志曾在《实践论》中写道："社会实践的继续，使人们在实践中引起感觉和印象的东西反复了多次，于是在人们的脑子里生长起一个认识过程中的突变（即飞跃），产生了概念．概念这种东西已经不是事物的现象，不是事物的各个片面，不是它们的外部联系，而是抓住了事物的本质，事物的全体，事物的内部联系了．概念同感觉，不但是数量上的差别，而且有了性质上的差别．"[1] 这段话清楚地说明了以下几点：①概念的产生来源于实践；②概念是在感性认识基础上产生的；③概念的形成是认识的飞跃；④概念是人脑对事物的本质及内部联系的反映．这就是说，人们如不经过社会实践，不经过感性认识阶段，就不会在人脑中形成概念．概念的产生是人的认识过程的质变，它不像感觉、知觉和表象那样只是事物的外部现象及表面联系的反映，而是反映事物的本质和内在联系．因此，在认识论和逻辑学中通常把概念定义为反映事物的本质属性的思维形式．

让我们结合物理教学来讨论概念相关的知识．

1. 前概念与科学概念

由于抽象和概括的水平不同，反映事物的全面性和准确性方面的不同，概念又可分前科学概念（简称前概念）和科学概念．仅以直接经验为基础，用归纳方式获得的初级概念称前概念（或日常概念）；而以直接的和间接的经验为基础，抓住事物本质特征而概括归纳出来的概念是科学概念．比如中学生在学物理前，通过自己的观察、体验和思考，将某物体说成"运动的物体"，这是前科学概念，而通过学习，弄懂物体可以依运动的性质来分类，将物体称为质点、刚体等，则是科学概念．

从积极的方面看，中学生头脑中诸如："推、拉、提、压"是力的作用；物体有大小、轻重、冷热等区分；速度有快慢之分……这些前科学概念基本是正确的，虽然尚未形成科学概念，但它们犹如概念的半成品，只需要经过正确的思维加工，便可以形成科学概念．有经验的教师常以学生已经具备的基本正确的前概念为基础，引导他们分析事物的本质特征和内部联系，进而合理地抽象和概括，形成科学概念．

从消极的方面看，中学生头脑中诸如："力是使物体运动的原因"、"物体受力越大、速度越大"、"人提重物在水平地面上行走是在做功"、"蜡烛没有弹性"……这些前概念，由于建立在局部事实和粗略观察的基础上，抽象的内容不能反映事物的本质特征，因此是片面的，甚至是虚假和错误的．而它们常常顽固地干扰学生的学习．有经验的教师注意到前概念与中学生学物理之间的冲突，重视分析三点：①由表面现象的观察所得的经验常与物理知识不一致；②生活中的概念不能和物理上的概念混为一谈；③生活中的"绝对"标准有不

---

[1] 毛泽东．毛泽东选集（第一卷）．北京：人民出版社，1966．262．

少是和物理学中"相对"概念不适应的．从而帮助学生学习物理时，克服前概念的负面影响．

2. 具体概念和形式概念

为了把学生的思维发展阶段和学习内容关联起来，为了寻找与教材内容相适应的有效教学方法的客观标准，有经验的教师常常把物理概念分为核心概念和辅助性概念，或具体概念和形式概念．

例如，在讲述"液体内部的压强"内容时，压强这一概念是核心概念，它是该节内容中要求学生重点掌握的物理概念，而从液面量到待测点的竖直长度——深度，是帮助学生理解液体内部压强相关的概念，称辅助性概念．如何把握概念教学中谁是核心概念、谁是辅助性概念，常常依具体的教学进程而定．而具体概念和形式概念却是有客观标准的．

通过直接经验和运用具体的逻辑思维，就能获得初步理解的那些概念，亦即利用熟悉的动作、直接的观察，或运用仪表直接测量和自身经验就能容易理解的那些概念就是具体概念．如，长度、体积、时间、速度、质量、电阻等物理概念都属于具体概念．

在思维方面．不仅要有具体的简单逻辑思维，还须经历无限制的较为复杂的逻辑思维，才能理解和掌握的那些概念称为形式概念．例如，通过力与物体质量和加速度的函数关系来理解惯性质量的概念；通过理想化条件：物体不受外力作用，来理解惯性概念；通过两个物体之间的距离远大于它们各自的几何尺寸，其作用可视为两物体质量集中于各自几何中心的两点间的引力；或者根据平动物体上各点的运动状况都相同，可以用一点的运动代表整体的运动来理解质点这一概念，这些都属于形式概念．

有经验的教师常常通过演示或让学生自己动手实验来理解具体概念；而合理采用分析、类比、演绎、综合的逻辑方法来帮助学生理解形式概念．

3. 属概念和种概念

科学研究中，只反映一个研究对象的是单独概念，其适应范围往往狭窄而清楚．而反映一类事物的是普遍概念．对适应范围有限的普遍概念，可以用列举的方法明确其范围．对数量很大甚至无限而难以列举范围的普遍概念，则需要把这样的概念所反映的对象分成几个小类，从而明确概念的适用范围，这叫概念的划分．这就涉及属概念和种概念．

逻辑学上把适应范围较大的概念称属概念，属概念下分成几个并列的适应范围各不相同的概念，称种概念．例如，材料是一个属概念，从物理学的角度将材料分类，依物理性质有：高强度材料、高温材料、超硬材料、导电材料、绝缘材料、磁性材料、透光材料、半导体材料等种概念；依物理效应有：压电材料、热电材料、光电材料、电光材料、声光材料、磁光材料、激光材料等种概念.

在属概念和种概念的划分上,有经验的教师在教学中常引导学生关注以下几方面：

(1) 按照实践的需要或研究问题的角度确定划分的标准,且每一次划分只按同一标准,以避免种概念重迭或越级划分的逻辑错误.

例如,按化学分类,材料这个属概念,下边有金属、无机非金属、有机高分子材料几个大的种概念,而金属材料下边又有金、银、铜、铁、锡等所指范围更狭窄的种概念等. 若有人把建筑材料归入其中,而建筑材料可以是金属的（如钢材、铁钉等）,也可以是无机非金属材料（如水泥、玻璃等）,还可以是有机高分子材料（塑料制品等）. 所以,此人犯了重叠且越级的逻辑错误.

(2) 各种概念要互不相容,且它们各自适应的范围之和应当与总的属概念的适应范围相等.

例如,把金属材料、非金属材料、导电材料、导热材料并列在一起,而它们之间有交叉关系,违反了"互不相容"划分原则；在化学材料中,仅列出金属材料和非金属材料,漏掉了有机高分子材料,这就犯"种概念未尽"的逻辑错误.

(3) 分类要照一定的层次逐级进行.

对概念的划分,是把一个属概念分成几个并列的种概念,如果需要连续划分,可以将种概念再划分为次一级的种概念,这样逐次进行,如果划分中混淆了属种层次,就犯"越级"的逻辑错误.

例如,汉语文中"词"可先划分"实词、虚词"；把"实词"划分为"名词、动词、代词、形容词、数词、量词"；把"虚词"划分为"副词、介词、连词、助词、叹词". 如果需要,还可以继续划分. 但是,如果越过"实词、虚词"的层次,或者将不同层次的概念并列,如将"实词"与"助词、叹词"等并列,都属于"越级".

除了对种、属概念进行划分之外,我们还需要知道：分类有现象分类和本质分类两种区别.

根据事物外部特征或外部联系的某种自然属性而进行的分类,是现象分类. 例如. 物理学中固体、液体、气体的分类,图书管理中有关中文书刊、外文书刊的分类,都属于现象分类.

根据事物的本质特征或内部联系的某自然属性而进行的分类,是本质分类,又称科学分类. 物理学中,将材料分单晶、多晶和非晶态材料,这种状态分类是从材料内部的本质特征——分子（原子或原子团）的组成结构来区分的,属于本质分类. 科学研究工作最强调的是本质分类. 因为只有能够反映事物的本质特征和内部规律性联系的分类系统,才能帮助我们在科学研究的各个环节中正确理解概念,准确使用概念,进而把握各相关事物的联系和区别.

## 二、概念的内涵和外延

我们的理解，一个科学概念的内涵是指：用不同的方法、从不同的角度对该概念的各种界定和阐释；而其外延则是指该概念下的各种概念不同分类和适用范围。

下边，我们同样结合物理教学内容来讨论概念的内涵和外延。

任何一个物理概念都有明确的内涵和外延。例如，力的概念，中学物理中定义为："物体对物体的作用"。它撇开具体的施力物体和受力物体、具体的运动形态和具体的相互作用形式，概括出同类物理现象所具有的本质属性。学习者通过区分谁是施力者、谁是受力者去分析受力对象，进而分析受力对象在力作用下是发生形变或是运动状态改变来理解力的概念；再进而认识力不仅有大小而且有方向，力的合成遵循矢量合成法则；力是物体产生加速度的原因；力的单位用牛顿或千克力……这些是力概念的内涵。而表述具有"物体间发生相互作用"这一本质属性的各种类型的力，如重力、弹性力、摩擦力等有关力的分类，以及牛顿第二定律中给出的 $F=ma$ 是在宏观低速的条件下建立的，其使用范围不能扩展到微观高速的对象上去，这些是力概念的外延。

就物理概念的实质而言，它是揭示研究对象具有的物理属性的一种思维形式。这里，有几层意思：①不是任何事物都具有物理属性，只有具备物理属性的事物，才能成为物理研究的对象；②只有把某事物的物理属性，从该事物的其他属性中区分开来，并加以表述，才能形成物理概念；③物理属性区分开来又被正确表述，才能用来进行科学思维。因此要特别注意表述内容要紧扣物理属性的本质因素，这是形成科学的物理概念的关键，即把握物理概念内涵的关键。例如，物理学中，热的概念。首先，不是任何事物都涉及热，它既不是一种特殊的物质，也不是一种主观感觉，而是一种运动。这种运动的主要因素（特征），是大量的微观粒子和运动的无规则性。而其中分子中的原子运动或分子的有规则运动都是次要或无关的因素（特征）。所以，在区分出与热有关的物理属性——分子运动之后，还要抓住"大量"、"无规则"这些本质特征加以表述，才能正确揭示热概念的内涵，形成热的科学概念。

首都师范大学的乔际平教授曾经指出[①]："衡量学生是否形成正确的物理概念，其标准是：①明白为什么要引入这个概念，它反映了客观事物的哪些属性。②能说出这个概念是如何定义的。③对于物理量，要记住它的单位，知道该单位是如何规定的，并对单位的大小形成具体的观念。④对于有定义式的物理量，要记住它的定义式。需要注意的是，许多定义式并不是表示物理量之间的函数关

---

① 乔际平. 物理学习心理学. 北京：高等教育出版社，1991. 212.

系,例如电阻定义式 $R=U/I$,只是一个量度式. ⑤要明确概念的使用范围,例如熔解热只适用于晶体等. ⑥要弄清一些容易混淆的物理概念之间的区别与联系,如重力和压力、平衡力与作用力、反作用力、动量和动能、热量、热能和温度、功和能、端电压和电动势等. ⑦能运用物理概念解释或解决有关问题."我们认为,乔先生所列举的七条"标准",前四条强调的是物理概念的内涵,后三条强调的是物理概念的外延. 可见,对一个概念,认真分析其内涵和外延是多么重要.

事实上,当我们围绕某一研究课题搜集、整理资料的时候,我们就面临着对该课题所涉及的科学概念的思考. 比如一篇论文涉及科学素养这一概念,我们就有必要深入思考:目前国内外学术界对科学素养是如何界定的?它与我们常提及的科学素质有何联系和区别?与智力、能力等概念有何联系和区别?在具体的理科教育、教学中怎样评价一个人、一个群体的科学素养?等一系列问题. 当我们围绕上述问题去思考,去搜集、整理资料,我们也就是在认真分析了科学素养这一概念的内涵和外延了.

我们认为,一篇优秀的学术论文,其中能够代表主题思想的概念总是把握得十分到位,而且有自己的独立思考. 它在概念的阐述上绝不会犯逻辑上的错误,而且对概念的内涵与外延交代得清清楚楚. 这与作者事前详细地占有材料,并认真把握概念是分不开的.

为了让读者对概念的内涵和外延的理解更加深刻,我们将长沙理工大学法学院的余小波老师发表在《高教发展与评估》(2005 年第 6 期)上的文章:《高等教育质量概念:内涵与外延》作为范例,向大家推荐.

**高等教育质量概念:内涵与外延**

余小波

我们认为,关于高等教育质量概念的讨论,需要在对"质量"概念分析的基础上,从内涵和外延两个方面进行探析.

"质量"一词早已为人们所熟知,各个不同领域都在使用. 究竟什么是"质量"呢?长期以来,人们从不同角度赋予了它们不同解释和内涵. 以下笔者从三个方面简要概述.

首先,按比较的不同定义质量. 质量有高低之分,而衡量高低就离不开比较,质量总是与比较相关的,没有比较就难以评定质量. 但如何比较,人们的看法是不同的. 最有代表性的观点有两种:一种是与同类其他相比;一种是与自己过去相比. 与同类相比是一种横向比较,这种比较的质量定义是"最优". 这一理解代表了传统的质量观,实际上是把质量作为最高水平的代名词,具有其他产品和服务所没有的特征和用途. 在操作中,这一定义被理解为花费大量的资源,使产品或服务达到极高水平,并因此具有很高的地位、声望,足以让同类其他产品和服务望尘莫及,可用卓越、第一流、优秀等词替代质量的本意. 与自己相比是一种纵向比较,即以自己的现在与过去作比较,这种比较的质量定义是"增值". 如果现在的价值比过去的大，则表现为价值增值，增值的比例越大，质量越高．以教育为例，如果学生在进入高校之前和接受高等教育之后的成就、行为可以测量的话，那么，两者的变化越大，价值增值越多，教育教学的质量也就越高．

其次，按符合满足的不同来定义质量．这也主要有两种观点，一种认为质量是符合某种质的规定性，是"符合规格"的程度．规格可以包括一系列标准，标准是评价的基准和尺度，质量就是指产品与这些设定了客观的标准和规格的一致性．也有人从目的或目标的角度来界定这一点，认为质量是目的或目标本身设定的有效和完善程度以及对目的或目标的达成度．总之，不管是标准、规格，还是目的、目标，它们都强调质量是与事先设定的某一标尺的符合程度．另一种观点认为，质量是对主体需要的满足，是"适用"．美国著名的质量管理专家朱兰（J. M. Juran）博士认为，产品的质量就是产品的适用性，即"产品在使用时能成功满足用户需要的程度"．该定义有两个方面的含义，即"使用要求"和"满足程度"．人们使用产品，总对产品质量提出一定的要求，而这些要求往往受到使用时间、使用地点、使用对象、社会环境和市场竞争等因素的影响，这些因素的变化，会使人们对同一产品提出不同的质量要求．因此，质量不是一个固定不变的概念，它是动态的、变化的、发展的，它随着时间、地点、使用对象的不同而不同，随着社会的发展，技术的进步而不断更新和丰富．它并不要求技术特性越高越好，而是追求诸如性能、成本、数量、交货期、服务等因素的最佳组合，即所谓的最适当．

第三，从不同学科角度定义质量．学科不同，对质量内涵的理解不一样．例如：物理学上所说的质量是指"物体中所含物质的量"，即量度物体惯性大小的物理量．管理学认为，质量即"有效"．这与《汉语词典》的解释如出一辙，质量就是指"活动或工作的有效程度"．从这个定义来看，质量主要针对某项工作或活动的结果而言，这也是我们日常生活中广泛理解的质量含义，它所强调的是结果的有效性．哲学上的质量是指事物的"品质"或"特征"，是其内在规定性，是此一事物区别于其他事物的根本属性．而经济学着重从投入产出的角度考察质量，认为质量就是"效益"．最优并不是质量高低评判的唯一标准，如果最优是以较少的资源投入获得的，则这种最优是高质量的，但如果最优是以大量的资源投入换来的，则所谓的最优实际上是低质量的．有人还提出"过剩"质量的问题，认为质量在资源耗费和满足需要的程度上都应该是最恰当的，否则，就是质量过剩了，质量过剩的实质是一种浪费，是低效率的，因而是低质量的．

类似上述的质量定义和解释我们还可以举出许多．德国著名教育理论家沃尔夫冈·布列钦卡指出："没有准确的概念，明晰的思想和文字也就无从谈起．"笔者认为，"质量"一词至少包含以下四个基本含义：第一，质量为任何一种实体所具有．这种实体可以是产品，也可以是活动、过程、组织、体系，以及上述各项的任何组合．而其中的产品，则可包括服务（如运输）、硬件（如发动机机械零件）、软件（如计算机程序、字典）、流程性材料（如润滑油）这四种．所以，质量具有普遍性，它广泛存在于人类社会的各个实践活动领域．第二，质量作为实体的内在规定性，具体表现为实体的一组特征，是实体固有特性或品质的总和．例如，服务类别的产品一般有功能性、经济性、安全性、时间性、舒适性、文明性；硬件和流程性材料类别的产品通常具有性能、可信性、安全性、适应性、经济性、时间性；而软件类产品则主要具有功能性、易用性、可移植性、可靠性、保密性和经济性等．这种内在规定性是实体特有的，区别于其他实体的性质，是事物的客观属性．第三，质量作为实体的固有特性，必须以满足相关方要求为目的，这种要求有些是明示的，还有些是不言而喻的．质量是实体的客观特性与价值主体的需要相结合形成的，体现了实体满足服务对象——即价值主体需要的能力，是事物客观特性和主体需要的统一体．若不与服务对象的需要相结合，不能满足价值主体的要求，所谓质量也就毫无意义了．第四，质量体现了特性满足要求的程度、差异和区别．满足程度高，则质量优，满足程度低，则质量差．因此，"质量"一词可以界定为：实体所具有的固有特性满足相关方要求的程度．这样的理解，与国际标准组织关于质量定义的基本精神是一致的．

在有关教育典籍中，高等教育质量的定义还十分鲜见，主要是对教育质量的解释．根据《教育大辞典》的解释，"教育质量是对教育水平高低和效果优劣的评价．影响它的因素主要是：教育制度、教学计划、教学内容、教学方法、教学组织形式和教学过程等的合理程度；教师的素养，学生的基础以及师生参与教学活动的积极程度．最终体现在培养对象的质量上．"但这一解释还只是一些教育质量现象及影响因素的罗列，缺乏对教育质量本质内涵的揭示，是对教育质量的一种现象描述，充其量还只能看作"实践教育学"的教育质量概念．布列钦卡指出："教育科学理论基础框架在很大程度上来源于实践教育学．在接受实践教育学基本观念的同时，其专业用语或专业术语也被继承和接收下来．而正如我们已经看到的那样，实践教育学专业用语或专业术语均来源于口语或日常语言．因此，它们所指示的东西，在许多情况下并不足够精确．具体而言，其缺陷主要有二：一是多义，二是含糊不清．"而要使实践教育学的概念成为真正科学的教育概念，需要进行科学概念的构建．

笔者认为，质量是实体所具有的固有特性满足相关方要求的程度，这一基本内涵对高等教育质量概念同样适用，但需要结合高等教育的实际情况进行具体分析．这里的"实体"就是高等教育，既包括了高等教育的产品——学生，也包括了整个教育过程和服务．因为高等教育不仅是一种人才或劳动力的生产和再生产过程，同时，也是一种服务过程，高等学校通过教育教学活动向学习主体——学生提供教育服务，这里老师是服务的生产者和传递者，教学内容与教学手段是服务中介，学校是生产厂家．学校向学生提供服务品，向社会提供学生产品．双重产品构成了高等学校教育质量的复合产品形态．"相关方要求"主要来自于三个方面：社会需求、学生发展，以及高等教育系统自身有序运转的需要．这些需要一般会通过社会市场用人单位的人才需求，学生要求不断改善求学条件的期望和高校根据发展需要对学科专业的重组和调整等形式反映出来．它们既可以明确呈现在政府的教育法令法规、文件条例的规定中，以及各类高校培养目标和各专业教育计划大纲等形式中，也可能并没有明确呈现出来，但却是不言而喻的，必须满足的隐含的需求和期望．如高等学校不仅要为社会经济发展培育人才，还要直接面向社会，传播先进文明，弘扬科学精神，推进社会进步等．"固有特性"则是高等教育自身所具有的，满足上述需要的基本品质，是需要的定性和定量的表征，是实现需要的能力的转化，主要体现在三个方面：功效性、人文性和调适性．具体来说，功效性指高等教育在满足社会市场需要，促进经济社会发展方面的效益、效应、效率、功能．人文性指高等教育在适应学生身心发展规律，促进学生思想品质、文化素质、专业素质、身心素质、个性品质的全面发展，培养创新型人才方面的能力．调适性是指高等教育自身所具有的运转和发展的连贯性及与其合理目标的吻合程度，调节自身内部各部分及其与环境之间关系的内在调节机制和能力. 这三个方面特性相互区别, 具有相对独立性, 又是密切相关的. 高等教育质量的高低也主要可以从这三个方面以及它们之间的有机联系来衡量, 也即一些学者提到的内适质量、外适质量和人文质量. 据此, 笔者认为, 高等教育质量的内涵可以概括为: "高等教育产品和服务所具有的功效性、人文性和调适性在满足社会和学生发展以及高等教育系统自身有序运转方面要求的程度".

在讨论高等教育质量本质内涵的时候, 需要特别加以说明的是, 高等教育作为一种特殊的服务领域, 与一般的工业企业有着很大的差异, 高等教育质量与工业企业产品质量虽然同属质量范畴, 也有着本质的区别. 主要表现为: ①质量载体不同. 工业企业的质量载体是相对稳定的物, 质量的形成主要取决于"人、机、料、法、环", 而高等教育的质量载体是活生生的人, 质量的形成除了教育者、办学条件、教育内容、教育方法、家庭和社会环境的影响外, 还取决于受教育者复杂的生理、心理等因素. ②质量标准不同. 工业企业的质量标准客观性较强, 而高等教育质量标准具有综合性的特点, 比较难于制定和把握. ③质量形成的周期不同. 工业企业产品质量的形成短则秒、分、时, 长则天、月、年, 而高等教育结果质量的形成要经过一段较长的时间, 因为人才的培养周期较长, 即通常说的"十年树木, 百年树人". ④质量检测评价不同. 工业企业产品质量特性概括起来有性能、寿命、可靠性、社会性、经济性等, 可以用一系列的量化指标来衡量, 而高等教育质量特性并不是这样, 特别是高等教育结果质量特性主要涉及道德素质、知识和智力素质、专业素质、身心素质等, 有些能量化, 而有些就根本不能量化, 在用量化的指标进行衡量的同时, 还必须予以定性分析. 而且, 由于教育影响的长期性和迟效性, 检验教育质量常常也不是一次简单的评估所能完成的, 绝不能单看在校的考试分数如何, 更要看就业后能否满足社会的需求及其满足的程度如何; 质量控制不同. 工业企业的质量控制相对而言有一套成型的模式和办法, 它的确定性和唯一性比较大, 而影响高等教育质量形成的因素极其复杂, 既有学校方面的, 还有学生本人和社会方面的. 有些可以控制, 有些则难于控制.

在有关高等教育质量概念的讨论中, 常常出现指代不明或不一致现象, 有的人在谈论高等教育质量时, 所指的是教育成果质量, 而有的人则是指教育工作的质量; 有的人把教育质量等同于教学质量; 有的人又是指的人才培养的质量; 有的人指的是学校教育质量; 而有的人又是从整个教育工作的角度来理解教育质量, 如此等等. 问题的症结所在, 是把这一概念的内涵与外延混为一谈, 从而导致了一些思想上的混乱和认识上的模糊. 为了能够更加清楚地认识高等教育质量概念, 我们不仅需要剖析其内涵, 还有必要分析其外延.

高等教育质量的现象外延较多, 从不同的角度进行分析, 可以有不同的分类, 以下我们主要从纵向过程、横向范围和内在教育活动三个方面进行分析.

从纵向过程来看, 高等教育质量可分为教育投入质量、过程质量和产出质量. 高等教育质量是在一个完整有序的过程中形成的, 这一过程包括了输入、过程和输出三个最基本的阶段, 并不只是涉及教育的产出, 更不是人才培养质量这一种产出所能替代. 高等教育质量固然要以人才质量的优劣反映出来, 但教育作为一种实体或活动, 其质量并不只是局限在学生的学业成就上. 实际上, 如果希望改进质量, 则必须考虑影响质量的师资、校舍、设备、课程、教材以及教育教学过程的诸多方面. 因此, 高等教育质量的一般性概念至少应包括以下三个内在相关的维度: 为教育所提供的资源质量(投入); 教育实践过程的质量(过程); 结果的质量（产出）. 投入方面包括人员投入, 如管理员、教师的学历结构、职称结构、职业道德、知识素养、能力, 学生的来源水平、学习时间、学习内容等投入, 教育经费的投入, 教育管理设施、环境的投入等. 过程方面包括教学目标与教学计划的制定、教学内容的确定、教学方法的选择、组织形式的采用、课外辅导、作业批改及学生成绩的评定、现代化教学手段的使用等. 产出方面包括学生在校期间德、智、体诸方面的质量状况, 学生毕业后在工作岗位上发挥作用的情况以及学校直接面向社会的服务情况.

从横向范围来看, 高等教育质量可分为人才培养质量、科学研究质量和社会服务质量. 过去人们一般认为, 由高等教育提供的产品是高级专门人才, 所以人才培养的质量就构成了高等教育质量的全部外延. 实则不然, 正如工业企业的产品与其职能有关一样, 高等教育所提供的产品也是与高等教育的职能紧密相连的. 高等教育至今已具有公认的三大职能——人才培养、科学研究和社会服务, 因此高等教育质量的外延也应包括人才培养质量、科学研究质量和社会服务质量. 其中, 人才培养质量是高等教育质量核心, 科研质量是高等教育质量的重要组成部分, 它们往往决定了社会服务的质量, 因为高等教育通常是通过人才的培养和科研成果的转化来为社会服务的. 总之, 高等教育能够通过提供人才、科研成果和社会服务来满足消费者的需要, 所以, 人才培养质量、科研质量和社会服务质量又从另一角度构成了高等教育质量外延的主要部分.

从内在教育活动来看, 高等教育质量可分为教学质量、管理质量和服务质量等. 不少人把教学质量等同于教育质量, 以教学质量替代教育质量, 其实这是不正确的. 教学只是整个教育活动中的一个方面或一种途径, 教学质量也只是教育质量的一个下位概念, 它主要反映了微观的教学过程中教师教的质量和学生学的质量. 实际上, 学校教育中的许多活动都具有教育意义, 教学与管理、服务以及学校的软硬件环境、校园文化建设等一道构成了学校教育的主要活动和基本内容, 共同实现着教育的目的和任务, 体现了教育的质量. 从学校教育的主要任务——人才的培养来看, 它更是管理育人、服务育人与教书育人等共同活动的结果, 它们的质量如何, 直接反映和影响到教育水平的高低和工作成效的好坏.

**思考题**

1. 为什么说"理科绝大部分理论植根于科学观察和科学实验"? 请结合自己所学的专业理论举例说明.

2. 如何通过科学观察与科学实验积累理科写作的第一手资料?

3. 运用实地调查以占有材料时, 必须遵循哪些原则? 在调查的实施过程中, 你曾经设计和使用过什么样的问卷? 试举一两例.

4. 你在图书馆、书店或院系资料室的书架上任取一本书, 你是如何迅速决定是浏览还是精读的? 在中学或大学里, 老师曾经指导你如何读书和记笔记吗? 你自己在记笔记方面有些什么体会?

5. 你认为本章有关"资料的整理"的叙述, 对你有没有帮助? 平时, 你是怎样整理所搜集的资料的?

# 第三章 科研选题——理科写作的起点

科学研究的具体过程，虽然会因具体研究对象的不同或各种具体情况的不同而侧重点不同，但研究的一般过程即科学研究的程序，一般来说，是大致相同的。而科学研究程序的第一步，就是科研课题的选择和确定，它是科学研究工作的起点，也是高等师范院校理科写作的起点．本章将从阐述科学研究的程序入手，着重分析高等师范理科写作的科研选题．

## 第一节 科学研究程序

科学研究活动实际上是一系列的步骤，每个步骤运用不同的科学方法，让各个步骤有机地结合在一起，就构成了一套完整的科学研究程序．

### 一、从物理学上的"τ-θ 之谜"谈起

1956 年前后，物理学的基本粒子研究遇到了一个令人困惑不解的问题，就是荷电的 K 介子有两种衰变方式：一种记为 τ 介子，它按照 $\tau^{\pm} \to \pi^{\pm}+\pi^{\pm}+\pi^{\pm}$ 方式衰变成三个 π 介子；另一种记为 θ 介子，它按照 $\theta^{\pm} \to \pi^{\pm}+\pi^{0}$ 方式衰变为两个 π 介子．设两个 π 介子的轨道角动量量子数为 $l$，则它们的轨道宇称为 $(-1)^{l}$，同时，因 π 介子的自旋为零，故这个 $l$ 也就是体系的总角动量 J，即宇称 $P=(-1)^{J}$．假定衰变过程 $\theta^{\pm} \to \pi^{\pm}+\pi^{0}$ 服从角动量守恒和宇称守恒定律，J 和 P 也就是 $\theta^{\pm}$ 粒子的自旋和宇称，这样，一个 $\theta^{\pm}$ 粒子在静止时衰变，它的自旋角动量就等于衰变后两个 π 介子的总角动量，由此可见 θ 介子的 $J^{P}$ 只可能是 $0^{+}$、$1^{-}$、$2^{+}$、$3^{-}$……而不可能是 $0^{-}$、$1^{+}$、$2^{-}$、$3^{+}$……最可能是 $0^{+}$．另一方面，根据实验数据仔细分析 $\tau^{\pm} \to \pi^{\pm}+\pi^{\pm}+\pi^{\pm}$ 的衰变过程，得到的结论是 π 介子最可能有 $J^{P}=0^{-}$ 态．这样，θ 和 π 的自旋虽然最可能都是 0，但它们的内禀宇称，一个为偶、一个为奇，相反宇称自然应看作是不同粒子．可是实验又表明：τ 和 θ 的质量在 1％的精确度内是相等的，它们的寿命在 15％的误差内也是相同的．如果 τ、θ 是全同粒子，它们的质量和寿命相等不足为奇，摆在人们面前的有两种可能性：①宇称守恒定律严格成立，因此，τ、θ 是不同粒子；②τ、θ 是相同的粒子，因此，宇称守恒定律不严格成立．当时，人们要在这两种可能性这之间作出抉择是颇为困难的，这就是所谓的"τ-θ 之谜"．

1956 年在美国纽约州罗切斯特举行年度科学讨论会，"τ-θ 之谜"成为会上

的热门话题．在场的美籍华裔科学家李政道、杨振宁下决心以这一重大疑难问题作为自己的科研课题．他们开始收集与研究这一问题有关的观察实验事实，花了将近一年的时间，查阅了那时为止世界各地关于这一问题的实验数据．他们在仔细分析了这些数据之后，发现：在弱相互作用的领域里，宇称守恒定律从未得到实验证实，只不过是一种理论上的推论而已．他们便在收集到的观察实验数据的基础上，运用理论分析和逻辑推理，提出了：在弱相互作用中，宇称守恒定律不能成立的假说．然后，又提出了一系列检验这一假说的实验建议．其中"极化β衰变"实验很快由美籍华裔科学家吴健雄等人以出色的实验技巧实现了，从而"弱作用下宇称不守恒"的理论得以证实．

从"$\tau$-$\theta$ 衰变"出现的问题，到李、杨二人的"弱作用下宇称不守恒"理论的建立，这其中的科学研究活动经历了一系列的步骤，我们称之为科研程序．

### 二、一般的科学研究程序

一般说来，一项具体的科学研究，大体经历下列几步：

第一步，确定科研课题．

选题是确定科研工作的目标和努力的方向，是每项具体科研工作在开始阶段必须进行的重要步骤．要把科研课题选好，除了必须依靠科学研究工作者的学识和经验之外，还需要运用各种逻辑方法，充分发挥理论思维的能力，才能发现问题，并从中选出最有希望作出成绩来的科学课题．

第二步，获取和积累科学事实．

科学事实是科学研究的基础和出发点，是科学研究中能否作出新发现的决定性因素．没有丰富的科学事实，就难于从中作出新发现．从根本上说，科学事实来自人们的各种实践活动．在科学研究中有目的地获取科学事实的方法，主要有科学观察、实验和模拟方法，以获得第一手资料，这是获取科学事实的重要途径．此外，还应通过实地调查、查阅文献资料等途径来搜集、积累有关的科学事实．这些，我们在前边的章节里已有阐述．

第三步，进行科学抽象和提出假说．

科学认识的任务在于揭示事物内在的本质规律，因此必须在收集和积累了大量科学事实材料的基础上，运用科学抽象的方法，运用比较、分析、综合、类比、归纳、演绎等逻辑思维的方法以及其他创造性思维方法，提出科学假说，对所探索的客观自然现象或社会现象及其规律性作出假定性的解释和说明．

第四步，检验假说．

科学观察和实验是检验假说的基本途径．假说提出后，必须设计新的观察实验来加以验证．经过观察实验证明是错误的或不完善的，要重新回到第二、第三步骤重复进行，直到求得正确的认识为止．

第五步，建立理论体系．

经观察、实验证明是正确假说，就发展成为科学的理论．科学理论的建立可以采用历史与逻辑相统一的方法、从具体到抽象再回到具体的方法、更多的是公理化方法．公理化，即由少数几条不证自明的公理出发，运用逻辑推理得出一系列定理、规律，从而形成一个完整的理论体系．

需要说明的是，上述的几个步骤只是大体上反映科学研究的一般程序．实际的科学研究过程要比这复杂得多，各个步骤常常并非严格地按照上述的先后次序进行的．例如，在确定科研课题之后，有人就常常先根据已有的事实材料，对问题首先提出试探性答案，即初步的假设，再进行观察实验，去搜集和发现新的事实材料．在上述的每一步骤中，也不只是使用一种科学方法，往往是多种方法并用．每种科学方法也不只是在某一步骤中使用，而是在好几个步骤中都要使用．这就告诉我们：科学的创造绝没有一种可供人刻板地加以套用的程序和公式，要求我们在从事具体科学研究时，必须创造性地、灵活地掌握和运用科学研究的一般程序和方法，这是一种高超的艺术．

还有，科学和技术虽然不是一个概念，但二者常常紧密联系在一起，有人比喻"科学是观念形态的技术，技术是物质形态的科学"，要让科学与技术相结合，转化为生产力，造福于社会，人们往往不满足于基础研究的成果，要进一步投入应用研究；在取得应用研究成果之后，再投入开发研究，即解决实际生产、工作中出现的问题而开展的研究．只有当开发研究的成果被推广应用，才算实现了生产力的转化．而不论是应用研究还是开发研究，其选题、对资料和事实的加工整理、试验、鉴定、生产等一系列步骤，与上边提到的一般科研程序，都有一个共同点，那就是"实践→认识→再实践→再认识"这样一个不断循环、深化、提高的过程．实践指实验或试验，而认识指思维．可见，实验（试验）与思维是科学技术研究的两大武器，不论是何种研究都离不开它们．

## 第二节　科研选题的原则

科学技术的研究把理论和实践中尚未解决的问题称为课题．而由若干彼此有内在联系的课题组成，需要多学科的密切配合的则称科研项目．本节只涉及科研课题的选题的原则．

科研课题的选择和确定是科学研究工作的真正起点．只有选定了课题，才知道该做什么，不该做什么，使研究工作沿着既定的方向前进；才能有目的有计划地调整自己的知识结构，以适应研究工作的需要；才知道应该采取何种方法和手段去完成任务；才能合理配置科研力量……总之，科研选题影响着科研工作的全局，影响着科研工作的成效．

爱因斯坦曾经根据自己数十年科学研究的经验，指出："提出一个问题往往比解决一个问题更重要．因为解决一个问题也许是一个数学上的或实验上的技能而已．而提出新的问题，新的可能性，从新的角度去看旧问题，却需要有创造性的想象力，而且标志着科学的真正进步．"在科学技术的学习与研究中，人们会碰到和提出各种各样的问题．然而，并非所有的问题都能在科学发展的长河中激起波澜，并非所有的问题都是值得选择和研究的"科学问题"．科学问题或科研课题并不是简单的"不知"或"问号"，它是人类知识的一定发展阶段的一种特殊知识——关于未知的知识．提出问题，既要懂得科研课题的基本来源，又要有相当的科学素养，还要遵循一定的选题原则．

## 一、需要性原则

需要性原则又称必要性原则、服务性原则、应用性原则、目的性原则或意义原则．它着眼于社会实践的需要、科学技术本身发展的需要．

根据生产发展的需要、国家建设的需要、精神文化方面的需要等来确定实际应用的价值目标，这是社会实践的需要．

例如，中国杂交水稻育种专家袁隆平1962年到农村劳动锻炼时，目睹缺少粮食给农村人民所带来的苦难，忧国忧民的他，下定决心以培育高产水稻新品种作为自己终生奋斗的科研课题．经10余年刻苦努力，攻克了国际公认的水稻杂种优势利用的难关，培育的水稻新品种大面积应用成功，为国家做出了巨大的贡献．

又例如，我国是地震灾害的多发区．有人发现，同样强度的地震，造成社会财产和人员伤亡的多少与受灾地区的经济结构、人口素质、社会制度及人的道德观念、文化水准、心理状态都密切相关，这是一个自然与社会联系的课题．于是，众多自然科学和社会科学方面的专家联合起来，共同攻关，使得一门专门研究地震预报、震灾影响及社会对震灾的能动作用的学科——地震社会学应运而生．

在科学实验中发现了前所未见的新现象、新事物时，需要加以研究，以揭示其内在奥秘；在科技发展的一定阶段，由于在某些问题上，或对某种现象已经积累了足够的材料和实验数据，需要加以整理、概括，以找出其规律性；当已经建立的科学假说和科学理论与实验事实产生矛盾时，需要对前两者重新审视，或更换，或修改，或补充，使之逐渐完善；或者寻求理论中的逻辑矛盾以及长期未能解决的难题、猜想；应用新的理论或技术去考察过去的研究对象等．这种先规定科学技术探索的价值目标，通过研究发现科学新规律，探求实验应用的前景和手段等，正是着眼于科学技术本身发展的需要．我们选题时着眼于此，最终仍希望成果转化为发明、应用，进而转化为直接生产力，从这个意义上讲，选题最终目的是造福于社会．因此，选题中遵循需要性原则是头等重要的．

在贯彻选题的需要性原则时，要注意：

(1) 价值取向．看其有无实用价值、经济价值或科学价值．课题的价值有时表现为它的预期成果可能派生或促进其他课题的研究，引起连锁反应；或者表现于该课题在本学科（或更大的）科研系统中的地位和作用上．这种相关性是选题时应注意的．

(2) 现实需要和长远需要相结合．把课题按轻重缓急排队，积极参与现实急需解决的课题研究，同时适当选择发展本学科所需的较长远的课题，重视科学预测．

(3) 处理好基础理论研究与应用研究的关系．基础理论研究为经济发展和技术创新作储备．所以，一个国家要真正自强，基础研究只能靠自己的力量来完成．另一方面，应用技术研究是将基础研究的成果转化为直接生产力，同时又反过来为基础研究创造物质条件，二者互相依存、互相促进．因此，两类研究都很重要，研究者选择时，可根据自己的条件和特长而定．

(4) 因地制宜，量力而行．我国人口众多，经济基础薄弱，而且地区发展不平衡，这是我们的国情，我们应当从本国、本地区的人力、自然资源、自然条件和社会条件等实际情况和需要出发，选择科研课题．

(5) 避免不必要的重复．对"热门"课题搞"一窝蜂"，易造成学科发展的比例失调，浪费人力、物力，且许多属于重复劳动．当然，对同一项目进行多途径探索以求选择最佳方案，对基础理论研究项目采取协同作战，这样的"专攻热门"也有价值．

(6) 考虑培养人才的需要．选题有时是老中青"三结合"．要让有潜力的青年人能脱颖而出，选题时就有意选择能对他们在能力、兴趣和前途方面产生影响的课题，使他们能继承某种优良的科学研究传统，将深入研究的接力棒接下去．

## 二、创造性原则

科学研究的根本特点在于创造性．具体来说，理论研究要求作出新发现、提出新见解、得出新结论；技术研究要求发明新技术、新产品、新设备、新材料、新工艺，或者把原有技术应用到新领域．一篇论文或一份设计，质量高低的主要标准是有没有创新、突破．既无新的观点、新的实验论证和理论论证，又无疑预见的东西是难受欢迎的．

创造性是科研的灵魂．选题时，若该课题不能预期得出新成果，或者不是从新的角度去审视旧的问题，就谈不上创造性，就不能作为研究的课题．

要贯彻选题的创造性原则，应当注意：

(1) 对基础理论的研究．事前要对课题在研究领域的影响程度、成果是否具有挑战性作一个基本估计．

（2）对应用技术的研究．事前要对课题的预期成果的先进性（与国际、国内同类技术相比，在质量、效率、效益、安全生产、防止污染等方面进行比较），进行估测．

（3）仿中有创、推陈出新．已有的先进科学理论、原理先吸收，先进的技术先模仿、重复，选择这类面广量大的课题，着眼点仍在创新上，即吸收、模仿的同时，结合本国本地区实际，提出独到的见解或进行革新．

### 三、科学性原则

科学无禁区，选题有限制．即是说科研课题必须有事实根据或科学的理论根据，不能违背科学原理．例如"永动机"的设想是与能量守恒定律以及热力学规律相违背的，任何制造"永动机"的企图注定要失败．

要贯彻选题的科学性原则，应当注意：

（1）基础理论研究课题要有事实根据（纯数学的理论研究不一定有直接的事实根据，但其科学理论根据是必备的），即以一定的观察或实验事实为根据．

（2）应用技术研究课题必须有科学理论根据．经实践检验而证实的科学理论反映了客观规律，在它的适用范围内是客观真理．应用技术研究是利用客观规律改造自然、改造客观世界的研究，因此，其课题必须有相应的科学理论作根据．当然，科学理论在不断发展，当科学实践发现与理论相矛盾的新事实时，就应抓住矛盾，依事实作突破旧理论的新探索．因此，选题时既不能囿于传统的概念、理论，又不能不加分析不顾事实凭空向科学理论挑战．

### 四、现实可行性原则

选题时考虑课题有可能预期完成的主、客观条件，即根据实际具备的和经过努力可以达到的条件来选择与确定研究课题．这就是选题的现实可行性原则，它体现了科研的条件性．

对条件不成熟，现实不可能实现预期目标的课题，选了也没有意义．要贯彻选题的现实可行性原则，应当注意：

（1）从自己的知识结构（包括专业基础、外语水平等）、研究能力的实际情况出发来选题．若仅懂一门专业，则选择本专业范围内的课题；若具备两门或两门以上的专业基础知识，从事"跨学科"研究，可采集到"富矿"，能以"博才"取胜；若外语较好，检索文献资料的能力强，可依靠外部信息带动选题，易出成果．研究能力包括观察、实验、设计、阅读思维、表达等方面的能力．动手能力强、实践经验丰富者，选择应用技术研究课题能获成功；基础知识扎实、思维能力强者，选择理论研究课题可能有所发现．此外，选自己最感兴趣的课题，会怀着极大的热情、发挥主观能动作用,会更自觉更专注于其中. 正如巴甫洛夫说的:"科学是需要人的高度紧张性和很大的热情的."

(2) 从现实的客观条件出发选题. 客观条件主要指资料(文献与实物)、设备、物资、经费、时间、协作条件、相关学科的发展程度等.

一般课题研究的进展,只能达到对一定资料占有的基础所能支撑的高度. 拥有的资料越真实全面,分析问题就越能透彻.

设备、物资越匮乏,许多课题甚至无法进行;而在必要的研究经费许可的范围内合理地安排研究步骤,在限期内完成课题,这一点也很重要.

许多课题不是依靠一个人的力量能够完成的,它需要集体攻关. 有的是不同学科不同专业的人员协作,有的是校际间、地区间甚至国际间通过信息交流、技术咨询、设备借用等方式的协作. 选题时就应考虑是否具备必要的协作条件.

由于现代科学的高度分化又高度综合的趋势,许多课题除了与本学科专业的知识有关,还与若干相关学科的知识紧密联系. 这就需要考虑到相关学科的发展程度. 如数据处理需要运用数学知识和计算机技术等.

此外,要考虑到主、客观条件是可变的,要充分发挥人的主观能动性,努力改变各种不利条件,创造和争取有利条件,从而承担一些有较大价值的新课题,这一点也十分重要. 比如,考虑到自己知识不够用,就努力调整自己的知识结构,边干边学、学了就用. 又比如,仪器设备不足,就开动脑筋想办法,因陋就简,充分利用现有仪器设备,或者自己动手设计制作一些仪器用具等.

总之,选题的四条基本原则在科研工作伊始,是必须遵循的. 需要性原则是科研的目的;创造性原则是科研的价值;科学性原则体现科研的内在根据;现实可行性原则是科研的条件. 四条原则相互区别又相互联系. 前三条原则是科学研究的必要条件,后一条原则是完成课题的充分条件.

## 第三节 科研选题的方法

选题要准确,不仅要坚持正确的选题原则,还要讲究科学的选题方法. 就选题而言,方法因人而异、千差万别,没有现成的公式. 但前人一些经验还是值得借鉴的.

### 一、从实践中发现问题

人类的实践包括生产、实验、社会交往等活动.

生产实践中会出现人们从未研究和解决的全新的课题. 比如中国著名化工专家侯德榜,在中国筹办碱厂初期,先是面临揭开索尔维法制碱技术的奥秘这一难题;工厂投产后,又遇到产品是暗红色而不是纯白色的问题;碱厂搬迁后,又遇到不能照旧采用索尔维法制碱,而须提高盐的利用率的难题……面对生产实践中的一个个难题,侯德榜努力探索,终于发明了"侯氏联合制碱法",把世界制碱水平推向了一个新高度.

人们在生产实践中,常常根据直接的技术经验来创造一些新的生产工具或新的工艺流程,并运用到生产实践中以提高效率. 在创造的实践中往往还会存在一些不足,需要从科学理论上给予总结,以便改进、继承和发展,这就会提出一些从技术向理论转化的课题. 因此,从已经实现的技术中选题,进行理论探索,是科研选题的一个重要方法.

科学实验中也会出现人们从未研究和解决的全新的课题. 比如前边提到的"$\tau$-$\theta$ 之谜",这就是人们在做基本粒子性质测定的科学实验时发现的科学难题. 李政道、杨振宁等科学家正是下决心攻克这一难题,才导致了"弱相互作用下宇称不守恒"理论的建立.

同样,在人的社会交往活动中也会出现一些值得研究的课题. 比如,教育,尤其是学校教育,发展到今天,应试教育的种种弊端,诸如:以学科中心论强化共性、扼杀个性、抑制个人性的发展;把教育目标放在获取知识的阶段目标上,只重继承而轻发展,重理论而轻实践,重书本而轻能力等,已经到了非改革不可的地步. 那么,如何进行教育改革呢?有人提出变应试教育为素质教育. 那么,什么是素质教育?如何使我们学校的课题设置和教学内容素质教育化?这一系列问题,就成了我们的教育行政领导和教师们应当努力探索的研究课题.

**二、从科学的内部矛盾中寻找问题**

许多研究课题是从科学的内部矛盾中找到的. 比如:某些学科存在着不同观点、理论和学派. 当人们对同一事物有不同的看法,形成各种学说的争论时,表明各派在理论上都还有缺陷或一时难以克服的困难,或者各有其片面性,或者各有其适用的条件和范围,或者其中有的理论是根本错误的等等. 我们分析这些矛盾,就能比较容易地把握前人研究达到的水平,发现知识的空白区,抓住需要解决的问题,从而提出研究课题. 比如,20 世纪初,数学家围绕数学基础问题的大辩论,形成了以罗素为代表的现代逻辑主义、以布劳维尔为代表的现代直觉主义和以希耳伯特为代表的现代形式主义学派. 人们分析了逻辑主义观点,认为出发点带有唯心主义色彩,而且企图在纯逻辑公理系统上建立起整个数学大厦是不可行的. 但是,它提出了排除悖论的行之有效的具体方案,而且基本完成了从古典形式逻辑向现代数理逻辑的过渡,从而极大地丰富了数学的内容. 人们又分析了直觉主义的观点,认为其观点仍然是唯心主义的,而且企图用"纯粹心智的构造"方案全盘改造数学是难以成功的. 但是,它强调可构造性或可行性对现代递归函数论的建立和发展起了很大的推动作用,尤其是电子计算机的理论和方法就是建立在可行性的基础上．人们还分析了形式主义的观点，认为其观点把数学完全局限于或者自封闭于抽象的纯形式框架是不可能实现的．实践证明，数学的真理性不只是存在于形式演绎系统的严格证明里，还要受到外部条件的制约和客观实践的验证．其次，它把数学的真理性归结为逻辑的无矛盾性也是片面的．但是，它研究形式公理系统的无矛盾性，导致了"元数学"和"证明论"的产生，又因"证明论"需要借助递归函数的方法，从而又推动了"递归函数"的发展．三大学派的论争，各有极端和片面，也各有创见，通过争论，在一定程度上起到了互相借鉴与相互促进的作用．而且迄今仍有人针对其中的矛盾，寻找课题，探索数学基础问题的解决方案．

### 三、到科学技术发展的前沿领域去选题

科学技术发展日新月异，只有适应其发展趋势，把握住科技发展的主流，选择的科研课题才是最有价值的．

比如，科学技术由客观层次向微观层次、由低能量水平向高能量水平方向发展，就要求我们到已经开拓和正在开拓的物质层次中去找课题．

科学由专一性向综合性方向发展．每一个发展阶段，总有一两门学科或专业技术处于发展的领先地位，这种处于前沿的科学技术称为"带头学科"或"领先技术"，我们选题时，要优先考虑那些带头学科和领先技术．

一些学科或技术正处于发展兴盛时期，若干问题有待人们去进一步探索，这类学科或技术称之为"当采学科"或"当采技术"，我们在选题时，到其中去寻找，就好比在一座富矿的掌子面上挖掘矿藏，可以获得高产．

又比如，一门学科，有的知识已被实践反复验证，是可靠而成熟的东西，它们比较系统而稳定，是该门学科的主体；而有的知识则是由已知不断向未知延伸的内容，一般尚不成熟、不系统、不十分可靠，这就是该学科的"前沿"．这里往往是理论与实验、需要与可能矛盾的焦点，它十分需要有志者去进行开拓性的研究．专业基础扎实、能力强者应当从"前沿"领域选择研究课题．

### 四、在学科交叉的领域中选题

辩证唯物主义认为，物质世界是统一的，科学是内在的统一体．但是，由于人们认识能力的局限性，一时难以达到这个统一认识的要求．因此，科学被分解为许多单独的门类，形成了不同的学科，而在各学科之间又形成了许多交叉的领域．这个领域是学科与学科之间的接触点，是知识的空白区．只要我们认真去寻找，是可以做出成绩来的．比如：在两个相邻学科的边缘地带寻找结合点，在结合点上研究把两门学科结合起来的方法，从而建立新的边缘学科；或者，探索一门学科的理论和方法，去研究另一门学科的研究对象，从而建立新的交叉学科；

或者运用多学科的理论、知识和方法,去研究某一特定的客体,从而建立综合性科学.再比如,寻找自然科学和社会科学的渗透区和接触点,把自然科学与社会科学的多种学科结合起来,建立新的综合学科;或者,探索数学与计算机向各门学科的渗透,让数学的理论和方法运用于各种学科,让计算机在数值计算、数据处理、信息处理、自动控制等方面的功能在各个领域获得广泛的应用等.

**五、在研究课题中扩大选题范围**

实践是无限的,探索也是无穷的.在研究的过程中,我们要做选题的有心人,设法使选题范围扩大.

比如,在实验研究过程中,会发现一些新的、原来设计没有想到的、以往观察没有见到的意外现象,甚至是细微末节上的差异.如能敏锐地观察和捕捉这些偶然出现的现象和差异,就有可能有所新发现,以意外现象出现作为新研究课题,也就扩大了选题的范围.

再比如,在阅读各种文献资料时,努力对某些学科领域发展的历史和现状作全面地了解,一旦发现某方面的内容是一个空白,以此为课题,这叫"文献缝里"找题目.

又比如,同样一个题目,可以从新的角度去研究它,包括从新的侧面去分析,应用新材料、新工艺和新方法,进而得到新的实验结果、新解释、新规律;或者改变研究对象、改变处理手段、改变实验指标,力求理论认识上"出新",这叫从新的角度选题.

还比如,科研过程往往要经历许多次失败,有意留心每一次失败所提供的数据,这里边有选题的重要线索,在失败中,我们有可能发现一些没有预料到的新现象、新因素,而正是这种新东西孕育着新的发现、新的突破.

总之,科研选题的方法很多,我们每个人根据自己的具体情况,采用适合的选题方法,这是十分重要的.

# 第四节 高等师范理科写作选题

在高等师范院校的理科教育、教学中,应当明确:未来的中学理科教师,不仅要精于本学科的专业知识,对学生进行知识和能力的有效传授,同时还应了解教育发展动态,掌握现代教育理论和手段,不断地改进教育、教学方法.这就要求我们为突出师范性而理直气壮深入持久地开展教育、教学方面的研究.

我们说理科教育、教学方面的研究,也是科学研究.而科学研究并非一般的"经验总结"和"心得体会",它是研究者对一些具有学术价值的问题,提到一定的理论高度来认识,进行专门、系统的分析研究过程.科学研究中的实验设计、内容、方法和研究的结果都讲求实事求是、符合科学原理. 科学研究最忌步人后尘、因循别人成果, 停留在简单重复、机械模仿的水准. 科学研究的成果都要直接或间接地为科学事业的发展服务, 为社会实际生活服务. 一句话, 科学研究, 包括我们理科教育、教学方面的研究, 其根在学术性、重在科学性、难在创造性、贵在实用性.

然而, 长期以来, 我们理科教育、教学方面的研究并不令人满意. 不少中学理科教师, 甚至是大学的理科教师, 他们在教育、教学方面的论文能够被刊用并获得较高评价的并不多. 作为理科教师仅就选题而言, 存在不少问题; 而中学理科教育、教学方面的选题, 确实值得我们认真去思考.

## 一、在选题方面存在的问题

不少理科教师进行科研时, 选题上出现偏差.

1. 研究题目过大或过小

题目过大, 往往笼而不统, 仅凭一些肤浅的材料, 得不到可靠的、经得起深入研究与分析的科学结论. 例如, 文章中叙述的是教师、学生和教材三者的关系, 题目却是"素质教育是一项系统工程"; 文章中叙述的仅有"以问题引入新课"的例子, 题目却是"论生物课的启发式教学", 这叫大题目下写小文章, 名不符实.

题目过小, 往往概而不全, 想把收集到的材料一古脑装进去, 舍不得割爱, 结果事例罗列了一大堆, 不能突出主题. 例如, 文章中把新编初中物理教材中理论阐述、实验安排等方面的例子都作了叙述, 题目却是"浅谈初中物理新编教材在'想想议议'方面的特色", 这叫小题大作, 脱离主题.

2. 描述性课题多, 因果性课题和预测性课题少

我们不少教师送审的论文, 描述学生学习现状、教育教学实际情况方面的课题比较多. 比如"发挥学生在数学教学中的主体作用"、"化学教育转向的思考"等, 这些论文对各种变量、因素之间关系的探讨大多停留在相关分析的层次上, 而对学生发展规律、影响学生心理活动的内在因素、学生学习成绩的预测等研究少, 即缺乏因果性、预测性的课题, 使教育教学科研难以发挥其解释与预测功能, 妨碍了其研究水平的提高. 比如课程设置问题, 如果我们的教师能通过深入调查研究, 针对理科某专业开设的若干门专业课的情况, 分析: 哪些课程应该安排多一些（或少一些）的学时? 哪些课程着重培养哪方面的能力? 哪些课程对学生发展的总体影响较大? 本专业各门课程应当如何分类? 等问题, 并从定性、定量的分析角度解释和预测课程设置, 那么, 研究就上升到了一定的理论高度.

3. 单一性课题多, 综合性课题少

现代科学技术的进步, 人类活动范围的日益扩展, 科学理论也在不断地创

新．事实上，不论是自然科学、社会科学还是思维科学，都在向更深的层次、更广的范围发展，使得它们在高度综合的基础上，互相渗透互相促进，走向整体化，发展成为一个你中有我、我中有你的庞大的科学体系．然而，我们中不少人，其研究课题大多从某一学科的某一方面入手，缺少多角度、多学科的综合研究．科研合作大多局限在同一领域的研究者之间，而不同学科的研究者之间、同一学科不同领域的研究者之间却缺少必要的合作，未能对一些较大课题进行多学科的综合研究．

又例如，关于"课题设置"问题，要么只看到专业局部培养目标，缺乏从人的全面发展去思考问题；要么对非专业的公共必修课停留在轻描淡写的议论上，缺乏深入的分析．

再例如，关于"课堂教学改革"的问题，要么只涉及教师的教，"教什么、怎样教"的问题，而忽略学生的学，"学什么、怎样学"的问题；要么缺乏从方法论、心理学、教育学、美学等多角度去进行综合研究，使视角停留在分散、孤立的细小问题上．

此外，一些研究者在选题上不注意查阅研究文献，不了解他人研究结果和有关领域的最新进展，对已有的研究成果缺乏深入、正确的分析和评价，以致选题"撞车"．或者，自己研究方向不明确，选题前后无关联，不能使自己的研究课题把握住问题发展的脉络而层层深入，而是在一些毫不相关的课题上按自己的兴趣随意选择．上述情况，往往使自己研究选题的系统性、连续性、积累性差．

**二、从中学"新课程标准"谈起**

作为高等师范院校的理科学生，值得我们深入思考的课题很多，具体的研究内容可以分为基础理论、应用和开发三大研究领域．让我们结合新颁布的中学"课程标准"，分析值得高等师范理科学生研究的课题．

新世纪以来，我国开始新一轮的基础教育课程改革．最引人注目的是，推出了新的中学"课程标准"．该"标准"指出：新一轮课程改革以全面提高每个学生的科学素养和文化素养为核心理念，强调理科教育要面向全体学生，让每一个学生都能全面发展；强调理科教育要体现科学本质，突出科学探究，反映当代科学成果，与社会相联系．可以说，新推出的中学"课程标准"，无论从培养目标、课程的要求，还是课程的结构、体系等都是全新的，蕴涵着素质教育的理念，体现着鲜明的时代气息，是一部内容十分丰富的全新意义上的"教学大纲"．

学习"新课程标准"，我们不难发现：有许多基础理论是值得我们深入思考，认真研究的．例如，素质教育是多年来的热门话题，它的基本理念是什么？为什么说"新课程标准"蕴涵着素质教育的理念？"新课程标准"多处提到"科学素养"，那么，何谓"科学素养"？如何测评一个人、一个群体的"科学素养"？具体到我们高等师范理科教育,我们培养的学生究竟应当具体怎样的专业素养?怎样才称得上全面发展呢?"新课程标准"多处强调"科学研究",还提及"科学本质",那么,什么是科学本质?科学本质与教育本质有些什么联系?为什么"新课程标准"如此强调"科学探究"?"新课程标准"还确立新型的知识观,努力寻求学生主体对知识的建构,这就涉及现代教育理论中的建构主义和认知心理学,还有多元智能理论.那么,何谓建构主义的知识观?何谓多元智能?等一系列理论问题值得我们联系中学教育、教学的实践去思考,去研究.将上述某一方面的理论问题与中学某一理科教育、教学的实际问题结合起来,就能成为很好的基础理论研究课题.比如,中学数学教育的培养目标的研究,高中毕业生应当具备什么样的物理素养的研究,初中生学习生物学的心理研究,中学生化学知识的建构过程的研究等,都属于能把理论与实践结合得十分具体的基础性课题.

同样,从中学"新课程标准"里,我们可以找到有关理科教育、教学应用领域的研究课题.例如"新课程标准"突出"科学探究",倡导"自主学习"和"合作学习",那么,诸如:理科某门课程某个章节课堂教学如何实施科学探究式教学模式?理科某门课程某个章节学生自主学习过程中如何发挥教师的指导作用;学生合作学习过程中如何发挥教师的组织协调作用?等问题就值得思考.而"新课程标准"主张建立促进学生全面发展的评价体系,那么,何谓教学评价体系?教学评价的标准有哪些?所谓"发展性评价模式"包含哪些内容,如何在具体的理科教育、教学中构建发展性评价模式?等问题必然产生……围绕上述各种问题,结合自己在学习、工作中的体验,就能产生应用领域方面的研究课题.比如,中学数学中最优化问题的案例分析、某社区的物理污染及其对策研究、初中化学"中和反应"内容的科学探究式教学设计、中学生物课学习小组活动的研究、初中物理开放性问题设计、中学生理科学习个人成长档案袋的设计……都属于应用领域方面的研究课题.

"新课程标准"主张建立三级课程管理体制,即国家课程、省级教育部门课程和校本课程的管理,并倡导课程资源的开发和利用.这就涉及如何利用地方课程课时、规划、设置和开发地方课程,以适应本地区社会经济发展的需要?如何结合本校的传统和优势,开发和选用适合本校的课程,以突出学校特色,并保证学校课程实施与国家课程、地方课程在目标上的一致性?如何开发和利用本社区的素材性资源(能成为课程的素材和来源的资源)以及条件性资源(作用于课程,决定课程实施范围和水平的资源),以实现课程资源的广泛交流与共享?等一系列问题,同样,围绕这些值得深思的问题,结合本地区、本学校的实际,我们高等师范理科的师生,尤其是工作在中学理科教育、教学第一线的教师,可以投入不少开发性的研究.比如,涉及地方性课程或校本课程的教材、教参书的编写;建立学校课程内部评价机制的研究等.再比如,与中学各门课程配套的计算机课件的制作、开放性实验室建设等，都属于开放性的研究课题.

可见，仅就中学"新课程标准"而言，值得我们去深入思考，认真研究的课题就不少. 我们应当牢记：时代要求未来的中学理科教师：关注课程改革，做信息型、有视野的教师；树立新的理念，做现代型、有思想的教师；加强专业学习，做专业型、有学养的教师；投身教育科研，做研究型、有灵气的教师.

**思考题**

1. 关于科学研究程序，你有些什么个人的思考？
2. 在科研选题的原则中，你认为哪条原则最重要？谈谈你的看法.
3. 关于从"实践中发现问题"，你认为对未来中学理科教师应当做哪些准备？
4. 你思考过"从学科交叉的领域中选题"吗？谈谈你哪怕不成熟的想法.
5. 你在进行理科写作时，是否经历过本章所列举的选题方面的失误？你打算在今后的写作中，怎样避免类似的失误？
6. 从中学"新课程标准"中，你受到什么样的启发？你想在哪个领域中开展自己的研究？

# 第四章  理科写作的语体风格及常见的逻辑错误

理科写作以理科学习与研究者为读者对象，以存储和传播理科（包括理科教育与教学）知识信息为写作目的，这种写作的对象、内容、目的和功用与其他写作不同，也就决定了理科写作在语言、文体上有自己独特的风格．而高等师范理科学生在初学写作时，由于缺乏逻辑知识，常犯一些逻辑性错误，加上不注意理科写作特有的语体风格，造成其写作质量不高．本章从语言运用方面剖析理科写作的语体风格；从初学写作者习作中举例说明常见的逻辑错误．

## 第一节  理科写作的语体风格

理科写作包括：实验报告、科学考察报告、调查报告、科技述评、科技论文等文体，这些文体在使用具体的语言文字时，表现出在语言运用上的简约性、准确性、清晰性和平实性．

### 一、简约性

以尽可能少的文字负载尽可能多的信息，这是理科写作语言运用上简约性的表现．

1734 年英国大主教贝克莱曾经写了一本小册子，从无穷小概念和无穷小推理方法等方面去攻击牛顿和莱布尼兹创立不久的微积分．其文章的标题是："分析学家，或致一个不信教的数学家，并探讨近代分析的对象、原则和推理是否比宗教教义和信条构思更为清楚，或推理更为明显的问题"．翻译成中文约 60 个字，如此冗长的文题，在今天的科技作品中已经看不到了．就文章标题而言，美国数学学会要求数学论文的标题不超过 12 个词；新英格兰医学杂志稿约规定："文题，必要时给目录写一个限制在 75 个字母空间之内的短题"．我们国家颁发的《中国高等学校自然科学学报编排规范》也要求："中文题名一般不宜超过 20 个字．"

标题如此，整篇文章在充分传达科技信息的前提下更是以简为上．一般理科写作在三五千字．中国科学院主办的《中国科学》，要求"每篇论文（包括插图、表）不得超过八千字"；《科学通报》要求"'研究简报'包括图、表在内，每篇不得超过三千字；'研究通讯'每一篇字数限 700 字以内"．各种技术研究报告，虽然叙述、说明、论证都较论文详尽，但语言仍是简约的，与政治、文艺等语体明显不同.

文艺作品,常常为了酣畅淋漓地表达思想,一唱三叹地抒发感情,细致入微地叙事状物,用到铺陈、排比、复沓、重叠之类的手法,这是表情达意的需要,例如,鲁迅在《秋夜》一文中写道:"在我的后园,可以看见墙外有两株树,一株是枣树,还有一株也是枣树."这么写,显然寓有深意,让人回味无穷.倘若改为:"在我的后园,可以看见两株枣树",就索然无味了.

理科写作,重要的是说明事理,而不是艺术欣赏.因此一般不用铺陈、排比、复沓、重叠之类的手法.例如,"抛物线、椭圆、双曲线和它们各自对称轴的交点分别叫做它们的顶点."如果改为:"抛物线和它的对称轴的交点叫做抛物线的顶点;椭圆和它的对称轴的交点叫做椭圆的顶点;双曲线和它的对称轴的交点叫做双曲线的顶点."看似语意周详,但只能令人生倦.因此,理科写作要像打电报那样来写.能用一个词说明,绝不用两个词;能用一句话讲清,绝不用两句话.例如,如下的叙述:

A. 作者忽视了一个事实,即这种实验以往曾经有许多人做过很多次.

B. 作者忽视了以往别人做过的多次试验.

显在,后者叙述要清晰简明得多.

理科写作常用:"令……"、"包含于……"、"呈……状"、"若……则……"、"因……故……"等文言词语和句式,这是利用古文中一些词语、句式具有凝炼的特色,使语言简约.例如:"当且仅当三角形为直角三角形时,其余两个锐角互为余角."这样的叙述,就能做到言简意赅.

理科写作大量运用缩略语,甚至直接用外文缩略语,这是文科写作少见的.例如:"生化处理法"(生物化学处理方法)、"掺杂"(掺入微量杂质)、"DNA"(脱氧核糖核酸)、"STS思想"(科学、技术与社会相互联系的思想)、"CAI"(computer assisted instruction 计算机辅助教学)等.有时,作者为了行文方便、简练,自己也规定某些缩略语,只在第一次出现时说明.如:"故障树分析(fault tree analysis,以后简记为 FTA)是进行产品可靠性研究、工程安全性分析、社会风险评价的最好演绎手段.FTA 包括三大内容……"

总之,能用最少的字句把意思表达清楚就行,这是理科写作的简约性原则.

## 二、准确性

前边提到理科写作具有科学性的特点,即内容表述要做到客观、准确.事实上,表述的准确程度愈高,科学性的程度也就愈高,而准确性是由通过实践而获得的认识的深度所决定的.这里我们仅就语言运用来谈准确性.

在文艺创作中,曾经流传"推敲"的典故和"一字师"的故事,说贾岛的两句诗:"鸟宿地边树,僧推月下门",后依韩愈建议,将"推"字改为"敲"字,更显其意境．自此，"推敲"成了一个专指斟酌文词，力求用词准确、生动的新词．而齐己的《早梅》诗："前村深雪里，昨夜数枝开．"郑谷建议把"数"字改为"一"字，更能表现其"早"，郑谷被誉为"一字师"．然而这种艺术创作，对理科写作来是忌用的．理科写作的文字推敲，只能为了更加真实、精确地显现客观实际情况，而容不得从表现某种思想、观点出发，对客观实际状况所作的任何更改．绝不能用虚假的"实验"、编造的数据来证明自己的"理论"，这样做，得到的只能是伪科学．

理科写作的准确性，首先是定性准确．例如，化学中，"白色"和"无色"是两个严格区分的概念．数学中的"直线"是指一个点在平面上或空间中沿一定方向和其反向运动，所形成的轨迹；而"线段"是从直线上截下的有限的一段，二者是有区别的．为了定性准确，我们要注意：①一篇论文里，一个名词只能用来表示一个意思，一件事物只能用一个名词来表示．例如，熔解、溶化；溶剂、溶媒；提取、萃取；特异性、专一性这些同义名词不该在一篇论文里同时使用．②广义和专义名词不能相互代替作用．例如，类胡萝卜素与胡萝卜素、类脂与脂质、蛋白质与白蛋白、饮食与膳食等互代就会造成定性不准确．③严格区分一些意义相似但确不相同的名词．如：分析与测定、结果与效果、实验与试验、鉴定与鉴别、消化与吸收；养料与养分、相当与相应等．④慎用比较词，如偏高、偏低、较快、较慢、更多、更少、最深、最浅、太大、太小、较好、较坏等不可在文章中随便使用．

理科写作还在于定量的准确性．尽管宋朝科学家沈括在他的《梦溪笔谈》中批评杜甫的《古柏行》："霜皮溜雨四十围，黛色参天二千尺"属于"无乃细长"，结果遭人非议，说文艺作品允许夸张，诗中的数字不能看得太实．但作为科学作品，不允许半点虚夸，这是理科写作者必须牢记的．像"生化测定，每个细菌铁蛋白分子含 24 个亚基，12 个血红素"之类的叙述，在理科写作里叫一就是一、二就是二；而像"飞机飞行高度一般是在 30 公里以下，那里的空气已经非常稀薄"之类的叙述，由于所指范围过大，靠近地面，也是在"30 公里以下"，空气并不稀薄，而靠近 30 公里高空，飞机一般飞不到，此句中的"那里"不准确．因此，所谓定量准确，即所列的数字确切，与事实相符，且不允许游移不定，或出现歧义．

理科写作在术语、限制性附加成分、复句关联词语等的使用上，要求体现专业知识的准确性．

例如，"多碱光电阴极在常温工作时，由于电子的热运动而产生的电子发射现象，称为热电子发射．它的值与光电阴极的光电阈值、温度、积分灵敏度存在着一定的函数关系．光电阈值愈低、温度、灵敏度愈高，热电子发射也愈多．"这一段近百字的叙述，半数以上是专业术语．

又如基尔霍夫电流定律的叙述："在集总电路中，任何时刻，对任一节点，所有支路电流的代数和恒等于零."其中主语："代数和"、谓语："等于"、宾语："零"，单独看，说明不了什么意思，只有认真阅读并理解其中起限制性附加成分的定语和状语，才使描述、说明、评价恰如其分.

理科写作常使用各种复句，而且一般都带关联语．比如："在细胞的能量转换中起关键作用的是一种叫做分子换能器的腺三磷（ATP）酶复合体．在它的作用下，细胞可以通过氧化葡萄糖等有机物而释放出能量（此过程又称细胞的呼吸过程），并转化为 ATP 的键能．ATP 是细胞代谢中非常重要的一种物质，它在不断地被合成和分解的过程中，把从外界得来的自由能储存起来，并在需要时再释放出来，直接用于生命活动而做'功'．显然，ATP 的循环和与之密切相关的呼吸代谢是细胞能量代谢的中心环节．……"这一段叙述，句群结构严密，一环紧扣一环．这都是适应于准确性的需要．

### 三、清晰性

文艺作品，常用到双关、反语、婉曲、错综等含蓄的写法，让读者从小说的场面、情节中自己去领悟作者的观点；从诗的韵味中体会言外之意．恩格斯在他的《致敏·考茨基》一文中提及小说创作："我认为倾向应当从场面和情节中自然而然地流露出来，而不应当特别把它指点出来."我国学者袁枚曾说："诗无言外之意，便同嚼蜡."然而理科写作，尤其是要表达科技知识和成果的内容，不允许隐瞒自己的观点，诸如双关、反语、婉曲、错综等手法，避而不用，常常是直截了当、清晰无误地表述自己想说的内容．在逻辑结构上，理科写作或纵向深入，或横向扩展，或二者有机结合，绝不东一榔头西一棒子，让人摸不着头脑，从层次上讲，往往都有大小标题，并加上序号，脉络分明，一目了然．理科作品的自然段，一般分得较细．每一小段就讲一个小点的问题，中心句总是放在显要的位置，便于读者抓住要点．原可以归在一个自然段里的重要的语句，有时特意分行排列，以引起读者的注意．

下边，我们以傅鹰编著的《大学普通化学》第一章第一节的结构为例．该节讲化学的范围，一共五段．第一段总述化学是一种研究物质的科学．第二、三、四段具体指出化学所研究的物质的三个方面．末段是简要的小结，每一句话都占一行．

总起来说，化学讨论：
(1) 物质的组成与其性质的关系；
(2) 如何能够使一种化学反应发生；
(3) 一种反应发生时能够供给或需要多少能．

这样的论述，有条不紊、层次分明，给人印象更深刻．

理科写作还常用其他语体作品所没有的非自然语言符号系统：数学语言、图象、表格以及其他标记、符号．这种特殊的表达手段，作为自然语言的辅助和补充，大大增加了理科作品的清晰性．

**四、平实性**

平实，即语言平顺易懂、合乎规范、朴实无华．

理科写作要求用浅近的语言来表达深刻的道理，切忌用晦涩难懂的文字，每出一言，必有理有据，把道理阐述透辟，无懈可击．

理科写作还要求运文造句要符合语法规则和合乎逻辑事理，不写错别字，不生造词语，无不合语法的句子．

理科写作的语言运用要明白通晓，不装腔作势，不玩弄辞藻，不过于修饰文词，以免妨碍科技信息的传递．

例如，有一篇科技论文的引言，其中一段话："近年来多孔介质的传热在能源工程和换热器中得到日益广泛的应用．多孔表面是强化沸腾传热的有效手段，同时在热管技术中也有广泛用途．然而，多孔介质的沸腾机理至今不很清楚，一些论文提出了理论模型，但普遍性的结论和看法却比较少．因此多孔介质中沸腾的规律仍然是一个未解决的课题．"对于这段语言，去掉术语之后，就十分平常，没有色彩艳丽、带有感情的词．

再例如，"协同学也称协合学，它是以研究完全不同的学科间存在着的共同特征为止的一门横断学科"，这样的叙述，代词"它"与前词"协同学"的逻辑关系十分明确；而"在天气图上，填有各地同一时间通过观测所获得的天气资料，它的范围很广，有全国的、有欧亚两个大陆的、甚至有包括整个北半球的．"这句中的"它"有两个前词，一个是"天气图"，一个是"天气资料"，其逻辑关系就不明确，造成了歧义．这在理科写作是不允许的．

理科写作多用陈述句，只在讨论问题时用疑问句，很少用祈使句和感叹句．就"平"而言，其叙述总按部就班、分门别类、循序而写，没有飞来之笔，不作惊人之语．许多文体，如实验报告、开题报告，已趋程序化，有大致相同的结构格式．

总之，理科写作的大部分作品，不追求语言的形象、生动、华美．它的价值在于内容的先进、独创与翔实，不在于形式的新颖、藻丽．它要让读者注意的是内容，"辞达而已"；倘若过于讲究修辞手法，反而让人眼花缭乱，妨碍其知识信息的传递．因此，它必须质朴平实．

简约性、准确性、清晰性、平实性，是理科写作的语体风格，它们互相联系着．芟枝除蔓，方能简明；力求准确，更显平实．例如，理科作品中句子的附加成分，大都是限制性的，很少修饰性的，它既使文字简约、朴实，又能表意准确、清晰.这四个方面是一致的.对于初学者,我们无论是写实验报告还是论文,一定要力求使自己的文字表述符合理科写作的语体风格.

## 第二节 逻辑错误是可以避免的

高等师范理科学生在初写论文时,常犯假说不恰当、错觉、夸大结论、因果关系不明确、分类不当、推理无效等逻辑上的错误.本节试图说明这些逻辑性错误是可以避免的.

### 一、避免假说不恰当

根据已知的科学原理和科学事实,对求知的现象及规律,作出一种假定性说明,并以此作为指导,进一步对事物进行探索研究,这就是假说.

高等师范理科学生需要进行物理、化学、生物等学科的探究性实验,而实验过程中,往往需要对温度、时间、电流、电压、浓度、密度等参量进行调节或测定,对实验中出现的现象要进行分析并作出假定性说明.往往有学生作出的是不恰当的假说.比如,某实验装置的功率是一定的,调节电流的同时,势必影响其电压的变动,他的假说却只关注电流的变化.又比如,一些实验现象出现的原因较复杂,他一时解释不清楚,便提出"存在某种超自然的力作用"之类的假说.

为了使假说恰当,在提出假说时,我们应该从以下几个方面来考虑:

(1)假说要以一定的科学原理为指导,但又不受传统观念的束缚.假说必须是新的观点,如果别人已经提出过,就没有必要再提.除非你认为前人的假说不够完善,有必要进行修正不可.

(2)假说要以经验事实为依据,但又不能为原有材料所限制.它依据若干经验事实作出概括性结论,有待用更多的经验事实来验证其正确性和可靠性.不能用实验证明的假说,应毅然舍弃.

(3)假说必须能够被用来解释以往没有办法解释的一些现象(事实)发生的原因,或是某些因果之间的关系;假说应该有助于预测新的现象或某些事物之间的关系.

(4)假说的内容应简明而严谨,言简意赅的假定性说明既有丰富的内涵,又有确定的外延.

### 二、避免错觉和夸大结论

当根据在实验中观察所得的记录或数据进行解释、推理、发表意见以及作出结论时,个别理科学生往往产生错觉,或者对结论进行夸大.比如,由于观测数据出现偏差,又缺乏重复实验的对照,有学生就把事实、推论和意见混在一起,作出错误解释或夸大结论.

要避免产生错觉,整个实验过程要考虑如下几点:

(1) 记录数据的误差可能是:个人操作或肉眼观察产生的;实验条件或环境改变产生的;计算失误产生的,要找出哪些误差是主要的,哪些误差对结果的影响最大.

(2) 运用数学公式时,要了解它是根据什么事实或假说推演出来的,思考运用它是否恰当.

(3) 有时几个实验不是在同样很严格控制的条件下进行的.对于这样几次所得的实验结果,要特别注意主要发生影响的是哪些因素.应该考虑是否再重作一次实验?其中的某些实验能否当作全部实验的对照?这样几次实验结果是否可以相互比较?然后再下结论.

(4) 事实(实验或观测记录)、推论(推理)和意见,是完全不同的.事实是由实验记录提供的,必须先有事实;推论必须以直接事实为根据;意见是可以推测的,可以是设想的,虽然不能毫无根据,但不一定立刻有很具体、很直接的事实为根据,切不要把事实、推论和意见三者混淆起来.

同样,因为实验观察的结果往往是在一定条件下所获得的,有一定的适用范围,而不是漫无边际的.在作结论时,甚至早在整理材料时,就应该注意以下几点,以免夸大.

(1) 不要依很少的数据(事实)就作出结论,更不能依有限的数据就作出很广泛的结论.

(2) 在很多情况下,实验曲线的有效范围是有一定限度的.如有必要从延长的曲线上读数并依此作结论时,应该特别慎重.

(3) 对于所有结论,应该说明它的适用范围,或是指出预期的出入.

(4) 如果试图作出臆断或提出意见,必须在提法上使读者能体会它是臆断(揣测)或是意见,而不是有可靠根据的论断.

### 三、避免因果关系不明确

理科学习与研究中,我们常会遇到类似下列的推理:

"银受热膨胀、铜受热膨胀、铁受热也膨胀……是否凡金属受热都膨胀呢?分析研究发现:金属受热,其内部分子的凝聚力就会减弱、扩散力就会增强,从宏观上看,每个分子运动的空间增大了,金属整体的体积也就增加了.因此,分子凝聚力减弱和扩散力增强是金属受热膨胀的原因.由此可知,金属受热膨胀的结论是可靠的."这里,用到了因果联系归纳法,即通过寻找某现象发生的因果关系,推出一般的、具有普遍性的规律或结论.

追求因果关系,寻求因果规律,是理科研究中常用的科学方法.但我们中不少人，把因果关系绝对化了．认为，有了某种原因，就一定出现某种结果；或者认为某种结果就一定是由于某种原因．特别是开展某课题的研究时，由于某些影响因素，还不能很好地被控制，常常造成因果关系不明确．因此，在下结论时，应当从以下几点来检查：

（1）不要按某些现象出现的次序先后而总是把它们当成前者是原因后果是结果．例如，天空中总是先看到闪电，后听到雷鸣，就错误地判断：闪电是雷鸣的原因．

（2）不要试图把相同的结果都看成是由于一样的原因．同样的现象，在某种情况下的出现是某一种原因所造成的，而在另一种情况下的出现就可能是另外一个原因所造成的．例如，浮肿病，可能是由肾脏或心脏出现问题的引起；也可能是由营养不良所引起．更有一些现象的出现是几个原因的综合结果．例如，齿龈出血的原因可能是身体缺乏维生素 C 或是口腔卫生不好，也可能是两个原因都有，其中一个是主要的，另一个是次要的．

（3）在多件事物中，不要依它们有一个共同的特点，就贸然推断其他特点也都是共同的．例如：有人看见电石（碳化钙）遇水发生的气体可以燃烧，同时看见石灰（氧化钙）遇水也发生气体，就贸然说，后者出现的气体也可以燃烧．结论显然是不对的．

（4）从两个实验过程中得出同样数学公式或是得出类似曲线，不能就认为两个机制（过程）本身就是完全一样的．例如，两组动物吃不同的膳食（一组吃牛乳粉，另一组吃豆制代乳粉），在一定的生长期内，两组体重的生长曲线形状是相似的，但是不应该由此就下结论：牛乳粉和豆制代乳粉的营养价值是完全相同的等．

**四、避免分类不当**

理科写作常常涉及根据各研究对象的共同点和差异点，将对象区分为不同种类，从而将事物区分为具有一定从属关系的不同等级层次的系统，这就是分类．

科学的概念，有外延（适用范围）较大的属概念，和外延相对较小的种概念之分．通常是把属概念分成几个并列的种概念，这叫概念的划分．被划分的概念称"母项"，从母项划分出的概念称"子项"．我们所说的分类是以概念的划分为基础的．

为了避免在理科写作中出现分类不当，我们应当注意：

（1）每种分类要根据同一标准进行，也就是根据对象本身的某种属性或关系来进行．事物的属性或关系是多方面的，因而分类的标准也是多方面的．人们可以按照实践的需要或研究问题的角度来确定分类的标准．但是，每一次分类只能按照同一标准，否则就会出现分类重迭（子项相容）或分类过宽（越级划分）等逻辑错误. 比如, 把物理学分为经典物理、量子物理和应用物理, 就采用了三个不同的划分根据, 此分法犯了"子项相容"和"子项未尽"两个逻辑错误. 又比如, 材料分类, 依化学性质分, 有金属、无机非金属、有机高分子材料. 有人把建筑材料列入其中分类, 就重迭且过宽了. 因为建筑材料可以是金属的(如钢材、铁钉、铝材等), 也可以是无机非金属材料(如水泥、玻璃等), 还可以有有机高分子材料(如塑料门窗等).

(2) 各子项之和要等于母项. 分类是根据事物的本质属性或显著特征, 抓住其共同点和差异点, 定出一定的标准来划分的. 划分后的子项外延之和与母项的外延必须相等, 否则就犯"多出子项"或"子项未尽"的逻辑错误. 比如, 把"高校教学人员"分为"教授、副教授、讲师、助教、研究生", 就多出子项"研究生". 虽然, 个别研究生有时也参与其导师的教学活动, 但他是学生, 不是教学人员. 又比如, 把生物分为"动物和植物", 漏掉了"微生物", 其子项未穷尽.

(3) 子项之间要互不相容. 作为同一类并列的各概念或事物不能有交叉关系, 否则就犯了"子项相容"的逻辑错误. 比如, 化学反应的分类, 有人把分解反应、化合反应、置换反应、中和反应、复分解反应、氧化——还原反应分列其中, 作为"化学反应"的"子项". 只要认真思考, 这种分法有交叉关系, 犯有"子项相容"的错误.

(4) 分类要按照一定的层次逐级进行. 对概念的划分, 是把一个属概念分成几个并列的种概念, 如果需要连续划分, 可以将种概念再划分为次一级的种概念, 这样逐次进行. 如果在划分中混淆了属种层次, 就犯"越级"的逻辑错误. 比如, 将金属材料分成黑色金属材料和有色金属材料, 余此类推. 如果把黑色金属材料、有色金属材料与无机非金属材料、有机高分子材料并列, 就犯"越级"的逻辑错误, 因为无机非金属、有机高分子材料是与金属材料同一级, 而黑色金属、有色金属是隶属于金属这一大概念中的次一级概念.

此外, 我们还要注意: 根据事物外部特征或外部联系的某自然属性而进行的分类是现象分类; 根据事物的本质特征或内部联系的某自然属性而进行的分类是本质分类, 理科研究强调的是本质分类. 因为只有能够反映事物的本质特征和内部规律性联系的分类系统, 才能帮助我们在科学研究的各个环节中正确理解概念, 准确使用概念, 进而把握各相关事物的联系和区别.

**五、避免推理无效**

理科写作中常用到演绎推理, 即以一般的、具有普遍性的知识为前提, 推出的结论是特殊的知识. 而演绎推理中用得最多的当数"三段论". 所谓三段论, 是由三个简单的直言判断组成, 其中两个判断叫前提, 最后一个判断叫结论. 可表述为如下公式：

$$\begin{array}{l}\text{大前提:所有 M 是 P}\\ \text{小前提:所有 S 是 M}\\ \hline \text{结论:所以,所有 S 是 P}\end{array} \quad 或 \quad \begin{array}{l}\text{所有 M 不是 P}\\ \text{所有 S 是 M}\\ \hline \text{所以,所有 S 不是 P}\end{array}$$

其中，S 叫小词，结论中作主谓，是小前提和结论中包含的共同的项，又称小项；M 在大前提中作主项，在小前提中作谓项，在大小前提中各出现一次，结论中没有出现，称中词或中项；P 在大前提和结论中均作谓项，称大词或大项．区分前提和结论的标准是：已知的判断为前提，推出的新判断为结论；包含大项的是大前提，包含小项的为小前提．

常见的三段论如："凡金属皆导电；铁是金属；所以，铁是导电的."又如："能在转变前后总量是守恒的；β 衰变是一种能的转变；所以，β 衰变前后总能量也是守恒的."奥地利科学家泡利接着往下思考："既然 β 衰变前后总能量守恒，而电子带走的能量小于衰变前的能量，那么，其余的那部分能量一定是被一种尚未知道的中性微粒子带走了……"，利用"三段论"，泡利提出"中微子假说"，成功地解释原子核的 β 衰变现象．

"三段论"看似简单，在实际中不少理科学生却常犯推理无效的逻辑错误．为了避免出现推理无效，应当提醒读者注意的规则有：

1. 中项不得两次不周延

在逻辑判断中，有一个周延的概念．所谓周延是指一个判断对它的主项、谓项的适应范围即外延的断定情况．若这个判断确定地判断了主项或谓项的全部外延，则称该判断的主项或谓项是周延的；若这个判断没有确定地判定主项或谓项的全部外延，则称该判断的主项或谓项是不周延的．在"三段论"里，中项是联结大、小项的中介．若中项两次不周延，它就无法在大、小项之间起中介作用，中项就有可能以部分外延与大项发生联系，而以另一部分外延与小项发生联系，这样，大项与小项之间就可能没有必然联系，因而不能得出必然结论．例如："金属是导电的，铝是导电的；所以，铝是金属."这个三段论，虽然前提和结论都是真的，但是中项"导电的"两次不周延，小项"铝"与大项"金属"之间缺乏必然联系，结论的真实性是偶然的，此推理无效．

2. 在前提中不周延的项，在结论中也不得周延

如果三段论的大项或小项在前提中没有判定全部外延（不周延），那么结论中就不应当对大项或小项的全部外延作出判定（周延）．否则，结论的判定范围就超出了前提，这样，结论就不是从前提必然地推出的．例如："所有动物都需要氧气，花草不是动物；所以，花草不需要氧气."该三段论的大项"需要氧气"在前提中作肯定判断的谓项，不周延；在结论中作否定判断的谓项，周延，这显然不对．

3. 两个否定前提推不出结论

否定判断断定的是主、谓项相应部分互相排斥．若两个前提都是否定的，那么，大项的外延和小项的外延的相应部分都与中项互相排斥，因而中项就不能起中介作用，大项与小项的关系就无法确定．所以，两个否定前提推不出结论．例如："猫科动物不是吃素的，熊不是猫科动物；所以，熊……？"这个推理中，由于大项"吃素的"和小项"熊"都与中项"猫科动物"相排斥，就无法确定二者之间的关系．

4. 如果前提中有一个是否定的，那么结论是否定的

前提中一个否定、一个肯定，这样，中项不是和大项相排斥而和小项相联系，就是和小项相排斥而和大项相联系．无论是哪种情况，小项与大项只能是互相排斥的．所以，有一个前提是否定的，结论就是否定的．例如："虚拟力不能独立建立动力学方程，惯性力是虚拟力；所以，惯性力不能独立建立动力学方程．"这个三段论中，"虚拟力"这个中项与"能独立建立动力学方程"这个大项相排斥，而与"惯性力"这个项相联系，所以大项与小项也相排斥，得出的结论只能是否定的．

5. 若结论是否定的，那么前提中必有一个是否定的

若一个三段论的结论是否定的，那么小项与大项相排斥，而二者相排斥必是由于大项或小项在前提中与中项相排斥．所以，必有一个否定前提．若结论是否定的，而前提中没有否定判断，那么，结论就不是必然推出的．例如："猫是食肉动物，青蛙是两栖动物，所以青蛙不是食肉动物"显然不通．

6. 两个特称前提不能推出结论

两个特称否定判断作前提，依规则1，推不出结论．两个特称肯定判断作前提，其中四个项均不周延，中项两次不周延，依规则1，不能推出结论．一个特称肯定和一个特称否定的判断作前提，则前提中只有一个项是周延的，这个周延的项必须是中项，因为中项不能两次不周延．这样，大项不周延．而由于有一个否定前提，根据规则4，结论必然是否定判断，大项作结论的谓项必然周延．大项在前提中不周延，而在结论中周延，这样就犯了"大项不当周延"的错误．如果唯一周延的项是大项，则又犯"中项两次不周延"的错误．例如："有些非金属是绝缘体，有些建筑材料不是非金属；所以，……？"其大项"绝缘体"在前提中不周延，如推出结论："有些建筑材料不是绝缘体"则违反规则2；如推出结论："有些建筑材料是绝缘体"则违反规则4．所以，一个特称肯定和一个特称否定的判断作前提，也不能推出结论．综上所述，任何两个特称判断作前提，都不能推出结论．

总之，要避免推理无效，我们至少在"三段论"的规则上要很好地把握．

**思考题**

1. 有人说："任何作品的语言都应该简洁，但这种简洁不等于简约."你同意这一观点吗？谈谈你对理科写作简约性的理解.

2. 联系选题的科学性原则，谈谈你对理科写作语体风格中准确性的思考.

3. 你认为在文章的结构安排上，应当怎样做，才能突出文章的清晰性？平时写文章，你是否喜欢运用许多形容词和感叹词，学习本章有关平实性的论述后，你是怎样想的？

4. 平常写作时，你常犯哪些逻辑性错误？通过本章的学习，请对自己避免逻辑性错误作一些反思.

5. 试分别指出下列判断犯些什么逻辑错误：

(1)"若人患了感冒，就会身体疲倦、发热、咳嗽；小张感到疲倦、发热、咳嗽，因此，小张是患了感冒."

(2)"鱼是水生物，蝌蚪是水生物；所以蝌蚪是鱼."

(3)"所有的金属是导电的，碳不是金属；所以，碳不导电."

(4)"按物理效应来分类，一些材料可分为：压电、高温、电光、磁光、透光材料."

# 第五章 实验报告的写作

高等师范理科专业的实验大体分两类,一类是重复别人做过的实验,以验证别人已得出的结论,称验证性实验;另一类是别人尚未做过或者虽做过但未有所发现的实验,以求通过探索得出新发现、新结论,称探索性实验.

验证性实验可以使高等师范理科学生:加深对理论的认识和理解;熟悉常用仪器的基本原理、性能和使用方法,掌握实验技能;了解一些物理量的测量方法或化学性质的鉴别方法;学会正确记录、处理实验数据,分析判断结果……进而提高自身观察和分析实验现象的能力、理论联系实际独立进行科学研究的能力;培养自身严谨、求实的科学态度.

探索性实验是一种要求更高的创造性工作,目的在于获得新发现,提出新观点、建立新理论. 尽管如此,它对仪器的操作、参量的测量、数据的处理、结果的分析等方面的要求仍然建立在验证性实验所获得的能力的基础上.

不论是验证性实验还是探索性实验,最终都要求写出:按照一定的格式和要求,表达实验过程和结果的文字材料来,这就是实验报告. 实验报告是实验工作的全面总结和系统概括,是实验工作不可缺少的一个环节,也是高等师范理科学生必须学会的一种写作.

本章先阐述实验报告的构成,再以几个范例来说明实验报告的写作.

## 第一节 实验报告的构成

形式完整的实验报告一般应包括如下内容:实验名称、作者、摘要、引言、正文(包括实验原理、实验目的、实验器材设备、实验步骤、实验结果、讨论、实验结论)、致谢、参考文献. 特殊情况下,一些内容可以依具体需要而增删. 比如,理科教育实验研究报告,其构成是:标题(包括实验研究的问题及作者署名)、引言、实验的方法和过程、结果和结论、分析和讨论、附录、参考文献等.

本节结合中学物理《用伏安法测电阻》实验,详细阐述实验报告的构成,最后,简单介绍理科教育实验研究报告的组成.

### 一、从《用伏安法测电阻》实验看实验报告的构成

用伏安法测电阻,是中学物理教学中一个十分重要的实验. 可以联系它的表达实验过程和结果的文字材料来看实验报告的构成.

## 用伏安法测电阻

班级：××××　　　　　　　　　　姓名：×××

实验日期：×年×月×日　　　　　　地点：××××

说明：实验名称通常也就是实验报告的标题．它要求文字简洁、准确，一目了然．如"用伏安法测电阻"，一看就知实验的方法和目的．实验名称后，往往须填写实验者姓名、实验时间、地点等．

**实验目的**

1. 学会用伏安法测电阻．
2. 学习使用电压表、电流表、滑线变阻器等电学常用仪表或元件．

说明：这部分文字是简要说明为什么要进行这个实验，介绍该实验要解决的问题，以及它对研究某一课题所具有的作用等．它要求写得直截了当，能让读者了解实验的主要目的就可以了．

**实验原理**

欧姆定律：通过一段导体的电流强度 $I$ 与导体两端的电压 $U$ 成正比，与导体的电阻 $R$ 成反比：$I=U/R$ 亦即 $R=U/I$．

如果用电压表测出导体两端的电压 $U$，同时用电流表测出通过导体的电流 $I$，依 $R=U/I$ 便可求出导体的电阻 $R$．这种方法称伏安法测电阻．

用伏安法测电阻有两种接线方法：电流表内接法（图 1）和电流表外接法（图 2）

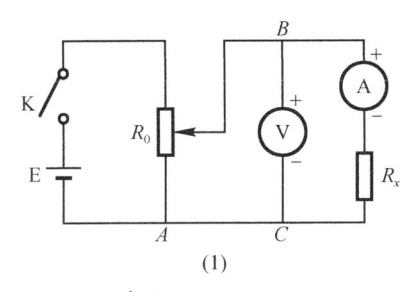

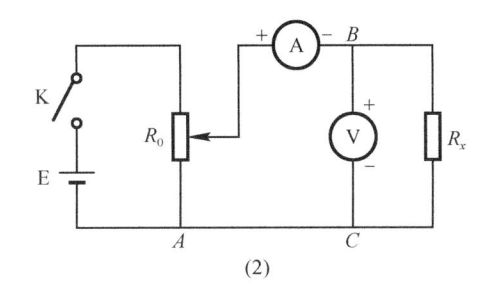

(1)　　　　　　　　　　　　　　(2)

1. 电流表内接法

此时电流表的读数是通过待测电阻 $R_x$ 上的电流强度 $I_x$，但电压表的读数值不只是待测电阻的两端电压 $U_x$，还有电流表两端的电压 $U_A$，即 $U=U_x+U_A$，所以依计算式

$$R = \frac{U}{I} = \frac{U_x + U_A}{I_x} = R_x\left(1 + \frac{R_A}{R_x}\right)$$

式中，$R_A/R_x$ 是电流表内阻 $R_A$ 给测量带来的相对误差．可见，这种接线法测得的电阻值 $R$ 比实际值 $R_x$ 偏大，则修正后的待测电阻值应按下式计算：

$$R_x = \frac{U - U_A}{I} = R - R_A = R\left(1 - \frac{R_A}{R}\right) \tag{A}$$

2. 电流表外接法

此时电压表读数 $U$ 等于电阻 $R_x$ 两端的电压 $U_x$，电流表读数 $I$ 不只是待测电阻的电流值

$I_x$，还有通过电压表的电流 $I_v$，即 $I=I_x+I_v$，同样依计算式可得修正后的待测电阻值为

$$R_x = \frac{U_x}{I-I_x} = R\left(1+\frac{R}{R_v}\right) \tag{B}$$

说明：实验原理这一栏是简要说明实验的理论依据，无论是验证性实验还是探索性实验，都有一定的理论依据，都需要在实验报告里写清楚．有的还要给出计算公式、电路图、光路图．化学实验常给出反应方程式等．本例首先说明欧律定律的内容；接着给出电阻与电压、电流之间的关系式；然后给出用伏安法测电阻的两种不同接线法的线路图；最后分别给出考虑误差的计算公式（A）和（B）．思路清晰、简明扼要．可以作为未来的中学理科教师指导学生写实验报告的一个典型案例．

**仪器设备**

直流稳压电源、毫伏表、毫安表、滑线变阻器、开关、导线、待测电阻．

说明：此栏全称应为"仪器设备及原材料"．严格讲，仪器设备应标明规格型号；原材料（化学实验中特别关注）应标明化学成分．如：直流安培表（J0407）、滑线变阻器（50Ω、1.5A）、MF-20 晶体管万用表等仪器设备标注；NaOH 固体；浓盐酸，比重为 1.19；酚酞，0.2%乙醇溶液；甲基橙，2%水溶液等化学用原材料标注．

**实验步骤**

1. 电流表内接法

（1）按图 1 所示接线法联接电路；

（2）调节滑线变阻器用来改变通过电阻 $R_x$ 的电流 $I_x$，从毫伏表上读出相应的示数，并记录；

（3）按（A）式计算待测电阻 $R_x$．

2. 电流表外接法

（1）按图 2 所示接线法联接电路；

（2）同内接法步骤 2；

（3）按（B）式计算待测电阻 $R_x$．

说明：实验步骤就是实验进行的程序．一般都是按操作的时间先后划分成几步，并在前面加上序号：1、2、3……，以使条理更为清晰．步骤划分的原则，一般多以改变某一组因素（参数）为一个步骤．比如，电学实验，常将电压不变而改变电流为一步，将电流不变而改变电压为另一步．化学实验，常以温度不变而改变压力为一步；将压力不变而改变温度为另一步．对操作过程的说明，要简单明了，在能使人看懂的情况下，字数越少越好．一些操作的注意事项可不必写出，比如本实验中接线时，预先打开开关、滑线变阻器触头要置于使其电阻为最大处、电源正极要与电流表和电压表的正接线柱对应等操作时注意事项就没有写上．因为它已作为基本常识，不是实验报告要讨论和关注的内容，实现报告常用示意图来说明实验装置的安装过程和实践线路的联接过程，这样做，可使叙述的文字减少，并使人一目了然．

**数据记录**

| 电流表内接法 |  |  | 电流表外接法 |  |  |
|---|---|---|---|---|---|
| $I$/mA | $U$/mV | $(R=U/I)/\Omega$ | $I$/mA | $U$/mV | $(R=U/I)/\Omega$ |
| 40.0 | 1020 | 25.5 | 40.0 | 980 | 24.5 |
| 50.0 | 1270 | 25.4 | 50.0 | 1220 | 24.4 |
| 60.0 | 1530 | 25.5 | 60.0 | 1470 | 24.5 |
| 70.0 | 1780 | 25.4 | 70.0 | 1720 | 24.6 |
| 80.0 | 2060 | 25.8 | 80.0 | 1960 | 24.5 |
| 90.0 | 2290 | 25.4 | 90.0 | 2210 | 24.6 |
| 100.0 | 2540 | 25.4 | 100.0 | 2460 | 24.6 |

说明：实验数据是实验过程中从测量仪表所读取的数值．要根据仪表的最小刻度单位或准确度决定实验数据的有效数字位数．读取数据的方法要正确，记录数据要准确，一般都是先记在实验笔记上，然后加以整理写到报告中．如发现异常数据，不应随意舍掉，应进行复核，验证是过失误差还是确实如此．记录数据的表格要精心设计，使其易于显示数据的变化规律及各参数间的相关性．项目栏要列出物理量的名称，代号及量纲单位．说明栏的数字小数点要上下对齐．

**计算**

**1. 内接法**　　$\bar{R} = \sum_{i=1}^{7} R_i / 7 \doteq 25.5\Omega$

$R_x = R\left(1 - \dfrac{R_A}{R}\right) \doteq \bar{R} - R_A = 25.5 - 0.67 \doteq 24.8\Omega$

**2. 外接法**　　$\bar{R} = \sum_{i=1}^{7} R_i / 7 \doteq 24.6\Omega$

$R_x = R\left(1 + \dfrac{R}{R_v}\right) = 24.6 \times \left(1 + \dfrac{24.6}{1500}\right) \doteq 25.0\Omega$

说明：本栏全称应为"计算与作图"，将实验数据代入计算公式，求出初步计算结果．有时，为了更直观地表达变量间的相互关系，还采用作图法，即用相对的各组数据确定若干坐标点，再依点画出相关曲线．本实验报告中计算的值未考虑仪表本身引起的系统误差，下一步还要进行误差分析．

**误差分析**

当使用仪表的表盘带反光镜时，其读数误差为：表盘精度×0.2；不带反光镜时为：表盘精度×0.5．

本实验的随机误差：

$\Delta U_1 = $ 表盘精度 $\times 0.2 = 20\text{mV} \times 0.2 = 4\text{mV}$

$\Delta I_1 = $ 表盘精度 $\times 0.2 = 1\text{mV} \times 0.2 = 0.2\text{mV}$

最大绝对误差（系统误差）

$\Delta U_m = $ 量程 $\times$ 精度等级 $= 3000\text{mV} \times 0.5\% = 15\text{mV}$

$\Delta I_m = $ 量程 $\times$ 精度等级 $= 100\text{mV} \times 0.5\% = 0.5\text{mV}$

$\therefore \Delta U = \Delta U_1 + \Delta U_m = 4\text{mV} + 15\text{mV} = 19\text{mV}$

$\therefore \Delta I = \Delta I_1 + \Delta I_m = 0.2\text{mV} + 0.5\text{mV} = 0.7\text{mV}$

**1. 内接法时**

相对误差 $\quad \dfrac{\Delta R_x}{R_x} \times 100\% = \left(\dfrac{\Delta U}{U} + \dfrac{\Delta I}{I}\right) \times 100\% = \left(\dfrac{19}{1020} + \dfrac{0.7}{40.0}\right) \times 100\% = 3.6\%$

绝对误差 $\quad \Delta R_x = \overline{R}_x \cdot \dfrac{\Delta R_x}{R_x} = 24.8\Omega \times 3.6\% \approx 0.9\Omega$

**2. 外接法时**

相对误差 $\quad \dfrac{\Delta R_x}{R_x} \times 100\% = \left(\dfrac{\Delta U}{U} + \dfrac{\Delta I}{I}\right) \times 100\% = \left(\dfrac{19}{980} + \dfrac{0.7}{40.0}\right) \times 100\% = 3.7\%$

绝对误差 $\quad \Delta R_x = \overline{R}_x \cdot \dfrac{\Delta R_x}{R_x} = 25.0\Omega \times 3.7\% \approx 0.9\Omega$

说明：在实验中，测量值和真实值之间总是存在一定的误差，误差分析应考虑三个方面：一是要确定实验结果的误差范围；二是要找出影响实验结果的主要因素，并采取有效措施尽量减少误差；三是当误差过大时，应分析原因，作出合理解释．此实验中计算系统误差时，用到仪表的精度和精度等级；计算相对误差时用到误差传递公式……这些最基本的误差理论知识，是高等师范理科学生应当掌握的．

**实验结果**

**1. 内接法时** $\quad R_x = \overline{R}_x \pm \Delta R_x = (24.8 \pm 0.9)\ \Omega$

**2. 外接法时** $\quad R_x = \overline{R}_x \pm \Delta R_x = (25.0 \pm 0.9)\ \Omega$

说明：在表达实验结果时，一般包括密切相关的三部分，即结果的测量值 $\overline{A}$，绝对误差 $\Delta A$ 和相对误差 $E_r$．具体表述为 $A = \overline{A} \pm \Delta A$）单位．$E_r = \dfrac{\Delta A}{A} \times 100\%$．本例在第八步误差分析时，已有相对误差的表示．故结果处可不再写出．

对于非测量性的实验，当然无须记录数据、分析误差和进行计算，其结果部分主要是描述和分析实验中所发生的现象．如化学实验中反应速度的快慢、放热还是吸热，生成物的形态、颜色及气味；金相或岩相实验拍摄的显微照片；电学实验的波形图等．

**结论或讨论**

用伏安法测电阻时，由于线路原因，测得的电阻值总是偏大或偏小，即存在一定的系统误差．要确定究竟采用哪一种接线法，必须事先对 $R_x$，$R_A$，$R_v$ 三者相对大小有粗略的估计．当 $R_x \gg R_A$，而 $R_v$ 未必比 $R_x$ 大时，可采用内接法；当 $R_x \ll R_v$，而 $R_x$ 又不过分大于 $R_A$ 时，可采用外接法．对于既满足 $R_x \gg R_A$，又满足 $R_x \ll R_v$ 关系的电阻，用内接法或外接法测量均可．本实验对同一电阻分别采用内接与外接两种方法进行测量，意在熟悉两种方法，实际测量一般要进行选择，即使具体情况选择其中一种．

说明：结论就是依实验结果所作出的最后判断．它指出通过实验证实了某一理论．而讨论则包括思考题的回答、对异常现象或数据的解释、对实验方法及装置提出改进建议等.

以上结合中学电学的一个实验来谈实验报告的构成. 通过对它的说明，我们不难发现：实验的目的、原理、装置、步骤、结果与讨论等，都是采用说明的方式，它要求用简练和确切的文字，恰当地表述实验过程和实验结果，为了使表述更为直观、简洁，它常借助图与表. 而且，它突出的是怎样操作，而不是由谁去操作，因此常采用无主语句.

**二、理科教育实验研究报告的组成**

理科教育实验是在人为调控某些条件的情况下，有目的有计划地实施实验步骤，在满足实验设计要求的教育情境中，测定、记录和分析理科教育中所发生的变化与结果的一种理科教育研究方法. 由于基础教育课程改革是一项史无前例的系统工程，一些新的教育、教学方法，需要在实践中进行探索和总结，进而推广和普及. 这就需要先在少数的、局部的地区先进行实验. 由于教育实验对揭示教育条件和教育现象之间因果关系是一种比较适合的研究方法，也是理科教育研究中颇具特色方法之一，因此近年来，被越来越多的学校所采用.

理科教育实验一般分为七个步骤：

（1）确定实验课题. 确定理科教育实验课题时，不但要考虑影响可行性的一般因素，还要注意审视在操作实验变量、控制无关变量和评价因变量等方面的可操作性. 若这些方面存在难于落实的具体操作，仍不能认为该教育实验是可行的.

（2）提出实验假设. 教育实验研究的假设一般是在经验总结、理论演绎或初步研究获得某些认识的基础上提出来的有根据的推测. 它往往把实验变量与因变量的关系用文字或数学模型表达出来. 在有的实验中，实验目的（或目标）本身就概括地表达了假设.

（3）完成实验设计. 实验设计是实验研究者所制定的实际实验方案，它一般包括如下一些内容：课题名称—假设—必要的界定—研究的目的意义—研究的背景—实验方法—总体和样本—实施计划与过程—数据分析与统计要求—时间安排等.

其中，必要的界定是指本实验研究中涉及的有分歧的变量、概念、术语等名词的涵义进行必要的界定和说明.

（4）实施实验方案. 在实验方案实施的过程中，除了因实验设计不当需要对实验方案加以修正外（这种修正方案要不影响前后实验的一致性），实验者应严格按照预先设计的方案进行，应随时注意对无关变量进行有效的控制. 实施过程中，实验者应及时和准确地观察、测量和收集资料，并对这些资料作初步的分析.

(5) 对实验结果进行统计处理. 一般是先用描述统计的方法把反映结果的原始资料加以列表、图示, 再选择最适合论证实验目的的统计方法对有关资料进行统计处理. 如先用描述统计的方法计算该资料的平均数、标准差和相关系数等, 再用推理统计的方法来检验实验变量与因变量之间是否有共变关系, 以显示实验变量的作用等.

(6) 解释实验结果和撰写实验报告. 对实验结果作出符合逻辑的解释和提出问题, 最后规范完成实验报告.

理科教育实验研究报告, 包括:

1. 标题

要求与前述实验名称的要求基本相同, 也是表述要简洁、明确, 且要署名.

2. 引言

要求简明扼要地阐述以下几个方面的内容:

(1) 该实验研究课题提出的背景;

(2) 该实验研究的意义;

(3) 目前国内外在该方面研究的有关成果、现状、问题和发展趋势;

(4) 该实验研究所要解决的问题;

(5) 实验研究中所出现的主要概念的定义和有关名词的界定.

引言部分也可用"实验的目的和意义"作为小标题直接表达.

3. 实验的方法和过程

这部分的主要内容有:

(1) 实验对象的选择和组合;

(2) 实验处理, 无关变量的控制以及其他具体实验措施的实施;

(3) 实验研究所采用的设备及测量工具等;

(4) 实验研究的步骤;

(5) 实验资料的收集和处理的方法等.

这部分内容的介绍应条理清楚, 表述明确, 以利于别人评价整个实验研究在教育理论和方法论上的科学性和客观性, 或让别人能够按照这些介绍去重复做实验.

4. 结果和结论

这部分内容主要有:

(1) 初步整理、分析实验研究过程中所收集的原始资料, 并得出结果, 如实验中的测量结果的统计表、统计图等;

(2) 对整理后的实验资料, 采用描述统计和推断统计得出实验研究结论 (即假设被证实或证伪).

作为实验报告的核心, 要求在引举客观材料的基础上严谨地提出实验研究的结论，内容应以事实和数据为主，文字叙述简明扼要，结论明确．

5. 分析和讨论

这一部分是对实验结论所作的理论解释或提出的建设性意见．内容包括实验研究者从理论、实验、方法和逻辑等不同角度对实验所作的全面而深入的分析，以及由实验研究提出的新问题，新设想．

6. 附录

附录的内容一般有：

（1）实验研究中所收集到的重要的原始资料；

（2）实验研究过程中使用的，在评价和阅读实验报告时又必须参考的测量工具．

除此以外，应在实验报告中表达但纳入正文又嫌臃肿冗长有碍整体思维的内容，也可放入附录．

7. 参考文献

实验研究中起作用的主要参考资料的作者姓名，文献名称，发表刊物或出版单位和发表地或出版时间．

## 第二节  实验报告写作范例

让我们以一篇中学化学学生实验的实验报告，和一篇中学物理教师进行物理教育实验的研究报告作为实验报告写作范例介绍给读者．

### 一、中学化学实验报告[①]

**实验名称：化学反应速度  化学平衡实验**

实验者×××　时间：×年×月×日　地点：××××

前言（略）

实验目的：

1. 巩固浓度、温度和催化剂对反应速度的影响的知识；
2. 巩固浓度和温度对化学平衡影响的知识．

实验仪器：

试管、烧杯、胶头滴管、橡皮塞、电钟（或秒表）、酒精灯、温度计、铁架台、钥匙、木条等．

实验药品：

3%硫代硫酸钠溶液、硫酸（1∶5）、3%过氧化氢溶液、氯化铁溶液、硫氰化铵溶液、两

---

[①] 赵建伟．科教文书写作．珠海：珠海出版社，2000. 19～22.

个装有二氧化氮的大试管、二氧化锰.

实验操作与观察的提示：

1. 硫代硫酸钠溶液与稀硫酸反应出浑浊现象，此浑浊物是什么？是硫单质（注：此下划横线内容为实验者所填）

2. 硫代硫酸钠在不同浓度、温度下与硫酸反应时，滴加稀硫酸要注意些什么？使滴管下端不与试管口接触，试管竖直放置.

实验步骤：

1. 浓度、温度和催化剂对化学反应速度的影响

（1）浓度：以不同浓度的硫代硫酸钠与硫酸的反应速度为例.

| 试管编号 | 加 3% $Na_2S_2O_3$（毫升） | 加 $H_2O$（毫升） | 加 1:5 稀硫酸（滴） | 出现浑浊所需时间（秒） |
|---|---|---|---|---|
| 1 | 5 | 5 | 10 | 107 |
| 2 | 7 | 3 | 10 | 90 |
| 3 | 10 | 0 | 10 | 55 |

结论：浓度越大，反应速度越快.

（2）温度：以硫代硫酸钠在不同温度下与硫酸的反应速度为例.

| 试管编号 | 加 3% $Na_2S_2O_3$（毫升） | 加 1:5 稀硫酸（滴） | 温度（度） | 出现浑浊所需过时间（秒） |
|---|---|---|---|---|
| 1 | 5 | 5 | 室温 | 61 |
| 2 | 5 | 5 | 室温＋10 | 35 |
| 3 | 5 | 5 | 室温＋10 | 20 |

结论：温度越高，反应速度越快.

（3）催化剂：以用二氧化锰作催化剂，过氧化氢（$H_2O_2$）的分解为例. 在一支试管中加入 3% $H_2O_2$ 溶液，是否有气泡产生？没有. 再加入少量 $MnO_2$，是否有气泡产生？有. 用带火的木条检验证明：放出气体为氧气.

结论：催化剂能加快反应速度.

2. 浓度和温度对化学平衡的影响

（1）浓度：以 $FeCl_3$ 和 $NH_4SCN$ 反应为例

| 试管编号 | 氯化铁溶液 | 硫氰化铵溶液 | 再加入 | 观察到的现象（与 3 号试管比较） |
|---|---|---|---|---|
| 1 | 3ml | 3ml | 1ml $FeCl_3$ 溶液 | 红色变深 |
| 2 | 3ml | 3ml | 1ml $NH_4SCN$ 溶液 | 红色变深 |
| 3 | 3ml | 3ml | | 不变 |

结论：增大反应物浓度，平衡向正反应方向移动．

(2) 温度：以 $2NO_2 \Leftrightarrow N_2O_4 + 13.6$ 千卡为例．

取两支带塞的大试管，内装达到平衡的 $N_2O$ 和 $N_2O_4$ 气体（可用浓硝酸与铜片反应制得），试管①浸入热水中，现象：红棕色变深．试管②浸入冷水中，现象：红棕色变浅．

结论：升高温度，会使化学平衡向吸热方向移动；降低温度，会使化学平衡向放热方向移动．

讨论题：

1. 化学反应速度是怎样表示的？影响化学反应速度的内在因素和外界条件是什么？

化学反应速度通常用单位时间内反应物或生成物的浓度的改变来表示．（下略）

2. 实验室用浓盐酸制氯气和用氯酸钾制取氧气都要加入二氧化锰，在两个反应中，二氧化锰的作用是否相同？为什么？

作用不同．（下略）

评析：

这篇实验报告是在教学过程中由学生根据实验的具体情况来写作的，属于验证型实验报告．实验报告写得不错，具体体现在如下几个方面：

标题简洁、明确，集中反映了实验内容；实验目的明确，具体表述简明扼要；实验仪器和实验药品记录齐全，无遗漏；实验操作步骤有明确的规定，实验结论采用了分步实验分别结论的方法，每个结论都是实验过程的准确归纳、科学概括；讨论问题，使读者能从理性高度认识化学反应速度如何表示，影响化学反应速度的内在因素、外界条件等；几个表格的运用使整个实验报告的篇幅大为缩短，显得更加直观、简明；整个实验报告中的说明准确有序、条理分明．

补充说明：

学生实验多为验证型实验，在进实验室前，仪器设备、材料都是预先准备好的．因此，实验报告的前言部分大都交待实验原理和验证什么样的理论（结论）．而对于探索性的实验，或者仪器设备、材料经实验者进行改进或用替代物来作的，其前言部分的内容就丰富得多．比如，某高校开展"电子自旋共振"的物理实验，他们的实验报告的前言部分是这样写的[①]：

"电子自旋共振（Electron Spin Resonance）现象早在1994年被发现．它是测定物质或分子中未偶电子的唯一直接方法．目前在化学、物理、生物和医学等方面都获得了极其广泛的应用，因而在近代物理实验教学中成为不宜缺少的项目之一．通常观测ESR现象，是在微波波段，波长3cm左右，数千高斯的磁场范围，由专门的电子自旋共振波谱仪来完成．这种大型设备并非一般高校都能具备，况且大量学生在这样大型仪器上做实验，目前也不切实际．

我们采用自制的频率为20至40赫兹连续可调的边限射频振荡器、检波器、放大器等，配合能产生0至20高斯恒定磁场和50赫兹0至2高斯交流调制磁场的小型细线管，可以观察ESR信号，测定样品的Lande因子，并能给出地磁场各分量数据．对两届学生开设了这一

---

① 赵建伟．科教文书写作．珠海：珠海出版社，2000．23．

实验,取得比较满意的结果."

读此前言,读者可以明白该实验报告的价值所在.这也是我们高等师范理科学生在学写实验报告时,值得借鉴的.

### 二、中学物理教育实验研究报告

**题目：学习成绩与课外作业量的关系的探讨**[①]

(苏州教科所　钟鹏明　苏州市第二中学　朱其兴)

(一) 问题的提出

当前,由于片面追求升学率,中学生课外作业负担普遍过重.是不是学生的课外作业量越大,学习成绩越好?怎样在保证教学质量的前提下,切实减轻学生的课外负担,这是一个值得研究的课题,为此,苏州市教科所在1991年暑假提出了"在不降低教学质量的前提下,选择学生最佳课外作业量"的研究课题,首先从初中物理学科开始进行实验,并选择苏州市第二中学初二年级4个班进行了这项研究.

(二) 有关的界定

为实验中便于操作,我们作出如下定义.所谓学生课外作业量,是指学生在课外完成教师布置的书面作业所用的时间占总授课时间的百分比值（S）,表示为

$$S = \frac{学生课外完成书面作业时间}{总授课时间} \times 100\%$$

(三) 研究方法

1. 本实验自1991年9月开始,先后进行了两轮实验.随机抽取初二（2）班为实验班,初二（1）（3）（4）班对照班,实验前先进行统计实验,确认实验班和对照班无差异（见表1）.

**表1　实验前实验班和对照班学习成绩均数差异检验**

| 班　级 | | $n$ | $\bar{x}$ | $S$ | 均数差异检验 |
|---|---|---|---|---|---|
| 实验班初二（2） | | 48 | 81.30 | 10.20 | $P_{21} > 0.1$　$P_{23} > 0.1$　$P_{24} > 0.1$ 无差异 |
| 对照班 | 初二（1） | 50 | 82.85 | 8.73 | $Z_p = 0.775$　$P_{12} > 0.1$ 无差异 |
| | 初二（3） | 49 | 81.60 | 10.87 | $Z_p = 0.187$　$P_{32} > 0.1$ 无差异 |
| | 初二（4） | 50 | 80.10 | 10.55 | $Z_p = 0.202$　$P_{42} > 0.1$ 无差异 |

注：表内为初二上学期期中考试成绩,由苏州市教研室统一命题.

2. 第一轮研究实验从1991年11月中旬起至1992年1月底.实验班采取课上增加学生自行活动和练习时间,课外只布置适量书面作业的方法教学,每周进行两次测试,学完一章再进行单元测验.每班按上、中、下不同学习程度在实验班和对照班对等确定3位同学(后改为6位)记录每次完成课外书面作业的时间,并取其平均值确定为班级完成课外书面作业的

---

[①] 钟鹏鸣,朱其兴.学习成绩与课外作业量的关系的探讨.物理教学探讨（中教版）,1994（2）.

时间.

3. 控制变量：实验班和对照班使用同一教材，由同一老师执教. 各班授课数完全相同，教学进度相同，除布置的书面作业不同外，其他各种情况均相同.

4. 第二轮研究实验从 1992 年 2 月中旬起至同年 6 月底止. 采用轮换对比实验的方法. 两个班级的课外作业量先重后轻，两个班级的课外书面作业先轻后重；经过一定时间的实验后进行轮换，以进一步研究作业与学习成绩的关系. 变量控制，成绩测试，数据记录等均同于第一轮的研究实验.

(四) 研究结果

1. 适当减轻学生的课外作业量不会影响学生的学习成绩

① 不同课外作业量与学生成绩的关系. 据统计，在第一阶段近 10 周的时间内，共授课 26 节，4 个班级的课外作业量与学生成绩的关系（详见表 2）.

表 2 学生课外作业量与学习成绩的关系（一）

| 班 级 | | 课外作业量% | 学生成绩 | | 均数差异检验 |
|---|---|---|---|---|---|
| | | | 平均分 | 及格率% | |
| 实验班初二（2） | | 16.73 | 86.4 | 100 | $P_{21}>0.1$，$P_{24}>0.1$ 无差异 $P_{23}<0.05$ 差异较显著 |
| 对照班 | 初二（1） | 40.18 | 83.10 | 90.0 | $P_{12}>0.1$ 无差异 |
| | 初二（3） | 23.68 | 81.18 | 87.7 | $P_{32}<0.05$ 差异较显著 |
| | 初二（4） | 40.76 | 87.58 | 98.0 | $P_{42}>0.1$ 无差异 |

注：1. 表内学习成绩为初二下学期期终考试成绩，由苏州市教研室统一命题. 2. 统计决断 $P_{21}$ 值表示 (2) 班与 (1) 班间的比较，其余类推.

从表 2 可见，实验班的课外作业量减轻了，但其学习成绩并未下降.

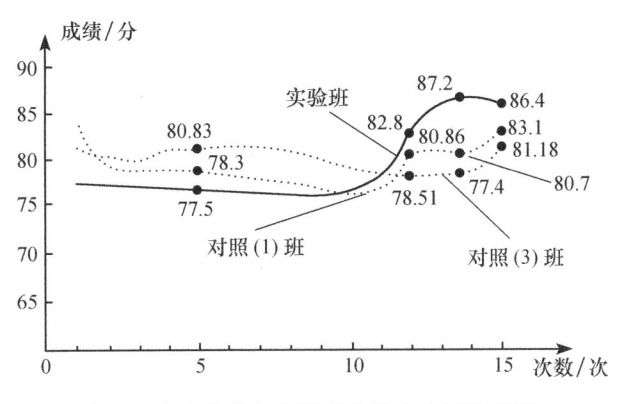

图 1 实验阶段各次测试的学生成绩演变图

从图 1 可见，约在开始实验后的 5 周时间内，即第 10 次测验前，实验班和对照班的学习成绩大致相同，基本无差异. 从实验后的第 5 周开始，实验班的学生学习成绩呈上升趋势，而对照（1）班虽然增加了课外作业量（其课外作业量是实验班的 2.49 倍），但其学习成绩并无明显提高，对照（3）班的学习成绩却有下降趋势（其课外作业量是实验班的 1.47 倍）．

实验班在课外作业量减轻的情况下，学习成绩并不下降，究其原因，尽管各班的教学方法基本相同，但实验班学生在课堂上的自行活动时间多于对照班．据统计，实验班学生在课堂上的自行活动时间［阅读、实验、讨论、讲述练习（包括完成部分作业）］等要占总授课时间的 50%，而对照班则为 25%左右．鉴于初中学生的心理特点，他们在课堂上能集中精力听课时间并不长．在课堂上增加学生的自行活动量，对激发学生的兴趣，发展思维，提高课堂教学效果是十分有益的．同时，为减轻学生的课外作业量，在课堂上留一定的时间，让学生独立完成作业，教师既可加强指导，又可以及时反馈信息，以便及时调整教学活动．这对减轻基础较差学生的精神压力，对缩小两极分化显然是有益的．在期终考试中，实验班的及格率达 100%说明了这一点．

② 促进了学生的发展．物理学习并不是单纯的自然科学的学习过程，许多问题都涉及学生的学习心理．布置学生的课外作业，也有一个学习者的心理问题，在学期结束前夕（1992 年 1 月）根据市教科研所提供的问卷，我们对学生的学习心理进行了一次问卷调查（表 3）．

表 3  实验班和对照班学生学习心理调查

| 班 级 | | 调查人数 | 课外作业量% | 喜欢或比较喜欢物理的（%） | 认为物理课外作业负担最轻或轻的（%） |
|---|---|---|---|---|---|
| 实验班初二（2） | | 48 | 16.73 | 79.1 | 66.7 |
| 对照班 | 初二（1） | 50 | 40.18 | 62.0 | 20.0 |
| | 初二（3） | 49 | 23.68 | 44.9 | 30.6 |
| | 初二（4） | 50 | 40.76 | 78.0 | 38.0 |

调查结果表明，实验班有 66.7%的学生认为物理的课外作业负担轻或最轻，这与我们的实验目的是一致的，其比例远高于对照班．反映在学习兴趣上，实验班对物理课的喜欢程度也是最高的．学习兴趣往往是青少年学生学习获得成功的基本因素，持续的兴趣爱好将促成对科学的热爱和追求，其意义又是深远的．实验班学生能有较高的学习兴趣的原因，首先，较轻的课外作业负担对其始终处于紧张状态的学习心理是一种抚慰．再则，在课堂上师生有较多的交流，比较容易促进感情的融洽．

学习成绩主要反映学生对知识的掌握程度，但在某些方面也能反映其学习能力．在期末进行的一次物理竞赛中，实验班的成绩最好，获奖人数也最多（表 4）．

表 4  实验班和对照班学生参加物理竞赛成绩

| 班 级 | （1）班 | （2）班 | （3）班 | （4）班 | （5）班 | （6）班 |
|---|---|---|---|---|---|---|
| 平均成绩 | 68.2 | 73.8 | 65.5 | 64.1 | 67.4 | 64.1 |
| 获奖人数 | 1 | 4 | 1 | 1 | 1 | 2 |

表 4 反映了在应用物理知识解决简单问题的能力方面，实验班学生同样占有优势．这说明减轻了学生过重的课业负担，促进了学生的发展．

2. 单靠加重学生课外作业量不能明显地提高成绩

为进一步研究课外作业量与学生成绩的关系，弄清单靠加重课外作业量能否提高学习成绩，我们在实验的第二阶段采用轮组对比的方法：两个班级的学生课外作业量先轻后重，两个班级的学生课外作业量先重后轻，定期轮换．经过一个学期的实验研究，初步得到下述认识．

表5 学生课外作业量与学习成绩的关系（二）

| 实验项目 | 班级 | 人数 | 上半学期（1992.2～1992.4） |  |  | 下半学期（1992.4～1992.6） |  |  |
|---|---|---|---|---|---|---|---|---|
|  |  |  | 课外作业量（%） | 学习成绩 |  | 课外作业量（%） | 学习成绩 |  |
|  |  |  |  | $\bar{x}$ | S |  | $\bar{x}$ | S |
| 课外作业量先重后轻 | 初二（1） | 50 | 43.68 | 77.63 | 18.50 | 29.6 | 72.86 | 16.50 |
|  | 初二（4） | 50 | 32.48 | 77.50 | 15.00 | 20.0 | 70.26 | 14.60 |
| 课外作业量先轻后重 | 初二（2） | 48 | 22.88 | 76.88 | 15.30 | 40.39 | 77.60 | 13.60 |
|  | 初二（3） | 49 | 25.59 | 70.04 | 19.70 | 40.77 | 71.26 | 17.10 |

注：表中学习成绩为期末考试成绩，均为苏州市教研室统一命题．

从表5可见，在上半学期（1）、（4）两个班的课外作业负担是较重的，（2）、（3）班相对较轻．统计表明，（1）班作业量是（2）班的1.91倍，是（3）班的1.70倍，（4）班的作业量是（2）班的1.42倍，是（3）班的1.27倍，但期中考试成绩除（3）班稍低外，其余三个班级无明显差别，并经均数差异检验为无差异，与第一阶段研究的结果一样．事实也再次表明：单靠加重学生课外作业量，并不能使学生的学习成绩明显提高．

从表5可见，在下半学期，对上述实验进行轮换，即（2）、（3）班课外作业量加重，（1）、（4）两班相对较轻，如（2）班作业量是（1）班的1.36倍，是（4）班的1.83倍．（3）班的作业量是（1）班的1.38倍，是（4）班的1.85倍．期终考试成绩除（2）班较高外，其余三个班级均十分接近，并经均数差异检验无差异．其中前后两次实验的对比结果从总体上也反映出这样一结论：增加学生课外作业量并不是提高学生成绩的有效手段，相反，适当减轻学生课外作业量也不会降低学业成绩．

3. 学生课外作业量与学习成绩的关系

为了较为深入地讨论上述问题，现统计第二阶段一学期内6次正规测验的平均分（均为市教研室统一命题）及每次测验相对应的课外作业量S，并按班级画出了相应的图像（图2）．

从图2可以看出，在初二物理教学中，布置一定的课外作业，加强学生的课外练习对提高学生的学习成绩是有成效的．如初二（4）班的课外作业量S从25.6%增加到32.48%时，其测验的平均分$\bar{x}$从67.94分增到77.5分，在各班的图像中也都有类似的趋势，因此在教学中应重视学生的课外练习．但是很明显的一点是，学生的学习成绩与课外作业量并不成正比，如（2）班的S从22.88%增至40.39%，提高17.51个百分点，其学习成绩$\bar{x}$从76.58分增到77.6分，仅提高了1.02分．相应的（3）班S从25.59%增至40.77%，提高15.18个百分点，其学习成绩$\bar{x}$从70.5分提高到71.26分，也只提高了1.22分．这些说明了单靠加重学生作业量的方法来提高学生的学习成绩，只能是事倍功半，收效甚微，是一种低效率的教学措施．而且过重的课业负担不利于学生的身心健康，妨碍学生的发展，弊多利少，应该反对．

那么学生的课外作业量是不是越轻越好呢？对此我们仍可用图（2）进行分析．如（1）班，当其课外作业量S从43.60%经27.15%下降到20.6%时其对应的学习成绩$\bar{x}$则从77.63分经63.5分下降到65.2分．同样，（4）班的S从32.48%→16.29%→23.44%时，其班级成

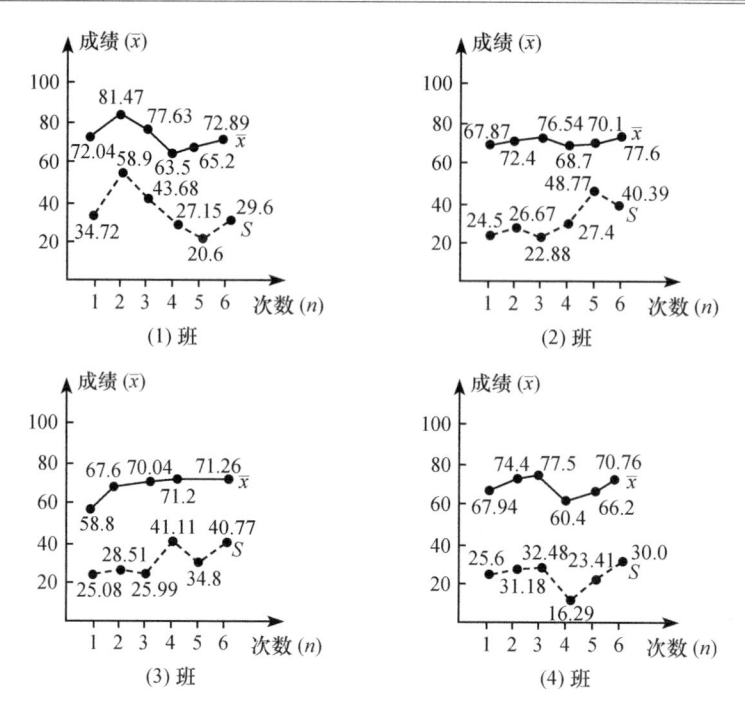

图 2　学生课外作业量与学业成绩的关系

绩 $\bar{x}$ 则从 77.5→60.4→66.2. 由此可见，当学生的课外作业量 $S$ 下降到 20% 以下时，其班级平均成绩就有明显下降，且经检验差异显著. 为此我们可以这样认为：在初中物理的教学中，学生的课外作业量过重不行，但过轻也不行. 根据我们的实验研究，从总体上讲，初中物理教学中学生的课外作业量一般应控制在 40%～20%，也就是说学生完成课外书面作业的时间一般应占授课时间的 1/3～1/5. 当课外作业量大于 40% 时，我们认为，学生负担过重，不但学习成绩提高甚微，而且不利于学生的成长和发展. 当课外作业量小于 20% 时，其学习成绩将会出现明显滑坡.

在教学中绝不能将上述确定的范围绝对化. 就具体的某一堂课来说，学生的课外作业量究竟取多少才为好，还要根据教材、教师、学生的实际情况灵活掌握，努力将学生的课外作业量控制在适当的范围，以取得较好的教学效果.

学生完成课外作业是复习巩固所学知识的重要手段. 就目前初中物理教学的现状而言，我们提出研究学习成绩与学生课外作业量的关系，一是为减轻学生过重的课外作业负担提供科学依据，二是为进一步突出改革教学方法，努力提高课堂教学效率，重视和精选课外作业，采取综合措施，全面提高教育质量.

由于教学研究周期长，对象活，本研究采用的自然实验法，需要较长的时间和大面积的反复验证才行. 因此本文得出的结论只能是初步的认识，还有待进一步实验.

**思考题**

1. 有人说，做实验之前要"弄懂实验原理，熟悉仪器设备，明确操作方法"，对这说法，你有什么见解？谈谈你是怎样理解验证性实验与探索性实验的区别的？

2. 理科实验必须有严肃认真、实事求是的科学态度，不经重复实验不得修改数据，更不得伪造数据．分析问题和得出结论要从实际出发，要有理论依据，这方面，你做得怎么样？你觉得坚持诚实的做法值吗？谈谈你的认识．

3. 作为一种说明文体，你认为实验报告的写作在文字方面有哪些要求？

4. 试从你做过的中学物理实验中选择一个实验，按本章范例给出的格式和要求重写一份实验报告．

5. 结合所学的"课程与教学论"、"教育学"等课程中有关教育测量的论述，并查阅资料回答何谓：平均数、标准差、相关系数等概念．

# 第六章 理科教案的编写

　　未来的理科教师，经常要做的工作是编写教案．作为课堂教学设计的书面呈现形式，教案是解决每堂课教些什么和怎样教等问题的写作．鉴于理科各学科的《课程与教学论》课已经阐述了编写教案者应该知晓的教学原则、教学模式与方法等内容（它们是编写教案的基础），本章仅从写作的角度来分析理科教案的编写．

## 第一节 理科教案的写作要求

　　教案是教师为顺利而有效地开展教学活动，根据新颁布的学科"课程标准"的要求，以课时或课题为单位，对课堂教学内容、教学步骤、教学方法进行具体的设计和安排的一种教学方面的写作．它是教师进行教学活动的具体方案，是上课的重要依据，是搞好教学工作、保证和提高教学质量的必要措施．

### 一、理科教案编写要体现的课堂教学设计原则

　　理科教师编写教案最基本的目的是科学、合理地支配课堂时间，更好地组织教学活动，以提高教学质量，收到预期的教学效果．为了做到这一点，写作时要体现一定的课堂教学设计原则．

　　1. 教育性原则

　　课堂教学是实现学校教育目标的基本途径，育人是其根本任务．理科各门课程的知识内容、科学方法等所蕴含的在思想品德教育、美育、劳动技术教育等方面的功能是十分显著的，我们在编写教案时，注意挖掘其育人方面的内涵，发挥学科本身具有的教育功能，使学生获得全面发展．

　　2. 科学性原则

　　课堂教学设计中，首先，教学内容必须具有科学性，不仅要求传授的学科知识是科学的，知识的结构体系也应该是科学的，即符合学生的认知规律．其次，在传授知识的同时，着重教给学生科学的方法，尤其是培养学生科学的思维方法．最后，课堂教学的组织必须具有科学性，这就要求整个课堂设计在科学教育理论指导下进行．

　　3. 整体性原则

　　课堂教学设计的整体性指：设计思想性和实践性高度统一，设计方案周详完

备，各环节衔接紧凑，各要素协调配合，安排合理，成为和谐统一的有机整体.

比如，为贯彻"为学习设计教学"这一理念，在实践中教师始终扮演的是学生学习的支持者和促进者的角色，教师所实施的教学方案，目的在于激发学生的学习需求、学习动机、学习兴趣等．并促进学生的高效学习．为此，在教学目标的确定、组织教材、选择教学方法和媒体，以及如何一步步展开问题，如何组织教学语言，如何安排各种活动等具体措施上都要有精心的策划，充分发挥学生的主体功能，围绕教学目标而产生协调作用，从而收到和谐共振的效果.

4. 可行性原则

可行性就是指：课堂教学设计应当符合实际，便于操作．整个设计方案既要符合教师的实际，又要符合学生的实际，还要符合教学环境、条件的实际．符合实际的设计方案才便于操作．例如，课堂教学的知识体系有一个逻辑顺序，学生思维与智能发展也有一个客观存在的逻辑顺序．课堂教学设计应从实际出发，顺应这个"序"构成一个层层递进的课堂教学结构．既符合实际，又便于教学过程的实施，以促进教学目标的实现.

5. 有效性原则

衡量课堂教学设计优劣的重要标志就是有效性．教学效果越好，教学效率越高，课堂教学设计的有效性就越强．为了使课堂教学设计达到最强的有效性，在设计过程中必须进行优化处理．教学目标的制订、教学方法和教学手段的选择，教学过程的安排都有一个优化的问题，这就要求对各种方案和可能进行分析比较，作出科学的预测和判断.

值得注意的是，任何方案在经过实践后，可能有需要修改补充完善的地方．只有善于不断总结经验，精心修改方案，在优化课堂设计方面不断努力，才能取得在一定条件下最佳的教学效果.

**二、理科教案写作的基本内容**

教师在进行课堂教学设计的初期，想的东西往往是不定型的，写出来的教案才是有型的教学设计．编写教案是精心设计的教学方案定型化的过程．教案是教学设计的书面呈现形式，是教师备课的总结、上课的依据，也是检查备课质量和教学效果的参考．认真编写教案是积累资料、提高业务水平和教学能力，进而提高教学质量的手段．教案的形式可以多种多样，但其中的基本内容最好包括下列几项.

1. 课题、课型、授课时间

课题指授课内容的标题或中心议题；题型指该节课的教授类型，一般有新授课、习题课、复习课、实验课、讲评课之分.

2. 教学目标要求

根据新颁布的"课程标准"所提出的要求，教学目标和要求应当围绕知识与技能、过程与方法、情感态度与价值观这几个方面来阐述具体的教学目标和要求．

3. 课前准备

理、化、生的课堂教学常常涉及演示实验，因此课前有关这方面的准备最好写清楚．

4. 教学的重点、难点和关键因素

教学中，对学习者要求层次高的内容，或起基础、核心作用的内容是重点．教学中，学生理解起来有困难的内容是难点．如何让学生积极参与学习，在课堂教学中突出重点、化解难点等是关键．

5. 所需教具

根据具体的教学内容，写出该堂课所需的各种演示用的教具．

6. 教学过程

教学过程是教案的主要部分．写教学过程，主要写以下几个主面的内容：

（1）教学步骤．写出所有步骤及每个步骤要完成的教学任务和计划用多少时间；画出实验简图，写出实验步骤；写出概念公式的分析、推导过程；写出例题的分析、做题过程．

（2）导语和过渡导语．导语即导入新课的引言．过渡语是课堂教学过程中从一个教学环节向另一个教学环节过渡，或从一个知识点向另一个知识点过渡时，教师的讲课语言．教案中写下精心设计的导语和过渡语，上课时教师才能做到简练、自然得体，避免啰嗦、脱节现象发生．

（3）板书的内容及时机．板书的内容随着教案的编写，写在教案中，避免课堂教学板书的随意性．

（4）主要的教学活动．主要的教学活动如提问、实验、讨论、课堂练习等，既要写教师教的活动，也要写学生学的活动．

（5）课堂小结．包括教师引导学生总结和教师归结总结的方式方法，还要需再次强调的内容．

（6）课堂训练题和作业题．包括训练用的题目和解题过程，作业题则注明页码、题号等．

（7）板书设计．即板书什么内容，写在什么位置，用什么色笔写，用什么符号标记等．

（8）教学札书．它包括教案的执行情况，学生的反映，教学中出现的没有事先预料的问题，启发的灵感等．

需要说明的是：上述仅是供初上讲台、初学这方面写作的读者参考的项目，具体写作时，可以依教学内容的具体要求增减项目．

### 三、教案的基本写作要求

要写出优秀的教案必须做到：

（1）根据新课程标准所提出的要求，认真钻研教材，参阅、借鉴有关教学参考资料，从知识与技能、过程与方法、情感态度与价值观等多个方面思考课堂教学设计.

（2）认真深入地了解学生的实际情况．从所教班级学生具体的知识水平、理解能力、思想状况等方面的情况分析入手，思考课堂教学设计如何做到有的放矢，因材施教.

（3）认真贯彻各项教学原则及课堂教学设计的原则，选择科学的切实可行的教学方法，使其体现新的教学理念，使教案很好地体现教学的计划性、系统性和科学性.

（4）教案中使用的语言要简明、概括、准确、流畅；图示、表格、计算要简捷、正确；书写要醒目、适用、规范．要精心设计板书，视板书为课堂教学的重要组成部分，使之做到：提纲挈领、一目了然、言简意赅、直观形象.

（5）要通过教学实践，随时根据学生的实际情况，不断总结经验教训，对教案进行调整、充实和完善.

总之，一份好的理科教案，应当体现教改新理念、贯彻设计原则；应当教学环节紧凑、方法灵活、可操作性强；应当在文字表述、图例、计算各方面体现理科写作的简约、准确、平实等风格来.

## 第二节 理科教案范例

为了让未来的中学理科教师们能够初步掌握理科教案写作的要领，我们特选以下几篇教案供大家阅读参考.

案例1

### "实验室制取二氧化碳"教学设计[①]

大连市实验学校 刘淑娟

（一）教学目标

1. 知识与技能：知道实验室制取二氧化碳所需药品以及仪器名称；初步学习在实验室制取二氧化碳；了解实验室制取气体的一般思路.

---

① 摘自：王祖浩．初中化学新课程案例与评析．北京：高等教育出版社，2004．208～210.

2. 过程与方法：通过探究多种物质与酸反应能够产生二氧化碳的实验事实，确定实验室制取二氧化碳的药品；通过与实验室制取氧气的分析对比，确定实验室制取二氧化碳的装置. 学会小组合作，并参与全班交流，培养学生良好的学风和习惯.

3. 情感态度与价值观：通过分析和探究实验室制取二氧化碳的方法，对学生进行具体问题具体分析的辩证唯物主义教育；通过实验发挥化学实验在德育和非智力品质方面的教育价值.

（二）课前准备

学生：复习实验室制取和收集氧气的方法；家庭实验：面碱与醋反应并熄灭燃着的蜡烛；证明碳酸饮料中的气体是二氧化碳.

教师：布置家庭实验的内容和提出要求；准备实验仪器、药品.

（三）教学过程

| 学习课题 | 学生活动 | 教师活动 |
| --- | --- | --- |
| 1. 家庭实验探究活动汇报 | 交流家庭实验步骤以及实验现象，分析造成探究失败的原因，互评实验结果 | 强化学生对知识的理解，引导学生将知识升华通过反馈小结，引出新课提出实验探究课题 |
| 2. 实验室制取 $CO_2$ 的方法探究<br>（1）反应原理的确定 | 分组实验：<br>1. 碎鸡蛋与稀盐酸<br>2. 面碱与稀盐酸<br>3. 石灰石与稀盐酸 | 多种物质之间的反应都可以产生二氧化碳气体，那么什么反应可以作为实验室制取二氧化碳的反应原理呢？ |
| （2）实验装置的确定<br>实验台放有烧杯、烧瓶、锥型瓶、量筒、胶头滴、细口瓶、广口瓶、水槽、漏斗、长颈漏斗、分液漏斗、注射器、集气瓶、玻璃片等仪器 | 4. 贝壳与稀盐酸<br>5. 石灰石与稀硫酸<br>分小组讨论研究、画出设计图并说明设计理由<br>评价和确定实验装置图 | 引导学生展示各种实验设计图<br>矫正学生中错误的设计 |
| （3）确定气体的收集方法和检验方法 | 根据实验装置图组装仪器<br>分析讨论得出结论 | 引导学生分析得出正确结论<br>检查指导 |
| 3. 制取并检验二氧化碳 | 分组实验 | |
| 4. 布置作业 | 写一篇《浅谈制取气体的设计思路》的小论文 | |

（四）教学反思

本节课在课程标准中的要求是：初步学习实验室制取二氧化碳的原理和方法. 这不仅仅是只知道有关制取二氧化碳的某些知识，而是要求学生通过实验的探究，推理学习到知识的内在规律，使学生对制取气体的基本思路有基本了解. 化学实验是进行科学探究的主要方式，它的功能是其他学科教育所无法替代的，实验教学有利于启迪学生的科学思维，揭示化学现象的本质. 为了达到这一教学目的，我在教学中设计了五组实验，一是为了使学生通过实验初步了解五组反应中都含有碳酸根，为研究原子团以及碳酸根离子打下基础. 二是通过比较反应速率、价格、物料来源等诸多因素确定选择反应原理的方法，实践证明，实验探究的目的性强，可行性好，学生易于理解和掌握. 课后，为了使本课内容得以消化和巩固，我又要求结合氧气、二氧化碳的制取原理和收集方法的分析，写一篇《浅谈制取气体的设计思路》的小论文，收到了很好的效果，80%以上写得比较好，10%以上有自己独到的见解．课后我将学生的问题与假设及实验方案、实验记录收上来进行检查，发现也很有特点．事实告诉我，经过这样的学习确实可以促进学生主动学习，更发挥化学实验在德育和非智力品质方面的教育功能．

本课不足之处：没有采用多媒体手段展示为什么 $CaCO_3$ 与 $H_2SO_4$ 反应一段时间便不反应的原因，学生只能被动地接受这个事实和老师所给予的结果，如果在课后对此问题的原因进行探究，效果会更好一点．

评析：

刘老师为了帮助学生初步学会实验室制取二氧化碳的方法；对学生课前、课上、课后的学习活动做了全面的考虑和安排：

课前——复习实验室制取和收集氧气的方法；完成家庭实验：面碱与醋反应并熄灭燃着的蜡烛；证明碳酸饮料中的气体是二氧化碳．

课上——汇报、互评家庭实验；分组探究用五组不同反应物制取和收集二氧化碳气体的方法；用分析、对比的方法研究制取和收集二氧化碳气体的最佳方法．

课后——回顾小结，要求学生写一篇《浅谈制取气体的设计思路》的小论文．

教师课前依据学习目标设计教学的具体过程，而后带领学生依照计划开展学习活动，完成学习任务．这是多数教师进行教学的程序．刘淑娟老师的特点在于围绕教学的中心任务统筹考虑课内外的学习活动，在课内用学生实验、讨论的方法实施最核心的教学内容，体现了学生的学习主体地位和教师的主导作用．

如果能让学生依据自己的经验和已有知识自己提出制取、收集二氧化碳气体的方案，经初步讨论筛选，确定出几种，再通过实验分析、对比，得出最佳方案，可能会使学习活动显得更有探究性、更富有吸引力．

初学写教案的同学们，最好写详案，必要时还要在教案的最后附上自己的板书设计．为此，我们特从任志鸿先生任主编，由南方出版社出版的《初中生物优秀教案》中选出一份教案供同学们参考．

案例 2

## 课题　光合作用

**从容说课**

本节教材主要讲述了光合作用的发现过程、叶绿体中的色素、光合作用的过程以及光合作用的重要意义四个方面的内容．

光合作用的发现，是建立在初中生物教材讲述了光合作用的基础知识上，安排了绿叶在光下制造淀粉的实验的基础上，更加深入地从产物和场所等方面讲述了光合作用发现过程中的几个著名实验．有英国科学家普里斯特利的"植物可以更新空气"；有德国科学家萨克斯的"光合作用产生了淀粉"；有德国科学家恩吉尔曼的"氧是由叶绿体释放出来的，叶绿体是绿色植物进行光合作用的场所"和美国科学家鲁宾、卡门的"光合作用释放的氧全部来自水"．

通过这些实验的教学，不仅了解光合作用的发现过程，重要的是培养学生实事求是的科学态度和不断探求新知识的精神。

叶绿体中色素的探索，教材通过实验中叶绿体中色素的提取、分离，使学生自己动手，亲眼看到从上到下依次的橙黄色、黄色、蓝绿色和黄绿色的出现。并结合科学家将这4种色素命名的过程，使学生懂得探索生物科学的基本方法，获得色素方面的基础知识，初步掌握提取和分离叶绿体中色素的方法。

关于光合作用的过程和意义，首先，教材从光合作用的总反应式入手，说明光合作用的场所、条件、原料和产物。引出根据是否需要光，将光合作用的过程分为光反应阶段和暗反应阶段。之后教材对两个阶段分别从场所、条件、物质变化、能量变化等方面进行了比较详细的分析。得出两个阶段是一个整体，在光合作用的过程中，二者紧密联系、缺一不可的辩证结论。关于光合的作用的意义，"对生物进化的作用"，教材介绍得较为详细。"光合作用为几乎所有生物的生存提供了物质来源和能量来源"，上节课学习的内容，"维持大气中氧和二氧化碳含量的相对稳定"，通过学习光合作用的过程就能理解，因此，教材对后两个方面的意义没作详细分析。最后，补充了植物栽培与光能的合理利用，意在指导学生理论联系实际。

**教学目标**

*知识目标*

知道：光合作用的发现。

理解：叶绿体中的色素。

应用：光合作用的过程和重要意义。

*能力目标*

1. 通过光合作用过程中光反应阶段和暗反应阶段的学习，培养学生运用对比进行学习的方法。

2. 初步掌握提取和分离叶绿体中色素的方法，渗透"线条学习法"，培养学生的自学能力。

*情感目标*

1. 通过光合作用的意义来理解当今世界面临的一些重大问题，如粮食、化石能源、环境污染等，引起学生对世界未来的关注。

2. 通过光合作用发现过程的学习，使学生认识到科学发现的艰辛、科学研究方面的重要，进而说明学习方法的重要。

3. 学习光合作用的过程中，渗透物质与能量，光反应与暗反应之间的辩证关系，树立辩证观点。

**重要·落实方案**

*重点*

1. 光合作用的意义。

2. 叶绿体中的色素。

3. 光合作用的过程。

*落实方案*

1. 将重点分解到三个课时中。

2. 光合作用的意义。

(1) 联系当今世界面临的一些重大危机,引发学生对自身生存环境的关注.
(2) 将光合作用的意义条理化为三个方面.
(3) 进化方面,依据氧的线索进行.

3. 关于叶绿体的色素.
(1) 预习,要求学生用语言能叙述实验的原理、方法步骤.
(2) 学生动手,亲自实验提取和分离色素,获得直观认识.
(3) 示范效果比较好的色素带,让学生观察,与自己的实验结果对比.

4. 关于光合作用的过程.
(1) 预习,初步了解光合作用的整个过程.
(2) 分别对光合反应和暗反应两个阶段进行物质变化、能量变化分析讲解.
(3) 利用光合作用过程的图解进行总结,使学生在整体上把握.

**难点·突破策略**

难点

光合作用中的物质变化和能量变化.

突破策略

1. 安排学生预习、教师讲解时,先从物质、能量两方面进行分析、讲解.
2. 播放多媒体课件:光合作用的过程.

**教具准备**

光合作用发现过程中的实验步骤线条式挂图,多媒体课件:光合作用的过程.

**学法指导**

建议指导学生采用"线条学习法"."线条学习法"是很重要的一种学习方法,它可以使知识形成网络,成为体系.比如,证明绿色叶片在光合作用中产生了淀粉的实验中,教材中的文字叙述虽简练,但不直观,若我们指导学生,将其转换成

$$\text{绿色叶片} \longrightarrow \text{黑暗处理} \longrightarrow \genfrac{}{}{0pt}{}{\text{曝光}}{\text{遮光}} \longrightarrow \text{碘蒸气} \longrightarrow \genfrac{}{}{0pt}{}{\text{变蓝}}{\text{不变}}$$

学生的思路就会明确.再如学习光合作用的过程,理解了光合作用过程的线条图解,便掌握了光合作用的过程.引导学生掌握此学习方法,可促进对知识的掌握,学生也将终身受益.

**课时安排**　3 课时

### 第一课时

**教学过程**

导课

1. 师生共同复习初中阶段学习过的光合作用概念.

光合作用是绿色植物通过叶绿体,利用光能,把二氧化碳和水转化成储存能量的有机物,并释放氧气的过程.

2. 请学生依光合作用的概念,写出光合作用的反应式:

$$CO_2 + H_2O \xrightarrow[\text{叶绿体}]{\text{光能}} (CH_2O) + O_2$$

3. 引导学生,依据光合作用的概念和反应式,指出光合作用过程中的原料、产物、条件

和场所：二氧化碳和水、糖类为主的有机物和氧气、光能和叶绿体．

4．通过上述三个问题，我们对光合作用有了一个大致的认识．那么，光合作用对于人类的生产和生活、对于自然界、对于生物界有什么意义呢？

**教学目标达成**

一、光合作用的意义

1．光合作用为生物的生存提供了物质来源和能量来源．

设问：生物生命活动所需要的有机物和能量的最终来源是什么？

引导学生的思路：人类一日三餐的主食．分别来自动物和植物，而不论肉食动物还是植食动物，其食物最终均来自植物．由此可见，生命活动的最终物质和能量来自绿色植物．绿色植物仅有光合作用，能把小分子的无机物转化为大分子的有机物，并把光能转变为化学能，储存在有机物中．因此，光合作用为生物的生存提供了物质来源和能量来源．

2．维持大气中氧和二氧化碳含量的相对稳定．

（1）回忆化学知识，明确大气中氧气含量约21%左右；二氧化碳含量约0.3%左右．

（2）回忆呼吸作用：植物、动物和人类，呼吸作用每时每刻都在消耗氧气、释放二氧化碳．机械的运动，燃烧的过程也在每时每刻消耗氧气，释放二氧化碳．既然如此，为什么大气中的氧气和二氧化碳还能维持相对稳定呢？

（3）光合作用每时每刻都在释放氧气、吸收二氧化碳．据统计，光合作用每年释放的氧气达 $5.35 \times 10^{11}$ 吨．因此，尽管地球上存在着消耗大量氧气、产生大量二氧化碳的过程，但与光合作用产生氧气、吸收二氧化的过程比较，显然是微不足道的．这就是大气中氧气和二氧化碳含量相对稳定的道理所在．正是因为如此，人们才形象地把绿色植物称为"自动空气净化器"．

3．对生物的进化有重要作用．

在距今30亿～20亿年以前，蓝藻在地球上出现．蓝藻通过自身的光合作用，释放了氧气，从而使还原性的原始大气逐渐转化成了氧化性的现代大气．大气中的一部分氧转化成了臭氧（$O_3$）．臭氧在大气上层形成的臭氧层，能够有效地滤去太阳辐射中对生物具有强烈破坏作用的紫外线．以上两个条件的形成，一方面，使厌氧生物逐渐进化为需氧生物；另一方面，使水生生物逐渐进化为陆生生物．经过长期的生物进化过程，最后才出现广泛分布在自然界的各种生物．

由上述可见，光合作用是生物界最基本的物质代谢和能量代谢．

二、光合作用的发现

1．由课外活动小组的代表向全体同学汇报重做英国科学家普里斯特利和德国科学家萨克斯的实验过程和结果．

2．银屏显示如下的阅读提纲：

$\begin{cases} \text{普里斯特利的实验过程和结论（1）}\\ \text{萨克斯的实验过程和结论（2）}\\ \text{恩格尔曼的实验过程和结论（3）}\\ \text{鲁宾和卡门的实验过程和结论（4）} \end{cases}$

3．指导学生依据阅读提纲阅读教材和插图．

4. 请学生依据阅读提纲的四点内容回答：

（1）普里斯特利的实验过程：点燃的蜡烛与绿色植物一起放在一个密闭的玻璃罩内；小鼠与绿色植物一起放在一个密闭的玻璃罩内．实验结论：蜡烛不易灭，小鼠不易窒息；绿色植物可以更新空气．

（2）萨克斯的实验过程： ①把绿叶放在暗处几小时；②然后把此叶片一半曝光，另一半遮光；③过一段时间，用碘蒸气处理叶片．结果，遮光的一半不变色，曝光的一半呈深蓝色．实验结论：绿叶在光合作用中产生了淀粉．

（3）恩格尔曼的实验过程： ①把载有水绵和好氧细菌的临时装片放在无空气的黑暗环境里；②用极细的光束照射水绵；③显微镜观察发现，好氧菌向叶绿体被光照处集中；④若上述临时装片完全暴露在光下，好氧菌则分布在叶绿体所有受光部位．实验结论：氧由叶绿体释放，叶绿体是光合作用的场所．

（4）鲁宾和卡门的实验过程： ①用 $^{18}O$ 分别标记 $H_2O$ 和 $CO_2$；②进行两组光合作用实验，第一组向绿色植物提供 $H_2^{18}O$ 和 $CO_2$；第二组向同种绿色植物提供 $H_2O$ 和 $C^{18}O_2$；③结果：第一组氧全来自 $^{18}O_2$；第二组氧全来自 $O_2$．实验结论：光合作用释放的氧全部来自水．

5. 教师小结学生的四点回答．银屏显示以上四点内容．

6. 师生共同回顾光合作用的发现过程，引导学生得出如下结论．

（1）社会生产和科学实验是推动科学进步的动力之一．

（2）科学进步是科学家艰苦努力、不断探索的结果．

（3）"实验→假说（推想）→实验（验证）→结论"是科学结论（真理）诞生的模式之一．

**教学目标巩固**

1. 生物界中最基本的物质代谢和能量代谢是　　　　　　　　　　　　　　（　）

　　A. 新陈代谢　　　　　　　　　B. 光合作用
　　C. 呼吸作用　　　　　　　　　D. 蒸腾作用

分析：新陈代谢包括物质代谢和能量代谢，是生物体内一切有序的化学反应的总称．呼吸作用是生物体的一种代谢，是将生物体内的有机物分解，能量释放的过程．蒸腾作用是水分以气体状态从体内散发到体外的过程．这三种生理活动都涉及物质代谢和能量代谢，但都不是最基本的．只有光合作用，可以利用光能，将光能贮存在有机物中，为能量代谢提供基础，可以将无机物转化为有机物，为物质代谢提供基础．因此，光合作用是生物界中最基本的物质代谢和能量代谢．

答案：B

2. 下列各项中不属于光合作用意义的是　　　　　　　　　　　　　　　　（　）

　　A. 把无机物制造成有机物　　　B. 把光能转变成化学能
　　C. 吸收 $CO_2$ 放出 $O_2$　　　　　D. 是生命的基本特征

分析：根据光合作用的概念可知，A、B、C 都属于光合作用的意义．只有 D 不是，生命的基本特征应是新陈代谢．

答案：D

3. 光合作用的实验中，如果所有的水中有 0.20% 的水分子含有 $^{18}O$，所有的二氧化碳中

0.68%的分子中含有$^{18}O$，那么，光合作用释放的氧气中含有$^{18}O$的比例为 （  ）

  A. 0.20%   B. 0.48%   C. 68%   D. 0.88%

分析：依据同位素示踪我们知道：光合作用过程中释放的氧全部来自水，因此，供给光合作用原料水分中有0.20%的含有$^{18}O$，那么，光合作用释放的氧气中这个比值不变．故选A．

答案：A

**布置作业**

预习《实验六》叶绿体中色素的提取和分离．

**结课**

这节课，我们通过实验分析了光合作用是通过叶绿体，把二氧化碳和水转化成储存着能量的有机物，并且释放出氧的过程．并了解了光合作用的意义．那么，作为光合作用的场所——叶绿体中，究竟有几种色素？怎样才能把它们提取和分离出来呢？下节课，我们继续讨论．

**板书设计**

  第三节  光合作用

$$概念：CO_2 + H_2O \xrightarrow[叶绿体]{光能} (CH_2O) + O_2$$

一、光合作用的意义

1. 提供物质来源和能量来源．
2. 维持大气中氧和二氧化碳含量的相对稳定．
3. 对生物的进化有重要作用．

二、光合作用的发现

1. 绿色植物可以更新空气．
2. 光合作用产生了淀粉．
3. 叶绿体是光合作用进行的场所．
4. 光合作用释放的氧来自于水．

  已经具有一定教学实践经验的教师，其教学设计可以写成简案，下边，我们从雷洪主编，由东北师范大学出版社出版的《新课程理念下的创新教学设计（初中物理）》一书中选一份教案供读者参考．

案例3

**课题 "趣味发声" 活动式教学设计**

广东省深圳市华桥城中学  方兴

**教材依据**

人民教育出版社义务教育课程标准实验教科书八年级上册第一章．

人民教育出版社九年义务教育三年制初级中学教科书第一册第三章．

**教学流程**

引入：诱导实验—自主实验—诱导归纳总结．

深入：诱导实验—自主实验—自主归纳总结．

提高：自主探索—自主实验—自主归纳总结．

按以上螺旋上升式的循环，将学生活动不断推向新的高潮，最终实现学生能应用与创新本课的新知识的目的．

**教学简案**

本课出发点

1. 物体靠振动发声．
2. 改变物体振动的频率可以改变音调．

本课中心问题

1. 物体靠振动发声．怎样才能使物体振动？
2. 扩大物体发声响度的方法．
3. 物体振动频率的改变决定了音调的改变．如何改变物体的振动频率？

问题情境

1. "铝合金条"发声

问题 A　采取何种方法才能使铝合金条发出悦耳的声音？

探索提示　激发方式？手持位置？

方法　① 左手指捏住中心．

　　　② 右手指沾上松香粉，向外摩擦合金条．

结论　除敲击外，摩擦也能激发物体发声．

2. "酒杯"发声

尝试用摩擦的方法使酒杯发出"回旋的颤音"．

探索提示　手指沾水？摩擦何处？

方法　① 将手指头沾点清水．

　　　② 用适当的压力与速度回旋摩擦杯口．

问题 B　除了敲击、摩擦的方法以外，还有其他方法可以激发物体发声吗？例如，一张普通的白纸能否发出响亮的声音？

探索提示　吹．

3. "纸"的发声

方法　① 拉紧纸的边缘 1～2cm．

　　　② 放在嘴唇间吹（不得打湿）．

结论　除敲击、摩擦外，气流也能激发物体发声．

4. "洗衣机排水管"的发声

探索提示　如何让气体在排水管内快速穿过？

方法　① 手握排水管的一端．

　　　② 用力抡手臂，并控制速度与节奏．

以上，我们知道了三种激发物体发声的方式：打击激发；摩擦激发；气流激发．

**问题 C** 交响乐队的乐器对应的激发方式.

打击乐——打击激发

弦乐——摩擦激发

管乐——气流激发

**问题 D** 真正的交响乐演奏是不用电声扩音设备的. 那么加大物体发声响度的主要方法是什么？

例如，摩擦一根绳子也能发声，但声音太小. 怎么办？

**5."绳子"的发声**

方法　① 将任意有底无盖的盒体底部中央打一小孔，将绳穿入，在里面打结或拴一木棍，避免绳被拉出.

② 左手拿住盒体，右手指沾上松香粉，摩擦拉绳.

结论　共鸣箱（盒）能够扩大物体发声的响度.

**问题 E** 如何改变物体发声的音调？

我们已经知道，物体振动的快慢决定了音调的高低. 但是，物体振动的快慢又如何改变？我们通过下一个实验来探讨这个问题.

**6."饮料吸管"的发声**

方法　① 制作：将吸管顶部左右各剪一刀，形成两个振动簧片.

② 操作：用牙或唇略压扁簧片下部，吹.

探索提示　比较音调高低.

① 饮料管的发声比较.

② 锅合金条的发声比较.

③ 酒杯的发声比较.

④ 排水管的发声比较.

结论　改变发声物体的尺寸，可以改变音调. 尺寸大，音调低；尺寸小，音调高.

**小结**

以上学习了六种趣味发声的方法：

1."铝合金条"的发声；

2."酒杯"的发声；

3."纸"的发声；

4."洗衣机排水管"的发声；

5."绳子"的发声；

6."饮料吸管"的发声.

**本课总结**

一、激发物体发声的方法有：打击、摩擦与气流激发.

二、扩大物体发声响度的方法通常是：加共鸣腔.

三、改变物体发声音调（或频率）的方法：改变发声体的尺寸大小.

作业演练 1

▲模拟鸡叫

▲简易双簧管

**作业演练2　水杯琴**

将5~8只"瘦高"的水杯各自装入不同水位的清水,并敲击听音,逐步调整为一组音阶,演奏一段音乐.

**教学设计说明**

本课是应广东省深圳市教研室的要求,开发完成的一堂全国公开课.其目的是探讨物理内容的活动化教学课堂模式.本课凝聚了笔者多年创造性的实验教学理论与经验,并广泛收集了国内外的一些零散的实验方法,加以改进、改善,形成了一套较为完善的、有关声音教学的活动课教材.

"趣味发声"活动课,以六个能充分调动学生兴趣以及动手、动脑欲望的小实验为主线,展开了循序渐进的、充满生机的物理活动课程教学.这六个实验是:①铝合金条的发声;②酒杯的发声;③纸的发声;④洗衣机排水管的发声;⑤绳子的发声;⑥吸管的发声等.整堂课有悬念,有惊诧,更有成功的体验与欢乐.学生不仅动手与动脑,而且从中体会到了物理学科的实验研究方法、归纳总结方法等.

有关声现象的物理课教学,传统的实验主要是使用各式音叉.这不仅单调、枯燥,而且远离生活,使人感到陌生.这样的课堂缺乏生机,毫无情趣.若在此运用活动课教学,情况则可大为改观.这是因为:

1. 声现象原本就与日常生活息息相关,有相当数量的简易实验可以开发.

2. 教学也是艺术.教学不但源于生活,还要高于生活.只要努力学习、创造,就能开发设计出妙趣横生的、能促进学生动手动脑的小实验.

3. 对一些初级理论,教材往往只作粗浅的要求,它们不适合于多讲.学生动手体验,会收益更大,印象更深.

所以,笔者选定了以"情趣发声"为题的物理活动课,欲充分发挥活动课的特点,并创造出自己物理活动课教学的特色.在对实验素材的要求方面:第一求趣味,活动的趣味性是学生积极响应和高兴参与的保证;第二求简单,简单能够降低成本,简单能够人人动手;第三求新颖,新颖、未见,更便于学生发挥自己的创造力.在教学的手段、方法方面,多媒体电脑教学,节约时间让学生自主活动.适当启发,保证进度;分组活动,利于比较;比赛发奖,活跃气氛.

通过上述三个教案编写的案例,读者不难领会,理科教案的编写要立足于对中学理科教育教学改革新理念的理解,更立足于对新教材知识内容的把握.而且,在写作上应注意体现理科教师在简约、准确、清晰、平实这几个方面的语体风格.

**思考题**

1. 理科教学设计应遵循哪些原则?你认为初为人师者,最应当重视哪条或哪几条原则?为什么?

2. 从提供参考的几个教案里,你认为理科教案的写作还应包括哪些基本内容?

3. 你认为一份优秀的中学理科教案应当体现些什么?

# 第七章　科学技术考察报告的写作

　　科学技术考察报告是科研工作者记录、描述自己通过考察所得到的有关某一科学技术课题的第一手资料，并加以总结、分析，形成相应的观点或意见的实用文体.

　　科学技术考察报告主要用来反映某一学科的学术水平、科研动向等情况，促进学术交流和科学技术研究工作的. 它或者表述某一科研课题的实地考察研究的结果，或者为解决某一技术问题而进行考察，并经分析研究提出意见和建议.

　　未来的中学理科教师有可能带着某项科研任务去实地考察，更多的可能是参加各种学术活动，进行教育、教学方面的学术交流，这里边就涉及科学技术考察报告的写作.

　　本章结合某项具体的科学技术考察实践活动来谈科学技术考察报告的一般写作格式，并通过一个范例介绍有关学术会议考察报告的写作.

## 第一节　科学技术考察报告的写作

　　科学技术考察报告要如实反映某一学科领域的学术水平、发展方向，如实反映某一技术在科研、生产中的使用、普及情况，往往有明确、具体的专业范围，而且要求及时、迅速地写出来. 它一般不拘写作格式. 但在实用科技文体不断增多的今天，为了便于交流，多数作者在写作考察报告时，也讲究一些格式. 本节结合《关于日本工业质量管理的考察报告》分析考察报告的正文部分的构成；再简单介绍理科教师应当了解的学术会议考察报告的写作格式；最后推荐两篇报告供读者参考.

**一、科学技术考察报告的正文写作**

　　科学技术考察报告的正文部分通常是由前言、主体、结语三项基本内容构成.

　　1. 前言

　　科学技术考察报告正文的前言包括：考察的背景、考察的人员组成、考察的时间、地点及对象、考察的目的和意义、对考察过程的简要介绍. 它要求文字简练、概括性强.

　　比如，1980 年中国质量管理访日代表团《关于日本工业质量管理的考察报告》，其前言如下：

为了进一步了解日本开展"质量月"活动和推行全面质量管理的经验，中国质量管理访日代表团应日中经济协会的邀请，于1979年10月29日至11月29日，对日本工业质量管理问题进行了考察．代表团访问了日中经济协会、通商产业省工业技术院、科学技术联盟、规格协会，参加了日本消费者大会、QC小组选拔大会、职组长质量管理大会、上层经营者大会及戴明奖授奖式等五次大会．在东京、名古屋、大阪等地参观了22个公司和工厂，听了一些专题报告，还开了一些小型座谈会．

日本对这些考察十分重视……在他们的协助下，使这次考察获得了圆满的结果．

通过参加日本"质量月"的重大活动和对工厂的参观座谈，我们深深地感到，日本所以能在30年的时间里，把质量低劣的"东洋货"，变成世界第一流的产品，是和他们把加强质量管理、提高产品质量当成国家和企业生存发展的头等大事对待分不开的．他们推行的质量管理是从美国引进的，并结合日本的情况，有所发展，有所创新，形成一整套质量管理体系．

此前言既有背景、人员、时间、地点、考察目的，也对考察过程作了简单介绍，概括性极强．

2．主体

科学技术考察报告的主体部分要列出考察细目并逐条逐项说明，要对被考察的现象和事实作详细说明并进行必要的分析，要详细介绍考察所得的专业内容和考察的收获等．比如，中国质量管理访日代表团《关于日本工业质量管理的考察报告》的主体部分把考察内容分成若干条，并即列出考察细目，并逐条逐项加以说明：

现将我们考察日本工业质量管理的几个主要问题报告如下：

一、日本的质量管理促进运动．（略）

二、企业的质量保证体系．（略）

三、运用统计方法进行质量管理的情况．（略）

四、质量管理教育．（略）

五、质量管理小组活动．（略）

六、标准化、产品检验与产品质量．（略）

七、文明生产与安全卫生．（略）

八、关于产品开发的质量管理．

……日本对新产品的研究开发特别重视，并有一套严密的、科学的管理办法．

（一）什么是新产品？松下电子部件公司把它分成三类：

第一类是指：

1．世界各国都没有的新设想．

2．外国虽然有了，在国内却完全是新的．

3．其他公司虽然有了，在本公司却完全是新的．

第二类是指：（略）

第三类是指：（略）

(二) 发展新产品是扎扎实实、一步一步去实现的. (略)

(三) 研究机构与生产单位紧密结合. (略)

(四) 发展新产品, 改进老产品, 总有一个发展过程. 从松下发展历史中很清楚地说明了这个问题.

……

新产品的试制, 包括新技术引进, 是提高产品质量最重要的组成部分, 就我国情况而言, 应当逐步地把它提到第一位……要逐步解决下面几个问题. (略)

作者是将考察中的所见所闻经过分析归纳之后, 分门别类地写进了主体部分. 这样写, 不仅条理清晰、层次分明, 而且突出重点, 较全面、具体地说明了日本工业质量管理的办法, 能提供具有重要参考价值的东西.

3. 结语

结语是依考察的具体内容、考察所得材料和自己的分析, 提出一些有价值的结论、观点、意见和建议. 例如,《关于日本工业质量管理的考察报告》的结语就是作者提的几条意见.

以下八个问题是我们这次考察日本工业产品质量管理的总结, 文字较多, 意图是想把这些材料提供给各工厂各企业的领导干部, 请他们认真加以研究, 并根据本单位的实际情况, 具体加以运用. 为达到这个目的, 我们再讲几点意见:

(一) 本文所介绍的八个问题, 都可以根据实际情况具体加以运用, 明确这一点, 十分重要.

(二) 在具体运用时, 首先是提高认识, 解决思想问题. (略)

(三) 加强组织建设和干部培训工作. (略)

**二、学术会议考察报告的格式**

科学技术考察报告的标准格式有七个内容, 它们是:①标题;②作者及单位;③摘要;④前言(引言);⑤考察方法及过程;⑥考察结果及讨论;⑦参考文献. 由于考察的对象、内容、目的、方法的不同, 写作格式上也不一定都按上述的七个内容来写. 这里, 我们着重谈谈学术会议的考察报告格式.

未来的中学理科教师总有机会参加各种学术交流活动. 这就需要将交流活动中了解到的本学科领域的学术水平和发展动向以书面形式反映出来, 这就是学术会议考察报告. 写这种考察报告, 旨在汲取同行的科研成果, 促进学术交流, 旨在反映本学科领域的学术水平、攻关重点和发展方向.

学术会议考察报告的一般写作格式, 在标题、作者、摘要这前三项与其他考察报告的要求相同. 我们重点分析后两项: 前言和收获.

1. 前言

主要写学术会议的概况, 它包括学术会议的名称、主办单位、召开时间和地点、参加会议人员的职务、职称、开会方式(大会发言、分组讨论、参观等), 主要研究和解决什么问题, 会议中收集论文的质量和数量等.

2. 收获

这是学术会议考察报告的主体部分。收获，指考察报告的作者在学科理论、实验技术和生产技术等方面的收获。大体包括如下内容：

（1）本次学术会议所反映的本学科研究的新水平、新方法、新技术、新成果和科研发展动向等，为相关人员（包括理科教育、教学工作者）指明今后的主攻方向。

（2）对会议上具有代表性且能反映本学科领先水平的论文和其他研究成果进行介绍。可摘取论文中的精华部分如重要数据、方法、结论、图表等，供读者参考。

（3）结合国内外情况，介绍本学科先进的科学研究管理经验，供有关人员借鉴。

（4）介绍本学科领域内采用的先进实验设备、测试技术，以及学科方向选择、数据处理等方面的先进经验，为科技工作者引进技术方法、购置实验器材提供参考资料。

（5）考察报告的作者根据自己的体会，提出一些有价值的结论或建议。

关于学术会议考察报告的写作，我们未来的理科教师要学会做好以下的工作：

（1）做好会议记录，一些重要讲话和学术交流的内容记录得越详细、越具体就越好。因为它是分析、研究、总结学术交流情况的重要依据，也是写好学术会议考察报告的基础。

（2）要充分利用参与学术交流活动的机会，直接向有关人员请教一些自己不甚明了的先进技术方法等问题，为写好学术考察报告做好准备。

（3）写作时应侧重介绍国内外最先进的学术内容和科学研究新动向。

## 第二节  科学技术考察报告举例

读者只要认真阅读下面两篇考察报告，定能感受到什么叫开卷有益。

### 一、关于赴欧洲学习焦化新技术情况的考察报告

密闭式可控装煤车[①]

郑文华　梁晓成

近年来，随着污染治理意识的增强，焦炉的烟尘污染受到了人们的高度重视。为适应日益严格的环保法规，德国夏尔克炼铁设备制造有限公司新研制出了用于顶装焦炉的密闭式可控装煤车。1997年4月设计研究院（作者郑文华所在单位鞍山焦耐设计院）在中国炼焦行业

---

① 摘自赵建伟．科教文书写作．珠海：珠海出版社，2000．42～45．

协会的支持下，与六家焦化厂组成了赴欧洲的焦化新技术考察团，重点考察了夏尔克公司的密闭式可控装煤车．现将该车的设计思想、工作原理、技术特点及其在国外的使用情况和在我国的应用前景介绍如下：

1. 设计思想

为了减轻装煤车在装煤时产生的烟尘污染，以往的办法是将烟尘抽吸和净化后放散，夏尔克公司开发的密闭式可控装煤车的设计思想是尽可能避免煤烟尘从装煤孔外逸．虽然都能达到烟尘治理的目的，但两种设计思想却有本质差别，前提是待烟尘外逸后再处理，后者不让烟尘外逸．

2. 工作原理和技术特点

为了防止装煤烟尘的外逸，必须创造以下条件：①没有烟气泄漏点；②炭化室内形成一个畅流的烟气通道，可使烟气顺利流入上升管和集气管系统；③尽可能减少烟气生成量．为此，夏尔克装煤车采取了下列措施：

（1）密闭的装煤系统．（详细内容略）

（2）装煤时不平煤．（详细内容略）

（3）夏尔克可控同步装煤系统研究表明，只有炭化室内形成大小相同的煤堆时，才能保证炉内的气体流动畅通，为此，采用了可控的同步装煤．（详细内容略，有关图例略）

（4）快速装煤系统．（详细内容略）

与常规焦炉的装煤车相比，该车具有如下特点：

① 可达到发达国家的环境要求，德国的 TA-LUFT 标准要求装煤时的燃烧尘粒量 $<25\mathrm{mg/m^3}$．

② 可取消占地面积大、能耗高及投资多的地面除尘站，还可同时取消集尘干管、装煤车上的除尘和点火装置，大大降低投资和生产维修费用．

③ 在装煤过程中不必进行平煤操作．

④ 由于装煤时无冒烟冒火现象，装煤车的司机室可设在平台下面，提高了司机的操作安全．

⑤ 可取消煤塔下面的装煤称量装置．

⑥ 由于装煤速度快，可多装 1%～1.5% 的煤，从而增加了焦炭产品．

⑦ 该车在新老焦炉上均可使用．

3. 国外的应用情况

我们在德国的××焦化厂，瑞典的××和××等焦化厂实地考察了夏尔克密闭式可控装煤车的使用情况．结果表明，无论在新焦炉上还是在炉龄 20～30 年的老焦炉上使用，其装煤除尘效果十分理想．在整个装煤过程中几乎不冒烟，完全可达到德国和瑞典规定的环保标准要求．于 1993 年投产的德国××焦化厂是当今世界上技术最先进和环保措施最完善的新型焦化厂，该厂两座高 7.63m 的大容积焦炉上也使用该车．下表列出各国使用该车的详细情况（表略）．由于德国和瑞典等国焦化厂的配煤挥发分均在 23%～27.4% 范围内，针对我国配煤水分高，挥发分也高的情况，夏尔克公司明确表示，夏尔克可控装煤车可适用于水分 <12 的任何挥发分配煤．

4. 我国的应用前景

随着国家对环保要求的日趋严格，焦化厂焦炉烟尘污染的治理问题已提到议事日程．目前国内没有推焦地面除尘装置的有上海宝钢焦化厂、首钢焦化厂、上海浦东煤气厂、本钢焦化厂和青岛焦化厂；没有干煤焦装置的有上海宝钢焦化厂、上海浦东煤气厂，即将建成的有济钢焦化厂和鞍钢化工总厂。大部分焦炉的环保状况很差，而且多数老厂因可使用的土地有限，也难以再增设上述装置。

统计数据表明，焦炉机械在操作时产生的烟尘量最大，装煤、推焦时烟尘产生的比例约为60％、30％和10％。焦炉装煤时产生的烟尘不仅数量最大，而且烟尘中的苯并[a]芘等致癌物质也最多。因此，装煤烟尘的治理问题已引起国内外专家的高度重视。从目前各国采用的焦炉装煤烟尘治理的效果看，密闭式可控装煤和配以地面除尘站的装煤法的联合运用可获得较好的除尘效果。

从表中可看出，密闭式可控装煤车在世界各国已有不少焦化厂采用，其使用效果也很理想。我们认为，密闭式可控装煤车在我国应用的有利条件和需改进的方面有如下几点：

（1）设备简单、易于操作。（详细内容略）
（2）可避免产生二次污染。（详细内容略）
（3）新旧焦炉均可使用。（详细内容略）
（4）可利用现有的煤气排送和废气处理系统。（详细内容略）
（5）对配煤挥发分没有特殊要求。（详细内容略）
（6）建议在新焦炉设计时，将装煤孔的锥度改大一些，以保证装煤结束后，在焦炉炭化室顶部形成畅通的烟气通道，达到装煤时不平煤的目的。

综上所述，密闭式煤车在国内具有相当的发展潜力，为我国装煤除尘提供了新的解决办法，该车可适用于各种顶装焦炉，以满足我国日趋严格的环保法规。

## 二、学术会议考察报告举例

### 数学课程与教学改革国际研讨会（重庆）述评[①]

晓　黛

2002年8月17日至19日，"2002年国际数学家大会（北京）"卫星会议之一——"21世纪数学课程与教学改革国际学术研讨会"在重庆召开。来自10多个国家和地区的200余名数学教育界的专家、教授、教研员、中小学一线教师和出版社的代表出席了这次大会。会议主题是"21世纪数学课程与教学改革所面临的重大问题与挑战"，包括中小学数学课程与教学改革、大学数学教育及其他与数学教育有关的问题。会议得到了国家教育部各级领导以及重庆市人大和政府的有力支持。

一

有24位代表做了大会演讲报告。在大会上所做的演讲报告中最多的内容是关于各国数学

---

① 摘自人民教育出版社课程教材研究所主办《课程·教材·教法》，2002（12）：66～68。

课程发展状况的，具体报告内容或题目如下．

• 日本东京大学泽田利夫（ToshioSawada）教授（日本数学教育学会理事长）做了"日本的数学课程改革及发展历程"的报告．泽田利夫介绍了日本的课程改革体系，描述了"学习指导要领"（相当于我国中小学的课程标准）在过去50年中的历次修改内容、特征．着重介绍了文部省于1998年11月颁布的新的"学习指导要领"，日本最新一轮课程改革的情况．面向新世纪，日本课程改革的总目标是：培养学生具有丰富的人性和社会性，具有日本人自立于国际社会的意识；培养学生的学习能力和独立思考能力；通过开展宽松的教育活动，切实加强基础，充实发展个性教育；使各个学校能够发挥主动性，创造有特色的教育．依据上述改革目标，日本采取了一系列具体措施，对现行的课程结构、课时比例、各科教学内容、教学活动以及课程的管理、实施等进行了全面调整．例如，学校必须开设增加学生阅历的综合课程，而且三年级以上要求每星期至少2学时．增加综合课的目的之一是增加学生坚忍不拔的态度．

泽田利夫报告的另一方面是对新课程的忧虑．

（1）义务教育阶段中小学数学内容减少了约30%，数学教育不足；同时这些减少的内容又增加到高中，给学生增加了负担．关于数学教育的成绩问题一直是日本教育的热点问题．自20年前引入灵活多变的教育观念以来，日本的小学数学教育出现了较大的滑坡．他用两方面的研究结论来说明这一点．一是文部省发布的对小学生计算能力的调查报告（具体结果见下表）．

| 时　间 | 正确率 |
| --- | --- |
| 1982 | 69% |
| 1994 | 65% |
| 2002 | 58% |

二是由国际教育成就评价协会（IEA）组织的历次对13岁学生数学学习成绩的比较研究中，日本的排名情况（见下表）．

| 测试时间 | 参加的国家个数 | 排名次序 |
| --- | --- | --- |
| 1964 | 12 | 第2 |
| 1981 | 20 | 第1 |
| 1995 | 41 | 第3 |
| 1999 | 38 | 第5 |

但文部省辩护说，滑坡的事实是不成立的．

（2）为孩子创造更多的发展空间．泽田利夫认为，应从学校开设的基础学科入手．日本学生的在校学习时间以及学习能力是排在很后面的，怎样才能实现所谓的"为孩子创造更多的发展空间"呢？

（3）实质性的基本学习能力．政府极力要求学校教育要提高学生的生活能力．泽田利夫认为，数学教育中的分析、推理等能力正是生活能力的重要组成部分，而日本课程中却要减少这些内容，这不是适得其反吗？与之相对的是，欧美国家在大量地增加上述教育内容．

最后，泽田利夫指责日本的一种不良风气：一见新事物产生就迫不及待地抛弃旧有传统．当新事物的新鲜感一消失，就不再去过问．他认为，决定事物的标准应是好与坏，而非新与旧．

• 法国拉波达（Colette Laborde）教授（著名教育软件设计家、前国际数学教育委员会执行委员）报告了"处于新世纪初的法国数学课程"．她介绍法国初中以下的数学教育是在全国范围内展开的，只有统一的大纲．大纲每10年修订一次，这是个大工程．每年只修订一个年级．大纲的结构分为三部分：概念要点；学生预期的能力水平；教学建议．在教学建议中包括：科学实践的方法、内容表征（语言的、图表的）的方法和技术使用的定位．另外，拉波达着重介绍了动态几何软件的有关问题．

• 俄罗斯沙雷金（1gor Sharygin）教授（现任国际数学教育委员会执行委员）报告的题目是"俄罗斯的数学课程"．他对当前的数学教育改革持怀疑态度．他认为，新教科书的一个根本不足是：教科书缺乏清晰明确的系统，或者不成功的系统（主题）．一些教科书存在明显相似的特征．因此，学校的首要任务就是建立对于所有年级、具有统一主题、修辞风格的学校数学教科书的体系．他介绍了他现在参与的由一些数学家与大学教师建议的为各年级编写教科书的原则和方案．

• 美国《国家数学课程标准》起草小组负责人费里医·芒达（Joan Ferrini-Mundy）教授（论文由张奠宙教授代为宣读）的报告题目是"美国学校数学的原理与标准"．美国49个州都有自己的"标准"，但它们也都参考美国数学教师协会（NCTM）制订的《学校数学的原则和标准》(2000年3月公布了最新修订的新标准)．针对这个最新标准，有包括美国加州大学伍鸿熙在内的2000多位数学家联名给教育部递交了一封公开信，由此挑起了一场被称为"美国数学战争"的事件．这些数学家主要的观点是反对新标准，主张要综合地、紧凑地提供教学目标，并且广泛地征求意见，公开讨论，然后再编写初稿等．

• 新加坡国立教育学院李秉彝教授（前国际数学教育委员会副主席）、范良火做了"新加坡过去50年数学课程的发展"的报告．范良火介绍说，从1979年开始新加坡有两种不同的学校系统：英式系统（主要使用英美教材）和中文系统（主要使用中国大陆教材）．大纲与教材的关系是，大纲的内容较多，但只有一部分理念能在教材中得到体现．对教师使用教材的研究表明，教材并非教师教学的惟一依靠．面对40~60人的大班教学，教师的教学方法大多数是遵循一定程序的，计算机在教学中应用比较广泛．李秉彝认为学数学是为工作做准备；数学应当更有实验性，我们更要更新数学哲学观；数学应提供更丰富多彩的环境；减少数学学习的内容，以便增加学生学习数学的数量．在日本数学学习的内容被削减了近60%，针对这种情况我们应重新确定数学学习的目的．目前学生学习数学的兴趣比较狭窄，主要是为父母、为社会而学．

• 韩国崔英翰教授（前韩国数学教育学会理事长）报告了"韩国的数学课程标准"．他指出韩国的课程标准是从日本照搬的，而日本是从美国照搬的．因此，尽管是新版课程标准，但中小学教师大约有58.3%的人反对新标准，这其中就包括他自己．但崔英翰说，政府并不理睬这些反映．

• 我国王尚志、刘兼、张国祥分别通过报告"高中数学课程标准的框架设想""中国的数学课程标准""从后现代多元智能角度分析中国数学课程新标准"，向与会者介绍了中国中小学数学课程改革的情况.

由此可以看出,本次会议对各国数学课程发展状况的相互了解、相互交流有很大的促进作用.

## 二

大会还有其他内容的演讲报告,具体内容如下.

· 荷兰格类迈杰尔(Koeno Gravemeijer)教授(弗赖登塔尔数学教育研究所学术领导人之一,)报告了"如何支持数学教育的改革". 格类迈杰尔认为,知识的传授应转向建构探究. 因为未来社会是信息社会,它对公民素质提出了新要求. 数学素养更多的是懂数学、对数学的思考、不脱离社会的思考. 按照社会建构主义的观点,数学教育应强调个体建构、数学实践. 数学课程应是培养数学能力的场所. 学生要像数学家那样工作,解释、证明、表达观点与方法. 学生要从教师那里学会建立相应的社会准则. 通过利用学生之间的活动、相互矛盾的讨论来达到上述目的. 这样,就会使形式化数学趋于合理. 选择性地开展教学活动可以起到催化剂的作用. 教师要把数学目标与学生的学习轨迹结合起来. 要通过对学习策略推测的研究,参与学习活动的研究. 通过对真实学习过程的分析,不断完善学习过程,以期最终实现局部的教学论. 例如,弗赖登塔尔数学教育研究所提出三种启发式教学方法. 一是数学教学应成为一种引导学生进行再发现的过程. 二是通过对学生行为现象的分析,来循序渐进地组织教学. 三是突发建模. 数学模型的特征正在发生变化,非正式的模型更接近事物本身. 所以,应给学生机会与自己的经历相联系,帮助学生在解决问题方面取得进步.

· 澳大利亚斯提芬(Max Stephens)博士(澳大利亚教育部前小学课程设计人)报告了"澳大利亚基础教育中的算术教学改革". 斯提芬认为,小学数学教育中应将算术与代数这两个分离的部分之间建立起联系,以便对学生进行早期的代数思维的培养. 他以皮亚杰的认知发展理论为依据,研究了儿童进行早期代数思维的可能性.

· 南京大学郑毓信报告了"关于课改的几点思考". 郑毓信说,在我们满腔热情地投入改革时,应注意有什么问题. 1989年美国的课程标准一片叫好,90年代中期是一片批评. 目前美国出现了新的回潮,他们仍旧是考试驱动. 由此我们应汲取些什么教训. 数学教育改革引起公众的关注是好的,但中国最好也能引起争论,甚至像美国的数学战争. 改革好像钟摆,左右呈周期摆动. (这是否也是数学教育发展的一个规律?)我们应该研究美国的五套教材,到底好在哪儿,差在哪儿,然后再去吸收美国的口号. 现在各国明显的改革共同点是:1. 数学教育的生活化. 这一问题对我国已不是新问题,是从1958年开始就一直存在,但一直没有解决好的一个问题. 例如,是否引进更多的应用题就是解决的办法. 简单化的想法与做法可能不一定有利于问题的解决. 为此,我们要解决好非形式数学与形式数学之间的关系;日常数学与学校正规数学之间的关系. 2. 数学教育的个性化与特殊化. 数学教育目标具有双重性:社会准则与学生个性发展. 过去强调社会准则过多,现在重视个性发展是对的,但有无可能实现学生发展的特殊化. 3. 动手实践、主动探索是数学教育的核心. 这种活动化要注意:继承式学习的基础是行为主义的;理解式学习的基础是认知主义的;探索式学习的基础是建构主义的. 这几种学习方式应相互平衡. 4. 课程改革要做好与对立面的平衡.

· 人民教育出版社、课程教材研究所章建跃报告了"再论数学教育改革中的几个关系".

他从继承与创新，坚持中国特色与借鉴国外经验，数学知识、数学能力和素质，直接经验与间接经验，发现学习与接受学习几方面论述了数学教育改革中应注意的几个关系．章建跃说，数学教育改革的历史告诉我们，这些关系的处理，关键是把握好平衡，任何强调一个方面而忽视另一个方面的做法都是不可取的．例如，在大力加强创新精神和实践能力培养的正确要求下，有的人却把它与必要的"双基"学习与训练对立起来，有的人甚至说，强调数学基础知识与基本技能的学习与落实是过时的，"双基"观是陈旧落后的数学课程观的典型代表，等等．显然，这种观点是片面的．创新精神、实践能力的培养与打好坚实的基础是相辅相成的．在强调创新精神与实践能力培养的今天，"双基"不但不能削弱，而且还应加强，这是由基础教育的任务决定的，也是由儿童青少年的身心发展规律所决定的．现在的问题不应该是要不要"双基"的问题，而应当是用什么原则、什么标准来确定和选择"双基"的问题．

- 巴西 Maria Manuela David 报告了"课程、教材与课堂上数学化之间的关系"．
- 美国 SunWei（孙伟）报告了美国的"数学教师教育计划"．美国的 Douglas E·Norton 报告了"新技术应用于教学"．美国的 Zhonghong Jian 报告了"运用技术教学及数学教师的备课"．美国的 Judith S·Sunley 报告了"大学数学课程的设置应满足学生学习目的的多样性"．美国的 BinLu 报告了"Henstock 积分融入课程"．
- 我国王林全报告了"中美几何教学对比研究"．马复报告了"走进新教材——浅析课标下新教材的理念"．韦辉梁报告了"几何实验教学及课改"．宋乃庆报告了"新教材的特点及思考"，以及国家级实验区新教材实验研究．

三

大会演讲报告后，进行了半天的分组讨论．其中小学数学教育小组中涉及小学数学教育改革的有：西南师范大学教材编写组的夏小刚与魏林分别介绍了"小学数学教材编写中的情境创设""小学数学面积计算发现式学习环境的构建"．其余均为有关中学数学教育的改革问题．

总之，从会议报告的题目可知，会议内容涉及领域宽广，但是比较集中在课程方面．在新世纪到来不久的时刻，就各国的课程改革举行如此广泛而深刻的国际交流，应该说具有重要的意义．

1. 各国专家进行了广泛的国际交流，汇集了一些主要国家的数学课程改革信息．其中包括美国、俄罗斯、新加坡、法国、日本、韩国等国家的情况．这些前瞻性的报告，对于各国未来的数学课程建设，将会产生积极的影响．

2. 介绍了一些课程研究的重要成果，有的达到很高的学术水平．除上述国家的报告外，特别是荷兰弗赖登塔尔数学教育研究所的研究、澳大利亚小学数学教育的研究，给我们留下了深刻的印象．

3. 系统地介绍了我国近年来数学课程改革的情况．其中包括九年义务教育阶段的课程标准、新教材的编写、新教材实验的情况，以及正在编制的高中数学课程标准．听到来自各方面的建议，引起国际上的关注，这将有利于我国的数学课程建设．

4. 大会还有一些重要的报告涉及大学数学教育、信息技术的使用、教师教育、国际教学比较等许多方面．广大与会者，特别是我国的许多学者，都对这些专家的演讲产生了浓厚的兴趣.

5. 本次会议进行的研讨议题涵盖的领域虽然很广泛，但大多数研究较为宏观. 为了进一步使数学课程与教学改革走向深入，我们认为还需要有更为具体、微观、局部的研究成果，来指导改革实践中的教师.

阅读第一篇有关焦化新技术情况的考察报告；第二篇有关数学课程与教学改革学术会议的考察报告，我们不难发现，写作的重点是过程、办法、观点、结果与讨论这些提供重要参考价值的东西. 行文简洁、中肯，没有主观臆断和任何渗入个人感情色彩的叙述，这些都是值得我们学习的.

**思考题**

1. "科学技术考察报告的作者必须是考察者"，你同意这一说法吗？为什么？

2. "在进行科学考察之前，以及在考察的过程中，都应注重查阅相关的文献资料"，你同意这一说法吗？为什么？

3. 根据自己的实际情况自拟一个考察课题（实地考察或学术会议考察），实践后写出考察报告.

# 第八章 理科教育调查报告的写作

理科教育调查是通过运用观察、列表、问卷、访谈、追踪记录以及测验等方式与手段，搜集理科教育中某一问题的大量相关资料，并对问题作出科学分析和提出具体建议的一种理科教育研究方法．

作为理科教师或者理科教育研究者，理科教育调查的步骤、调查问卷的设计、调查报告的撰写以及经常使用的研究方法，都有与一般的社会调查不同的内涵．本章结合理科教师教学内容举例，逐一说明理科教育调查的步骤、理科教育调查的问卷设计和理科教育调查报告的撰写．

## 第一节 理科教育调查报告的一般步骤

理科教育调查有现状调查、相关性调查、因果性调查和发展态势调查．目的在于了解理科教育对象的现实状态，以便进行针对性教育的调查称现状调查；在不同的理科教育现象间，或某一类现象的不同特征间，探寻联系、性质的调查称相关性调查；探寻某种特定理科教育现象的形成原因的调查是因果性调查；为研究理科教育对象的某种特征是怎样随时间的推移，或随相关的内部或外部条件的变化而发展的，这类调查称发展态势调查．

无论何种理科教育调查，在确定研究的课题后，要根据课题的性质判断调查研究的类型，根据研究类型的基本要求制订调查研究计划．不同的调查在具体进行程序上可能有所区别，但一般都离不开以下几个步骤．

### 一、选择调查对象

理科教育调查对象一般是学校学生、理科教师或家长．我们从人数众多的对象中抽取一部分对象组成要进行调查的群体，称为样本．然后通过对样本的调查，并分析、研究和预测对象全体的情况，为使调查结果能够真实反映其全体情况，必须从三个方面着手来提高样本的代表性．

首先，被调查对象既不能遗漏，也不能扩大化．比如，调查某大学文科各专业开设高等数学的情况，却把接受文科各专业函授教育的那部分人遗漏了；而调查某市寄宿中学初中生物课的课外活动情况，却把非寄宿中学的情况也列入调查范围，这都是不应该的．

其次，要保证样本中对象的数量．从总体中抽出的样本，应包括一定数量的对象. 若数量太少, 样本的代表性太小, 研究结果将很难反映真实情况. 因此, 在条件许可的情况下, 应当尽可能让样本数量占总体数量的比例大一些.

最后, 抽样方法要科学. 除特殊情况外, 要尽可能做到随机抽样, 使总体中的每一个对象都有相同的机会被抽到, 而某一对象被抽到纯属偶然, 没有任何主观因素在起作用. 为了使样本的对象均衡分布, 可采取机械抽样. 比如要调查某校某个年级的化学学习情况, 该年级有 4 个班, 每个班有 40 人, 则按班级次序和学生学号从 1 至 160 进行编号, 再按顺序每 4 人一个组, 用随机方法决定每组 4 个学生中抽第几位学生, 这样可使样本的对象均衡地分布在 4 个班级中. 为了防止某种调查可能集中某类对象多, 而另一类对象少, 还可以依类别进行抽样. 比如, 调查学生实验动手能力的水平, 事先已知男生在这方面强于女生, 而该年级 60 人是男生, 100 人是女生, 需在 160 人中抽取 40 人调查, 则从男生随机抽取 15 人, 从女生中随机抽取 25 人, 组成样本, 这就可避免调查结果出现与真实水平比较偏高或偏低的情况.

**二、明确调查要涉及的五个方面**

理科教育调查涉及以下五个方面:

(1) 规定调查主题. 根据研究课题确定调查的主题. 比如课题为"某地区中学生科学素养现状调查", 调查的主题就为"中学生的科学素养".

(2) 选定调查项目. 反映某一调查主题的主要侧面都可作为调查项目. 例如, 中学生的科学素养包括对中学阶段所学的知识与技能、过程与方法的理解和掌握, 以及相应的情感、态度与价值观方面的表现, 只要了解上述三项调查的结果, 中学生的科学素养状况就基本可以把握.

(3) 明确项目评价指标. 能够对某个调查项目进行评价的内容即该项目的评价指标. 如对学生的科学态度, 我们可以用科学价值观、科学探究中尊重事实, 尊重逻辑、批判与创新意识、可持续发展观等多个指标来衡量.

(4) 划分指标水平. 即将每个项目的评价指标区分出不同的水平, 以判断不同的被调查对象可能具有的由低到高的大致层次. 如实验操作技能可以划分成: A. 模仿, B. 会, C. 熟练这三级水平.

(5) 提出水平标准. 对具体项目评价指标的每一个水平, 还须提出明确的归类标准. 例如, 在以科学素养为主题的调查中, 对科学态度这一项目中的科学价值观这一评价指标, 可划分出认可、接受、投入三个水平. "认可"指学生已认识到科学对社会发展有正向价值; "接受"指学生因认识到科学的价值而导致自身的某些行为, 如能够参与学科学、讲科学的某些活动, 对活动持赞同、自学的态度, 能获得自我实现的成功体验; "投入"则指学生对科学活动持有一种持久和较为稳定的热情, 投身其中.

### 三、选择调查手段

理科教育调查常采用观察、访谈、问卷、测验和书面资料调查等手段.

1. 观察调查

理科教育研究中的观察有两种. 一种是课堂上提问、讲解、做演示时，观察学生的反应，从而获得信息，及时调节教学. 这种带有一定自发和偶然性的观察称日常观察. 另一种是按预定计划，对观察对象、条件、方法都有明确的选择，有目的地观察处于自然条件下的研究对象的言语、行为等表现，搜集事实材料加以分析研究而获得对问题的较深入的认识，这样的观察称科学观察. 理科教育研究，有日常观察，也有科学观察，而主要是科学观察.

科学观察重要的是：编制观察提纲，实施观察的同时，收集资料，记录观察结果. 例如要用学生完成"测定小灯泡功率"的实验，研究初中生的操作技能和学习习惯时，可预先设计观察记录用的行为核对表（如表 8-1-1）.

表 8-1-1 观察调查中的行为核对表

| 序 号 | 行为及要求 | 表 现 |
|---|---|---|
| 1 | 按电路图正确连接电路； | |
| 2 | 连电路时电键必须打开； | |
| 3 | 电流表和电压表的正、负接线柱连接正确； | |
| 4 | 在闭合电键之前，要调节滑线变阻器，使电路中电阻最大； | |
| 5 | 逐渐调节变阻器使灯泡正常发光； | |
| 6 | 实验完毕，先断开电键，后拆除电路； | |
| 7 | 器材复原摆齐. | |

2. 访谈调查

要了解教师教学设计思想以及教学的经验体会，了解学生对教师教学的意见和评价等，常采用调查者跟被访者面对面交谈的方式.

为了提高访谈的效果，调查者应注意事先准备好谈话提纲，要向被访者说明谈话的意图，以使被访者容易接受谈话，提问要简单明了，易于回答，提问的措辞不能引起误解. 提问的方式要得当，如用词的选择、问题的范围要适合被访者的知识水平和习惯；要随时与被访者沟通，消除误会.

3. 问卷调查

研究者将所要研究的内容预先编制成题卷，以邮寄、当面作答或追踪访问等方式交付被调查者，在他们书面作答后再行回收，然后再对所答内容进行处理，并据此作出分析. 这样是问卷调查，理科问卷调查范围，一般常用于调查学生对理科教育、教学的意见，调查学生的学习态度、兴趣、动机等领域的研究. 问卷调查在某种情况下，结论客观，能搜集大样本信息资料，能做量的统计处理，使调查的结果具有一定信度．因此，在理科教育研究中常采用．

4．测验调查

用一组测试题对某种教育现象的实际测定，来收集资料数据的调查便是测验调查．它可以把抽象、概括的理论研究成果（如中学生创新精神的一般表现、认知领域学习水平的分类、理科学习标准化测验理论、学业成就的各项指标等）转化为反映个体水平的某种描述，并提供使用多种统计方法处理数据的可能性．在理科教育调查研究中，测验调查是最常用的一种手段．

5．书面资料调查

收集诸如：学生作业、学生实验报告、成绩单、课堂笔记等，或收集诸如：物理实验室设备、财产的明细表、学生实验和演示实验的使用与借用记录、教师的教案、课后记录、教研组活动记录等，并对这些跟调查内容有关、能反映研究对象某方面情况的现成的书面材料进行分析、整理的一种调查方式称书面资料调查．

### 四、准备调查材料

调查之前，将调查要用的书面材料、器材工具等准备好，它依调查的方法、内容的不同而不同．例如，访谈、观察之类的调查，要准备记录的笔和纸，还有录音机、摄像机等设备；对测验调查则备好测验试卷和实验器材等；而用问卷方式的调查则先要列出调查表和问卷．

### 五、实施调查

在实施阶段要注意：

（1）诚恳、平等态度与学生对话，打消被调查对象的顾虑，使他们抱协作的态度，从而完成调查．

（2）向所有调查对象提供同样的信息、同样的时间和态度，连对调查对象所提出疑问所作的解释也应该是统一的，切忌暗示、启发．

（3）对调查对象的言行记录要真实，要能如实反映被调查者的实际情况，不带主观色彩．

### 六、整理调查材料

对调查收集的原始数据、材料须经①登记、评定并进行直接统计；②直观表述调查结果；③进行教育统计处理这三个环节．

对每个调查对象的原始资料进行归类，需评价的先给予评定和评分，再把评定结果逐一记入事先精心设计的登记表中的各项指标内,并对有关数据进行数字的直接统计,这是第一个环节.

为使直接统计出的数据结果表述得更直观更形象,可以采用统计图形法,这是第二个环节.

根据研究目的,选择适合的教育统计方法,对调查所得的结果进一步作出处理,这是第三个环节.

### 七、分析调查结果

分析调查所得的结果,一般经历:得出结论(对开始提出的问题作出回答)—进行解释—提出建议—发现新的课题(根据调查和对其结果的分析中发现的问题,提出需要进一步研究的新课题.)这几个阶段.

### 八、撰写调查报告

调查报告是调查最后阶段的工作,本章第三节将阐述如何规范撰写调查报告.

## 第二节 调查问卷的设计与编制

一份好的调查问卷,能够有效地收集到研究对象的态度(反应)及相关需要测评的数据,本节讨论理科教育调查问卷的内容设计和问题的编制.

### 一、理科教育调查问卷的内容设计

一份问卷通常包括两部分内容:指导语和问题. 如何设计指导语和问题,是问卷内容设计中至关重要的两个环节.

1. 指导语的设计

问卷的题头是指导语. 指导语设计得好,能引起调查对象回答的意向和动机,并消除调查对象的顾虑. 比如:

"我们无须知道您的真实姓名,我们感兴趣的是您本人的想法和事情的真实情况. 因为这才是最主要的. 您的回答只在概括的、不记名的前提下才会使用. 注意,对任何答案,并没有'正确'或'错误'之分."

这段指导语,说明问卷是匿名答卷,避免调查对象顾虑自己的想法暴露给他人而不愿合作;说明回答不存在对与错,减少被调查者对自己的回答产生无把握或其他不必要的顾虑.

又比如:"下列每一句子中都有一个空格,每一句子后面是你能填写的5个答案. 仔细阅读每一句子,选择一个你认为最合适的答案,将其代号填在句子的空格内.""您只须10分钟左右,就可完成整套问卷.谢谢您的合作!"

这段指导语,简明扼要说明问卷的填写规则和回答方式,并说明回答问卷所需要的大致时间.

总之,消除顾虑、指明规则是指导语设计的关键所在.

2. 问题的设计

调查问卷的核心内容是问题,按功能分,调查中所提的问题有:接触性、实质性、过滤性、校正性和调节性的问题.

(1) 接触性问题.

诸如,与被调查者见面时问他:"本学期功课重不重?""每次数学作业,你最多用了多少时间?""最近你们做过什么物理实验,你感觉有趣吗?"等问题,目的主要在于与调查对象建立相互了解关系,营造一种和谐气氛.问题本身只在某种程度上与研究课题接近,并非调查的目的.问题往往是有趣而易于回答的开放性的简单问题,称接触性问题.

(2) 实质性问题.

作为整理分析调查材料的主要内容,以实现调查目的和完成课题研究而设计的问题,是实质性问题.

人们常用语义差异量表或态度层次性量表(又称李克特量表)来设计问题.

① 语义差异量表. 即在表的两端设计语义截然相反的一组形容词,两词之间留下空格(有时为区分程度明确,空格处标注 A、B、C、D、E 等符号),依次表示倾向的差异,以此让被调查者根据自己的想法,选择适当的位置标注,最后形成一种对被调查者所持观点、态度的测量.

比如,为衡量某个班级的学生对学习物理的心态,可设计如下的语义差异量表(见表 8-2-1).

表 8-2-1  请在下表中你认为适合的位置将你对物理学习的感觉画上"〇"记号

| 序号 | 感觉 | 程度 A B C D E | 感觉 | 序号 | 感觉 | 程度 A B C D E | 感觉 |
|---|---|---|---|---|---|---|---|
| ① | 不难理解的 | ……… | 很难理解的 | ⑤ | 重要的 | ……… | 不重要的 |
| ② | 有趣的 | ……… | 乏味的 | ⑥ | 系统有序的 | ……… | 复杂无章的 |
| ③ | 实践性强的 | ……… | 脱离实际的 | ⑦ | 有价值的 | ……… | 无价值的 |
| ④ | 轻松的 | ……… | 繁重的 | ⑧ | 多样化的 | ……… | 刻板的 |

此例围绕兴趣、重要、困难等因素设计量表,可以用来测定学生在物理课程教学期间对该学科的印象及其变化. 根据学生答卷的结果,通过累加所有项所选评分等级的量值(可预先对 A、B、C、D、E 栏给出一定分值),得出学生的态度分数,由此可比较分析学生在不同阶段或同一阶段的学习态度及其变化情况.

② 态度层次性量表（李克特量表）．即针对要调查的某项内容，设计一系列可表示不同程度的赞成或反对意见的问题，让被调查者选择并填写，并预先对各程度设置分值，最后通过统计考察出被调查者对该项内容的倾向性，这就是态度层次性量表．

比如，为调查某年级初中生对布置数学家庭作业的态度，设计如下量表（见表 8-2-2）．

表 8-2-2　请在左侧所提出的观点，在右侧合适的位置画"√"以表明你的态度

| 观　　点 | 态　　度 ||||| 
|---|---|---|---|---|---|
| | 非常同意 | 同意 | 无所谓 | 不同意 | 非常不同意 |
| 1. 要想数学学得好，必须多做题 | | | | | |
| 2. 老师布置的作业多有老师的道理 | | | | | |
| 3. 学数学没有作业，才是怪事 | | | | | |
| 4. 数学题只有多做才能熟能生巧 | | | | | |
| 5. 解数学题也是一种乐趣 | | | | | |
| 6. 数学作业多符合精讲多练原则 | | | | | |

对上表的五种态度，分别赋予 $-2$、$-1$、$0$、$+1$、$+2$ 共五个分值．显然，经统计后，累加分值大者是倾向于不布置或少布置数学家庭作业的．

(3) 过滤性问题．

用来鉴别调查对象对调查问卷中的问题是否具备回答资格而设置的问题．它通常安排在实质性问题之前．例如："你是否上过计算机辅助教学物理课——（是/否）．若回答'是'的同学请做 A 部分题，回答'否'的同学请做 B 部分题."若回答"是"的同学做了 B 部分题，其结果应不予统计，反之亦然．

(4) 校正性问题．

为了检验调查对象对问卷中实质性问题所作的回答是否正确或真实而设置的问题．它是一组被分散安排的问题，其内容要与实质性问题相配合．在这些题目中，一部分问题与另一部分问题的内容实质是同一的，但由于问法不同答案却是相反的．如果被调查者对这些问题的大部分做了同样的回答，便说明他的回答不真实．在这种检验中所得的分数称为说谎分数，当说谎分数大于某一数值时，该调查对象的答卷应视为废卷．

比如，测试学生学习化学的兴趣，设计如下问题，穿插于数十甚至上百道问题的中间．

7. 在每次化学考试中，我都能发挥自己的最好水平；

14. 有时候，今天的化学作业我会留到明天才完成；

22. 我听化学课从来不走神；

30. 化学老师说的话，我都照办；

35. 我有时也会对学化学产生畏难情绪；

46. 我喜欢所有的化学课程；

57. 我喜欢教过我的每一位化学老师；

62. 我也有不按化学老师说的去做的情况；

69. 我们化学老师上的每堂课都非常成功；

70. 有的化学实验也是挺枯燥的.

上述 10 道题，只要求被调查者回答"是"或"否". 可预先设置分值，第 7、22、30、46、57、69 题，每题答"是"得 1 分，第 14、35、62、70 题，每题答"否"的，得 1 分，各题得分之和，即为被试者的说谎分数，满分为 10 分，达到或超过 5 分，则视为废卷.

(5) 调节性问题.

用于消除枯燥、疲劳、紧张，以及由于问题突然转移而使调查对象产生的不适应感而设置的问题. 当一组问题向另一组问题过渡时，可安排一个调节性问题，以调节调查对象的情绪，并起承上启下作用.

比如，前边一组调查了解学生解物理题情况的问题，后边一组是调查了解学生动手做物理实验的情况的问题，中间可穿插问："你喜欢老师在黑板上画实验，还是喜欢老师用实物来演示实验呢？"这种"喜欢"与"不喜欢"的简单问题，既消除学生的紧张情绪，又为后边测验学生对动手做实验的倾向性作了铺垫.

## 二、关于理科教育问卷的问题编制

问题编制有两层含义，一是合理的编排顺序，一是为提高问卷效度而强调问题设计中的注意事项.

问题编排的合理顺序将有利于达到预定的调查目的. 一般是将接触性问题放在最前面，其次是过渡性问题，随后是实质性问题；在实质性问题中间可穿插校正性问题. 过渡性与校正性问题都可判断答卷的有效性. 插于实质性问题中的校正性问题，应分散分布在实质性问题中间，且不要靠得太近，以免被调查对象察觉而失去意义. 有人主张，问卷先问一般性问题，再问具体的问题，称为漏斗形排列. 为了保持答者的注意力，问题的长短和问法的形式在排列中要体现变化. 这样做，还可以防止答卷者由于思维惯性对不同的问题作出相同的处理. 敏感性问题和开放性问题一般放在卷末，以避免调查对象对问题感到为难、反感、费时而放弃全卷作答.

为了提高问卷的效度，问题的编制要注意以下几点：

(1) 避免双重意义的问题. 即避免两个以上不同的调查因素在同一问题中出

现．例如，"你是通过大量阅读参考书和认真掌握解题思路来提高学生物的成绩吗？"此题存在"阅读参考书"和"掌握解题思路"两个要素，对于只采用一种办法来提高成绩的学生，难于回答．不如把它分开成两道题．

（2）切忌出现暗示倾向的问题．比如，"你了解人们常说的绿色食品是指什么吗？""你了解伟大的物理学家爱因斯坦吗？"之类的问题，由于有"人们常说"和"伟大"这样的定语修饰，暗示答题者；你不了解是不应该的．

（3）不应使用可作多种解释的、意义含糊的词．像某些、相当、通常、经常这一类词，缺乏确定的数量概念，使学生回答可能出现不同的判断标准．比如，问题："你经常看'卫生与健康'这个栏目的电视节目吗？"就不如改成"你对'卫生与健康'这相栏目的电视节目：A. 天天看；B. 经常看（偶尔不看）；C. 每周看一两次；D. 很少看（偶尔看一两次）；E. 从来不看."这避免了不同的判断标准出现同一回答的情况．又比如："能否把学习再上一个台阶？""台阶"是一个含糊的概念，多大的间距才算一个台阶？"学习"也有多种解释，有学习成绩、学习态度、学习的能力等，这类题就不应该在问卷中出现．

（4）不使用学生不了解的专门术语、行语、俗语．

如"思维定势"、"全方位"、"智力因素"之类的词，不是所有的学生都知道和能做出相同理解的．又比如"对新教材的教法不能穿新鞋走老路，这种说法你同意吗？"其中"穿新鞋走老路"的说法，让人们难以理解．

（5）问卷内容和文字的口气要尊重被调查者．如"经常作弊已到了无可救药的地步"，其中"无可救药"让人反感，不如改为"经常由于控制不住自己而作弊"就避免伤害被调查者的感情．

（6）提高问题的设计技术．

一些敏感性的问题，调查对象有可能不愿意或不真实作答，或者调查者可能出于某种调查目的，不愿意让调查对象直接知道调查的真正意图（如前述的测谎目的），同时又要保证问卷的可靠性，此时有两种处理办法：

① 投射式提问．即不直接调查对象对某问题的看法，而是提供一个与该问题相关的又为调查对象能够理解的情景，让调查对象把自己的看法投射到情景中的人和事物上去，作出真实反映．比如，某些中学理化教师因怕麻烦，常常在黑板上画实验、讲实验，以此代替本该动手实际操作的演示实验．如果直接问这些老师："不动手演示的课堂教学效果如何？"会刺激对方．而放映某个通过演示来引入并展开新课内容的理化示范教学片，让被调查者看，然后问"看这片子有何感想？"之类的问题，一些教师是愿意谈自己的真实想法的．

② 间接提问．即以间接的方法获得所要调查的信息．例如，"当你遇到'同样多的一杯热牛奶和一杯冷牛奶放入冰箱后谁先结冰'这个问题时，首先想到的是 A. 问老师；B. 凭经验确定；C. 与同学讨论；D. 设法用实验验证."根据回

答情况，可间接分析出与调查目的（了解调查对象动手做实验的倾向）有关的信息。

## 第三节　理科教育调查研究报告的撰写

理科教育调查的研究报告是对调查的全过程和调查结果作出的综合性分析和总结。本节先举一个理科教育调查研究报告的案例，然后围绕案例来剖析其写作格式及要求。

### 一、案例

先让我们以许根娣老师写的一篇物理教育调查报告作为案例。读者可以从中获得许多有益的启示。

**高中学生物理成绩下降的归因分析及其教学对策**[①]

萧山市第三高级中学　许根娣

**摘要**：针对高中阶段，许多学生把学习物理当成沉重的精神负担，一部分学生成绩下降的这种现状，在作者所在学校，随机抽取两个理科班，采用访谈和问卷式调查方法，调查了高中学生物理成绩下降的原因以及影响高中学生学习物理的主要因素。在此基础上，提出了改进中学物理教学的建议。

**关键词**：物理成绩；归因分析；教学对策

1. 问题的提出

物理学是以观察和实验为基础，以形成概念、掌握规律、建立观念和模型为核心，以数学为语言和工具，以科学方法为手段和桥梁的一门基础学科。中学阶段，是让学生学习物理基础知识同时培养学生运用这些知识去分析、解决问题的能力以及自我扩展知识的能力。由于要求学生自己在运用中去扩展知识，常常比学习基础知识更为困难，于是就存在物理难学的一个潜在因素。由于初、高中物理教学内容在难度上有一定的跳跃性，再加上片面追求升学率的影响，部分教师在物理教学过程中随意加深内容，提高要求，增加习题难度和分量，不顾学生的个性心理差异，按照高考要求，进行"一步到位"的教学，结果使相当一部分学生感到物理难学，导致物理成绩下降，渐渐对物理学习失去信心。本次调查旨在了解高中学生学习物理的基本情况，物理成绩下降的归因倾向和影响高中学生学习物理的主要因素，为高中物理教学中进行因材施教提供一定的依据，以便促使所有学生在学习物理方面都得到一定的发展，让每个学生获得学习成功。

---

① 许根娣．高中学生物理成绩下降归因分析及其教学对策［S］．物理教师，1998（11）．

2. 调查对象、方法

本次调查的对象是我校98届理科班3班、5班学生,共112人,其中男生89人,女生23人,调查方法主要采用访谈法、问卷调查法,分三个阶段进行.

第一阶段,将调查对象分类:(1)以高三上学期末物理成绩的标准分($Z_2$)与高一上学期中物理成绩的标准分($Z_1$)的差值,作为成绩上升、稳定、下降的依据,凡$Z_2-Z_1 \geq 0.5$的为成绩上升者,$Z_2-Z_1 \leq -0.5$的为成绩下降者,$0.5 > Z_2-Z_1 > -0.5$的为成绩稳定者.(2)按两次考试成绩,把对象分成物理成绩优秀、中等、差三类,分别将两次考试中年级最高分×80%;凡考试成绩在这个分数以上者为成绩优秀者,考试成绩在年级最高分×60%以下者为成绩差者,介于这两者之间的为成绩中等者.

第二阶段,进行访谈:给调查对象提供结果,即高中阶段物理成绩是上升、稳定,还是下降的信息,让被试者对结果产生的原因作出推测或自由联想,并把所想到的种种原因列出来.

第三阶段,问卷调查:在第二阶段基础上,综合物理成绩的上升、下降,了解原因,设计《影响高中学生学习物理的因素调查表》,采用问卷调查形式,让被试者就各个因素对物理学习结果所起的作用进行评价.

3. 调查结果与分析

3.1 第一阶段的结果及分析

3.1.1 被调查对象中,物理成绩上升、稳定、下降的三类学生人数及所占比率见表1.

表1 高一到高三物理成绩变化情况

|  | 成绩上升 || 成绩稳定 || 成绩下降 ||
|---|---|---|---|---|---|---|
|  | 人数 | 所占比率 | 人数 | 所占比率 | 人数 | 所占比率 |
| 男生(89人) | 27 | 30.3% | 31 | 34.8% | 31 | 34.8% |
| 女生(23人) | 4 | 17.4% | 10 | 43.5% | 9 | 39.1% |

由表1可知:高中阶段,30.3%的男生成绩上升,34.8%的男生成绩稳定,34.8%的男生成绩下降;17.4%的女生成绩上升,43.5%的女生成绩稳定,39.1%的女生成绩下降.在高中学生中,成绩上升的男生比女生多,成绩稳定的和成绩下降的女生比男生多.

3.1.2 被调查对象中,物理成绩优秀、中等、偏差的三类学生人数及所占比率见表2.

表2 高一到高三物理成绩状况

|  | 成绩优秀 |||| 成绩中等 |||| 成绩偏差 ||||
|---|---|---|---|---|---|---|---|---|---|---|---|---|
|  | 男生 || 女生 || 男生 || 女生 || 男生 || 女生 ||
|  | 人数 | 所占比率 | 人数 | 所占比率 | 人数 | 所占比率 | 人数 | 所占比率 | 人数 | 所占比率 | 人数 | 所占比率 |
| 高一上学期中 | 24 | 27.0% | 7 | 30.4% | 45 | 50.6% | 13 | 56.5% | 20 | 22.5% | 3 | 13.0% |
| 高三上学期中 | 32 | 36.0% | 7 | 30.4% | 33 | 37.1% | 14 | 60.9% | 24 | 27.0% | 2 | 8.7% |

3.1.3 被调查对象中,物理成绩优秀、中等、偏差的学生在高中阶段物理成绩上升、稳

定、下降的情况，见表3.

表3 不同成绩学生两年来物理成绩变化状况

| | | 成绩上升 | | 成绩稳定 | | 成绩下降 | |
|---|---|---|---|---|---|---|---|
| | | 人数 | 所占比率 | 人数 | 所占比率 | 人数 | 所占比率 |
| 成绩优秀 | 男（24人） | 4 | 16.7% | 12 | 50.0% | 8 | 33.3% |
| | 女（7人） | 0 | 0 | 3 | 42.9% | 4 | 57.1% |
| 成绩中等 | 男（45人） | 13 | 28.9% | 13 | 28.9% | 19 | 42.2% |
| | 女（13人） | 4 | 30.8% | 6 | 46.2% | 3 | 23.1% |
| 成绩偏差 | 男（20人） | 10 | 50% | 6 | 30.0% | 4 | 20.0% |
| | 女（3人） | 0 | 0 | 1 | 33.3% | 2 | 66.7% |

从表3可知，高中阶段，16.7%成绩优秀的、28.9%成绩中等的、50%成绩差的男生，物理成绩均在上升；成绩优秀及偏差的女生成绩呈下降趋势；成绩中等的女生，成绩上升的占30.8%，成绩稳定的占46.2%，成绩在下降的占23.1%. 可见，高中阶段，男生学习物理的潜力比女生大.

3.2 第二阶段的结果与分析

在第二阶段调查中，物理成绩下降与物理成绩上升的学生对学习结果所列的原因在学习习惯与策略，学习兴趣与动机，学习心理与心智方面都有较大差异. 成绩下降的学生，大多有不良的学习习惯：课前很少预习，对课本很少仔细看，上课堂"开小差"，常不做课堂笔记，课后不及时复习，作业做完就算了事；作业做错不及时订正，平时有问题不及时向教师请教或在同学间讨论；不重视基本知识的理解与掌握，只注意背定义、记公式、做练习，丰富的物理含义被形形色色的数学符号所淹没，物理习题"做得多，想得少"，"粗做多，精做少"，不重视知识的归纳与总结. 成绩下降的学生反映：高中物理研究的都是理想模型、理想过程及理想状态，与实际生产、生活脱节，与现代科技脱节，物理知识不实用；高中物理实验教学不力，物理课单调，习题教学时间占得太多；物理教材、课堂教学目标缺少弹性，没有层次性，教师只重"教法"，轻视"学法"；教师对成绩下降的学生不及时指点与鼓励，3年下来，连有的学生的姓名都叫不出，即教师对学生的了解、关心不够；参考资料、练习卷过滥引起学生反感，他们有时敷衍了事，有时干脆不做. 当他们经过努力，成绩没有得到明显的提高，甚至考试多次不及格时，便对物理失去信心. 作业、实验、提问得到成功的机会很少，感到自己总比别人差，产生了自卑感. 有个成绩下降学生这样写道："我觉得座位是影响我学习的其中一个因素，我和我的同桌，在成绩上，她比我好，所以无论是上课，还是自习，使我目睹的总是'自己不行'的事实，这种失败感不断强化，上进心就会逐渐消失，学习成绩也就下降". 有不少成绩下降学生把成绩下降归因为记忆力不好，想象力差，分析物理过程、物理情境的能力差，物理基础差，遗传素质差等稳定的不可控因素. 这种消极的归因方式，女生比男生多，导致了学习成绩下降的女生与男生多.

3.3 第三阶段的结果与分析

3.3.1 问卷的题目及统计结果

影响高中学生学习物理的因素调查项目见表4.

表 4  影响高中学生学习物理的因素调查项目

| 题 序 | 影响因素 | 影响程度得分率 |
|---|---|---|
| 1 | 课前预习或做好课前准备 | 0.55 |
| 2 | 听课专心 | 0.81 |
| 3 | 做课堂笔记 | 0.46 |
| 4 | 课后及时复习巩固 | 0.70 |
| 5 | 对发回的作业、试卷，认真检查，改正错误 | 0.80 |
| 6 | 有好的学习计划并执行计划 | 0.61 |
| 7 | 有问题及时请教教师或同学 | 0.75 |
| 8 | 解题后归纳、总结 | 0.58 |
| 9 | 重视基础知识的学习 | 0.70 |
| 10 | 合理安排学习时间 | 0.61 |
| 11 | 有一本好的资料 | 0.56 |
| 12 | 做题目的数量 | 0.56 |
| 13 | 知识与生产、生活、技术相联系 | 0.53 |
| 14 | 对学科感兴趣 | 0.83 |
| 15 | 有学习目标（升学、理想的职业） | 0.82 |
| 16 | 求知欲望 | 0.85 |
| 17 | 受到教师的批评或表扬 | 0.60 |
| 18 | 开展学习竞赛 | 0.55 |
| 19 | 有学习成功的体验 | 0.56 |
| 20 | 教师批改作业、试卷及时 | 0.68 |
| 21 | 教师的个别指导 | 0.75 |
| 22 | 教师的教学水平 | 0.70 |
| 23 | 重视实验教学 | 0.53 |
| 24 | 根据学生基础有针对性地设计教学方案 | 0.71 |
| 25 | 师生关系融洽 | 0.66 |
| 26 | 物理基础 | 0.70 |
| 27 | 学习努力程度 | 0.85 |
| 28 | 物理天资 | 0.55 |
| 29 | 性别差异 | 0.34 |
| 30 | 语文对物理 | 0.48 |
| 31 | 数学对物理 | 0.70 |
| 32 | 化学对物理 | 0.43 |
| 33 | 英语对物理 | 0.24 |
| 34 | 记忆力 | 0.63 |
| 35 | 注意力 | 0.67 |
| 36 | 思维能力 | 0.75 |

续表

| 题 序 | 影响因素 | 影响程度得分率 |
| --- | --- | --- |
| 37 | 自信心 | 0.85 |
| 38 | 意志力 | 0.80 |
| 39 | 毅力 | 0.80 |
| 40 | 班风、校风 | 0.57 |
| 41 | 家庭环境 | 0.42 |
| 42 | 同学间关系 | 0.50 |

说明:"同学们,为了有针对地帮助大家改善学习条件,提高学习效率,我们设计了这组《影响高中学生学习物理的因素调查表》,本卷采用无记名问卷调查法,请你实事求是地回答,谢谢合作."

每个因素按对物理学习影响的大小分为"很大、大、一般、较小、小"五个等级,分别计4、3、2、1、0分,表中得分率为各因素的平均得分与满分(4分)的比.

3.3.2 调查结果的统计分析

(1) 学习方法、学习策略方面对学习物理影响较大的,依次是上课专心听讲,对发回的作业、试卷认真检查,改正错误;有问题及时请教老师或同学;重视基本概念、基本规律的学习;课后及时复习巩固.

(2) 学习动机、学习兴趣方面对学习物理影响较大的,依次是求知欲望,对学科感兴趣,有学习目标.

(3) 教师的指导对学习物理影响较大的,依次是教师根据学生不同的基础与特点,随时进行个别指导;教师根据学生基础,有针对性地设计教学方案;教师的教学水平及师生关系.

(4) 相关学科对学习物理影响最大的是数学,其次是语文、化学,英语对学习物理几乎不产生影响.

(5) 智力因素——记忆力、注意力、思维能力,对学习物理有较大影响;自信心、意志力、毅力等非智力因素对学习物理的影响最为强烈;自我努力程度对学习也起重大作用.

(6) 环境因素对学习物理影响较大的是班风、校风.

由统计分析显示,影响高中学生学习物理的因素按影响程度的大小依次是:非智力因素、教师的指导、智力因素、环境因素.

4. 对中学物理教学的建议

通过对调查结果的分析,现初步提出如下一些教学建议.

4.1 培养学生良好的"自我意象"——让学生走向成功

美国的丹·戈尔曼博士在其新作《情绪智力》中阐述了这样的观点:在决定一个人将来是否能够有所成就的诸多因素中,智力的作用充其量只占20%,在其余80%的决定因素中,情绪智力的作用不可低估,浓厚的兴趣,顽强的拼搏精神,坚定的自信心,强烈的责任心,是学生通向成功之路的桥梁.

自我意象是学生对自身的认知和评价,是"我属于哪种人"的自我观念.一个人如果他的自我意象是失败的人,他的内心"看到"的就是一个垂头丧气、难成大事的自我,"听到"的总是"你没出息,不能长进"之类的负面信息,于是他便会感到沮丧、自卑、无奈和无能,失去作为一个人本应有的主体性,在现实生活中往往成为一个平庸者、失败者.相反,如果一个人的自我意象是一个成功的人,他的内心"看到"的是一个不断进取、能经受挫折和承受压力的自我,"听到"的是"你做得很好,以后还会做得更好"之类的正面信息,然后感受到喜悦、自尊和鼓舞,使自己的潜能得到充分的发挥,于是在现实生活中往往会成为一个成功者.因此,自我意象的正或负倾向是一个学生走向成功或失败的方向盘、指南针.

要培养学生形成良好的自我意象,应引导学生做到几点:
(1) 把成功归因于自己的努力、智慧和才能;
(2) 把失败归因于不稳定的偶然的外部因素;
(3) 充分肯定自己的优点和长处;
(4) 深信有能力干好每件事;
(5) 悦纳自我,保持乐观;
(6) 淡化过去的错误和失败,记取成功的反应;
(7) 不断进行积极的自我暗示.

4.2 努力寻找教学"瓶口"的艺术

有位教育家把学生比作瓶子,把向学生"灌输"知识比作向瓶口倒水.学生学习知识,也有个"瓶肚"与"瓶口"的关系问题.不过,这个"瓶肚"没有底,"瓶口"也因人因年龄不同而有所差异.一般地说,青少年在学习上的"瓶肚"是很大的,只要教师的教学方法对头,符合学生的认识规律和年龄特征,找到了学生智慧的"瓶口"、弄准了"瓶口"的大小,把握了"流量"和"流速",就能把知识很好地教给学生,而学生则可藉此学到很多很好的东西.

所以,我们在向学生传授知识时,首先应研究其年龄特征和认识规律,摸清楚他们的知识底子,找到智慧的"瓶口",并通过这个"瓶口",通过启发式教学把知识、方法传授给学生,才能不断地提高教学质量.

4.3 加强教师期望的积极效应

在教学工作中,教师要对每个学生抱有真诚的期望,并给予及时而适当的鼓励."罗森塔尔效应"告诉我们,教师如果对学生怀有真诚的期望,就会自觉不自觉地给学生更多的帮助和关心、鼓励,学生将因此更加尊重和感激教师,从而积极与教师协作,并努力争取到教师所期望达到的进步.教师的期望是影响学生学习的一个重要因素,教师应该意识到自身对学生所应负的责任,树立正确的学生观,根据对学生行为、成绩与个性的分析,对不同学生形成不同的期望,制定有弹性的教学目标与教学要求,分层次、分阶段去实现最终的教学目标,力争使课堂教学内容、作业和考试的分量与难度符合学生的心理和知识实际,激发并维护学生的上进心和自尊心,从而使每个学生积极、愉快地完成学习任务.

4.4 制造"知识饥饿感"

人在空腹时会求食,口渴时要觅水,学生在从事学习活动时,也会感到某种欠缺——精神上的空白.这种精神上的欠缺意识,不妨谓之"饥饿感".从原理上说,要强化学习动机,其前提就必须有强烈的学习"饥饿感".教师在教学过程中往往把重点放在教学技术上,而放在着重制造学习动机的基础——"饥饿感"上的,似乎极其罕见.不知"知识饥饿"的学生是很多的.对于不知"知识饥饿"的学生来说,书籍不可能是需求的对象,因为觅书的需求源于"知识饥饿". 当教科书及其他书籍源源不断地提供在这种学生面前时,他是不会主动寻觅书籍的. 造成不知"知识饥饿"的原因之一是学生收到了过量的信息,信息过多剥夺了知识的饥饿感. 因此,提供给学生的书籍不能过滥,即使教学必要的资料,也应当等待其需要时才提供. 高三总复习时,尤其要注意试卷不能发得过多.

4.5 加大实验教学的力度

国外发达国家中学物理教学中实验课在全部教学课时占很大比例,如英国占 70%,美国占 63%,日本占 50%,我国只有 20% 左右,即使这 20% 的时间,也得不到普遍的真正保证. 无论是演示实验,还是学生实验,目前均有相当一部分教师不能完成教材规定的教学任务. 教师在黑板上讲实验,让学生在下面背实验的现象依然存在. 在调查中,一位学生这样写道:"平时学习中,学生动手操作少,学生做实验,总不能很成功地完成就草草收兵,对于有些物理现象真想亲眼见一下,有些小实验真想亲手做一下."

由此可见,物理教学中无论怎样强调实验教学的重要性都不过分. 教师讲物理课要应用物理学科特有的大量日常生活、生产中的应用事例和有关物理实验来激发学生学习的热情,用形象的比喻、生动的故事、寻味的思索使课堂呈现一种有惊异、有疑问、有迷惑、有遐想、有竞赛的课堂情调,使学生感到物理课甚至比看电影等更有兴趣,使学生得到艺术的、美的享受. 用实验演示训练学生的观察能力,用随堂学生小实验指导学生建立物理概念,用探索性实验帮助学生发现物理规律,用对实验数据的处理,培养学生的数据处理能力,用"课外实验作业"培养学生的创造力. 对学生开放实验室,使课外活动呈现三个三分之一:三分之一学生在实验室,三分之一学生在阅览室,三分之一学生在操作或活动室. 同时辅以丰富多彩的课外科技活动,使学生所学知识贴近现代社会、实际生活,让学生学到真正"有用的物理知识、方法",提高创造力、动手能力和解决实际问题的能力.

## 二、理科教育调查研究报告的写作格式及要求

一般科技写作中调查报告有标题、作者、前言、正文和结尾这几部分. 理科教育调查研究报告也基本按这样的格式写作.

1. 标题

常见的标题方法有三种:

(1) 直接揭示内容的标题. 如:《××中学通过科学课试点促进全面教学改革的调查报告》,此类标题,开门见山,直奔主题.

(2) 提问式标题. 如:《××学校数学会考为什么全省第一?》这样的标题,一开始就能引起读者的关注与思考.

(3) 正、副结合的双行标题. 如:《忽视实验教学,学生高分低能现象普遍——对×市××中学理科教学质量的调查》,此类标题,正标题概括调查要反映的重点问题或作者的观点,副标题则点出调查对象和内容.

2. 作者

只有直接参与理科教育调查研究,并作出贡献的撰写人才称作者. 仅在职权范围内对调查工作的开展提供帮助的人,不能署作者名,可在文章的最后提及他

的帮助，以示感谢．一般要求署具真实姓名，并附上工作单位及联系地址．署名具有文责自负和拥有知识产权的标志；写明单位地址是以便今后联系，进行交流．

近些年，为交流方便，不少作者写的调查报告，在作者栏之后还以 200～300 字左右的篇幅写摘要，就像写一篇课文的中心思想一样．关于"摘要"，本书第九章有关论文写作上要涉及，在此不赘述．

让我们来分析"前言"．

3. 前言

此段文字简要介绍调查的时间、地点、对象、范围，以及调查的目的和意义，所调查的问题及解决该问题的重要性等．也有把这部分内容归纳为："研究的问题、目的及有关背景"的．通常这段文字的重点是放在问题的提出及解决该问题的意义的阐述上．例如，许根娣老师写的题为《高中学生物理学习成绩下降归因分析及其教学对策》的调查报告（全文已为本节第一段"案例"，本段分析时简称"析因"报告）中，对此，有如下表述：

"……存在物理难学的一个潜在因素，……相当一部分学生感到物理难学，导致物理成绩下降，渐渐对物理学习失去信心．本次调查旨在了解高中学生学习物理的基本情况，物理成绩下降的归因倾向和影响中学生学习物理的主要因素，为高中物理教学中进行因材施教提供一定的依据，以便促使所有学生在学习物理方面都得到一定的发展，让每个学生获得学习成功．"

4. 正文

正文主要交待调查的方法、程序，叙述调查获得的资料，运用有关科学技术理论知识对调查的事物或问题进行科学的分析，阐明作者的观点，提出相应的、切实可行的意见和建议．

对理科教育调查研究报告的正文，有人主张分成三部分来写．

（1）调查的内容、方法、步骤与要求

如"析因"报告中就指出：

调查方法主要采用访谈法、问卷调查法．

调查步骤分三个阶段进行：

第一阶段，按成绩上升、稳定、下降将调查对象分类（详情略）．

第二阶段，给调查对象提供结果，让被调查者依结果找原因（详情略）．

第三阶段：问卷调查，让被调查者对影响学习因素进行评价（详情略）．

（2）调查结果及初步解释

调查报告需汇总调查结果，并将调查结果用统计表、统计图等方法进行直观显示，再对其作出初步的简单明了的解释．

例如，"析因"报告中有："物理成绩变化情况"、"物理成绩状况"、"不同成绩学生两年来物理成绩变化状况"和"影响高中学生学习物理的因素调查一览"

等统计表．对每个统计表都有简明的解释说明．比如，"不同成绩学生两年来物理成绩变化状况"统计后边的说明：

从表3可知，高中阶段，16.7%成绩优秀的、28.9%成绩中等的、50%成绩差的男生，物理成绩均在上升；成绩优秀及偏差的女生成绩呈下降趋势；成绩中等的女生，成绩上升的占30.8%，成绩稳定的占46.2%，成绩在下降的占23.1%．可见，高中阶段，男生学习物理的潜力比女生大．

(3) 调查研究的结果与建议

调查报告中的结论与建议是对调查所得结果作理论上的解释，提出研究者的看法，或者一些新的调查课题．比如，"析因"报告最后有五条教学建议：

① 培养学生良好的"自我意象"——让学生走向成功；
② 努力寻找教学"瓶口"的艺术；
③ 加强教师期望的积极效应；
④ 制造"知识饥饿感"；
⑤ 加大实验教学的力度．

每条建议都有详尽的阐释，不失为归因分析后，具有针对性的教学对策．

总之，理科教育调查报告的写作，除了要求作者必须亲自进行调查研究，用科学的态度和方法在调查中尽可能详尽、全面地记录有关材料，还要对调查的事物或问题进行层次分明的阐述，对问题进行科学分析，找出事物发展变化的规律，从理论上得出科学结论、提出解决问题的方法、意义和建议来．

**思考题**

1. 理科教育的调查对象除了在校学生、教师和家长，你认为还可能包括哪些人，谈谈你的看法．

2. 结合中学各理科《课程标准》对教学评价的阐述，谈谈你对"明确项目评价指标"的理解．

3. 试就中学某个理科（物理的、化学的或生物的）学生实验设计一个"观察调查中的行为核对表"．

4. 试就某项调查目的设计一个"语义差异量表"和一个"态度层次性量表"．

5. 试就某项调查目的设计50道只回答"是"与"否"的问题，组成一份问卷，要求其中有两道接触性问题，其余为实质性问题，而实质性问题中有至少6道分散在各处的校正性问题，有一道调节性问题．

6. 认真阅读本章第三节所提供的调查报告的案例，思考一下理科教育调查研究报告的格式及要求有哪些．

7. 自选课题，经亲自设计问卷或其他调查形式的问题亲自参与调查后，写一份调查报告．要求有调查问题的阐述、分析结论，并对解决问题提出意见和建议．

# 第九章　理科论文写作

　　理科论文写作是高等师范院校理科学生必须面对的一项工作。理科的本、专科毕业生要提交毕业论文；硕士研究生要完成硕士论文，我们统称学位论文，它们是高等师范理科学生学习与研究的成果的文字体现。这种文字体现不仅要如实地记录其学习与研究工作，而且其中的观察、实验、调查、阅读和运用科学思维进行分析，运用数学进行推演、运用所学知识进行理论升华……最后要达到有所发现，有所创新，来不得半点虚假和懈怠。这种艰苦的过程，被人们总结为论文写作三阶段。

　　为了便于交流，统一理科论文的格式是一种趋势。高等师范理科学生应当从写作一开始，就力求自己的论文格式规范化。尽管各人的专业有所不同，或者写出来的论文选题不同，内容亦不同，但好的写作技巧是值得推荐的。

　　本章先对理科写作三阶段进行简单概述，然后介绍理科论文的书写格式及要求，最后推荐一种理科论文的写作技巧。

## 第一节　理科写作三阶段

　　理科写作经历开始、完成、发表三个阶段。

　　开始阶段，写作者要详细地占有材料，并选择确定科研课题，并提交一份开题报告。关于占有材料和选题，本书在第二、第三章已作阐述。本节仅简单说明写开题报告要注意的几个问题。

　　完成阶段大体要做写作的准备、提纲、写稿、修改这几项工作。本节将详细叙述其中的内容。

　　发表阶段有提交毕业论文的论文答辩、学术交流会上的演讲、学术刊物上的登载和学术论文集的出版等。本节仅介绍发表时的一些注意事项。

### 一、关于开题报告

　　在导师的指导下，或者自己平时自觉学习与思考的情况下，已经掌握一定的资料，产生某些创新的思路，确定了研究的课题，下一步就是提交一份毕业论文或硕士论文的开题报告。

　　开题报告是为决定所选课题是否最终付诸研究而提交的具有确定内容的材料。开题报告一般应包括下列内容：研究背景及课题的来源，意义与价值，研究的重点、难点及研究的可行性,研究的主要内容、方法,课题组主要成员,研究完成的时间,预计成果的形式和大致的进度安排,已完成的工作及以后要解决的问题等.

高等师范理科学生在提交开题报告之前,应当思考以下几个问题:

1. 何谓"背景"?

我们认为,"背景"至少有两层含义,一是知识方面的,一是问题方面的.

知识背景指与论文涉及的新概念、新规律、新角度有关的知识信息资料;问题背景指研究的问题,原先他人持什么观点?国内外在相关研究领域有何新进展,尚缺哪方面的研究等.比如,某同学想选《提高高中学生物理素养的策略》这样的课题,他论文的核心概念是"物理素养".他在开题报告中就应当简单概述与"物理素养"相关的知识,如:什么是科学素养?物理素养与科学素质有何联系和区别?等等.他还应当在开题报告中说明:在国内外对科学素养的研究,是否涉及"物理素养"的提法,如果有,还须说明尚缺哪方面的研究等.

2. 何谓"价值"?

我们认为,"价值"同样有两层含义,一是新,二是有一定理论高度.

从新的角度去研究;应用新材料、新工艺或新方法研究;得出新的实验结果、新解释、新规律,……这是"新".

对研究的问题能追根溯源,能根据各种变量、因素之间的关系,从定性、定量的分析角度进行解释和预测,能借助国内外先进的理论知识进行剖析,能从理论上进行归纳总结……这是"有一定理论高度".

比如,上例中,如果该同学在开题报告中阐明自己将从《高中物理课程标准》所提出的新理念去界定"物理素养",从传统的高中物理教育与教学只强调知识与技能,轻视过程与方法、忽视情感、态度与价值观,去分析其造成的"物理素养"方面的"缺损",进而提出从哪些方面改进,以提高高中学生的物理素养.这样写,就能体现其"新"和"具有一定的理论高度".

3. 关于"可行性"

如果说,"背景"与"价值"的叙述给人以课题研究的必要性和科学性的印象,那么"可行性"的叙述给人以能否形成较成熟的研究方案的印象.要从本人的知识水平、拥有的资料、采用的方法、借助的外界支援(包括可供实验用的仪器设备、调查的对象人数及范围、查阅的图书资料、指导的教师和协作的他人等)、需要的时间等来思考可行性.

比如,某同学选《××地区不同学校中学生地理学习兴趣的培养》为课题,而该地区自然地理和人文地理方面的知识,他知之甚少,不能与本地区地理结合进行教学;或者,能够帮助他完成不同学校的问卷调查或实地调查的学校太少,提供的样本人数不足以说明问题;或者要论述的问题在有限的时空内难以办到,不可能论证全面等. 这样, 他的开题报告就是不可行的.

我们知道, 开题报告须获得相对有权威的人的认可. 一般是请一些有经验、有水平及对所选课题较熟悉的研究者或导师, 召开一次开题论证会. 课题承担人在会上提出所选课题的开题报告, 并和与会者共同论证. 经验表明, 一次有实效的开题论证会, 是促进理科教育研究的有力辅助手段. 开题论证会上, 课题承担者要讲清: "我为什么要选此课题?" 以及 "我在此课题中打算作出哪些新的思考, 做哪些工作?" 而围绕这些问题, 论证者将给予评价. 对于论证会上指出的选题存在的问题, 在开题后制定的研究方案中应给予有效解决. 对未能通过论证的开题报告, 该课题研究是否继续, 需慎重对待.

为了让读者清楚开题报告写作的内容及格式, 我们特将某高校硕士研究生毕业论文开题报告的表格, 按涉及的项目摘抄, 并配以简单说明如下, 以供参考:

××大学硕士研究生毕业论文开题报告

研究生姓名 _____ 院、系、所 _____
年　　级 _____ 专业、方向 _____
论文起止日期 _____

(一) 论文题目和选题来源 (国家、省、市、校项目或自选项目)

说明: 此栏只须填写计划作的论文题目, 并在题后的括号内表明该题属什么来源的研究项目. 如: 地理活动课的教学设计 (省级课题)

(二) 论文类型 (基础研究、应用研究、开发研究、其他)

说明: 此栏只须回答论文课题的类型, 不作过多说明.

(三) 研究目的和意义

说明: 只要能表明选题的需要性、创新性和实用性就可以了, 文字一定要简洁、中肯, 除特殊情况, 此栏一般不超过 500 字.

(四) 国内外研究现状和发展趋势

说明: 要求扣紧课题以列出要点方式阐明国内外研究现状和发展趋势. 不要写成历史回顾或点上的、面上的材料罗列, 以致篇幅过长又抓不住要领. 除需通过列举对比以表明选题价值等特殊要求外, 一般此栏文字不超过 800 字.

(五) 主要研究内容和要求达到的深度

说明: 此栏可先列出计划写作的论文题目和各章、节 (或各段) 的题目. 必要时在各章、节 (或各段) 题目之后, 配以内容提要的文字说明. 关于 "深度" 的阐述, 可在各章、节题后的说明文字中写出, 也可单独在此栏的最后论文整体上来阐述要求达到的深度. 文字根据需要, 在能说明问题的前提下, 言简意赅为好. 此栏一般不超过 1000 字.

(六) 研究工作的主要阶段、进度和完成时间

说明: 此栏填写前, 呈递报告者最好经过缜密的思考, 每一阶段的工作要紧凑且给自己留一定余地, 以应付可能发生的意外情况, 避免耽误进度. 要给人以

经努力能够达到目标的印象．

**（七）现有条件及必要采取的措施**

说明：此栏实际上是阐述实施本课题的可行性．现有条件要写出已收集到的资料及已落实的能提供帮助的人和物；措施则包括可能遇到的困难将如何应对．

**（八）协作单位及要解决的主要问题**

说明：如需到某单位、学校做实验、搞调查，要写明学校提供什么帮助等．对"要解决的主要问题"要点明是学校交流方面的困难还是财力物力的困难．

以下，导师审核意见、硕士点审核意见，院、系、所审核意见等栏目就不在呈递报告者考虑的范围了．

### 二、关于完成阶段

理科论文写作在递交开题报告并获导师（或专家组）审议通过后，就进入完成阶段．此阶段有准备、提纲、写稿、修改几项工作要做．

1. 准备

准备工作有以下内容：

（1）计算和列表：把以往在进行观察、实验或调查后所作的计算和所得的结果再重新检查和核对；

（2）绘图：把实验结果或调查后进行统计分析的结果用图表呈现；

（3）结论：对结果进行理论分析和解释；

（4）补充实践：重复或补充观察实验或调查，以收集更多的数据；补充查阅新的文献资料，以获得更多事实的或理论的依据；

（5）修正结论：依补充实践后的新情况对结论进行修改或完善；

（6）例外：对复核数据出现的例外或异常作适当解释或修改结论；

（7）笔记：活页纸分条写出复核中的见解，然后整理归类．

读者结合第二章第三节有关文献查阅与资料整理的方法介绍进行思考，定能认识到上述内容的丰富内涵．总之，准备工作越充分，写作时就越顺利．

2. 提纲

写科学技术方面的论文，人们常常依：①叙述事实；②解释事实；③推理和讨论；④结论，这四个方面的内容来拟定写作提纲．上一章，我们在分析理科教育调查研究报告的基本内容时，指出：调查报告至少应包括：①研究的问题、目的及有关背景；②调查的内容、方法、步骤与要求；③调查结果及初步解释；④调查研究的结论与建议．人们在写调查报告前，基本也是按照这四个内容来拟定写作提纲的．可见，根据论文本身所应该包括的内容来拟定写作提纲，是一个基本的原则.

理科教育研究论文的写作提纲,常常就是论文的分段标题.

比如,陕西高陵一中的汪国瑗老师发表在《物理教学》1988 年第 5 期上的论文:《"玻尔的原子理论"教学探讨》,各段的标题(包括段内小标题)如下:

一、教学方案

二、教学过程

1. 氢原子的能量

2. 卢瑟福原子模型面临的困难

3. 猜想

① 原子的稳定性问题

② 原子发光机制

③ 原子轨道半径是否是任意的?

4. 玻尔假设

5. 氢原子的大小和能级

又比如,华东师范大学张奠宙教授写的《数学教育争鸣 10 题》(详见张奠宙著《数学的明天》,广西教育出版社,1999 年第 1 版第 120～第 132 页),这篇论文的标题是

1. 要探索数学教育的特定规律,不要走"教育学＋数学例子"的路子

2. 不要过分渲染"逻辑思维能力"

3. "严谨性与量子性相结合"的提法不够准确

4. 淡化形式,注重实质

5. 布鲁姆的目标教学可能导向"数学八股"

6. 正视"数学的应用"

7. 数学后进生问题应在数学教育学中占有重要位置

8. 有关数学史教学论不能老是讲比西方早多少年

9. 计算器(机)的使用

10. 最后,谈谈选题和文风问题

从上两例,文章的分段标题,实际上也可看作成文前的提纲.

3. 写稿

理科论文写作,无论材料如何齐全、计划如何周密、提纲如何有条理,只有在写的过程中才能确切知道把材料如何组织、字句如何安排、意思如何表达,文章如何成型.

写稿大体经历草稿、清稿、定稿三次成型.

一般,草稿阶段把所有想写的东西都写进去. 写的时候,会自然发现:所用材料是否妥当、内容的层次是否清楚、论述是否有缺陷或漏洞等. 它将为以后的修改奠定基础. 而草稿时宁多勿少,在修改时,删除内容,要比翻阅原始材料来补充内容更为方便.

写草稿的过程中，可能会感觉原定计划不妥，对必要改变计划的，应立即改变．但往往是思路多、头绪乱的情况，不如等草稿按原计划写完后，抄出清稿，把全篇论文从头到尾反复看几遍，再定修改计划．

清稿，除了将涂写凌乱的草稿誊写清楚，还须注意内容的先后次序尽可能安排适当，文字方面尽可能写得确切，避免出现语法错误或逻辑错误．要誊清引用文献的作者名、刊名、期号、页码或出版社名、版次等．清稿，凡需脚注的，应该紧接正文的相应位置把脚注的内容写出，并加上括号．如果脚注很多，则把全篇论文所有的脚注都提出来，集中抄在另外的纸上．每条加上标号，同时在正文的相应位置上分别加上同样的标号．

不论草稿还是清稿，对每一节和每一段的所有标题和分标题都应全部写出．最好是使大节段的标题在稿纸中居中，使第一分标题齐左边开始单占一行，使第二分标题从左边空两个字开始（如同一个段的开始）并不必单占一行，以下的分标题可以不另起一段．在所有的标题前边都按层次加数字或字母括号；在所有的分标题的字下，按层次画出不同的式样线（水纹线或单、双直线），或用不同字体，字号来区分层次．这些措施都是为在修改时查找方便．

草稿和清稿的某些标题，定稿时可能删改或消除．因此定稿标题内容、数目、标号不一定与清稿的相同．在定稿时，标题的位置、标号、内容层次都应合乎正式出版物规定的格式．

绝大多数情况下，一篇论文需要反复修改，才能定稿．经过刊物编辑人员审稿，仍有可能对原先的定稿再作修改，才能发表．因此，作者应当把修改文稿当作自己的重要工作和锻炼的必要过程，绝不能把修改文稿看成是编辑人员或导师的责任．

4. 修改

修改定稿，一是修改篇幅和结构，在题目范围内表达的思想已完全包括无遗，不必要的内容要舍得割爱，并把剩下内容的次序安排妥当．二是修改文字，把叙述、解释、判断、推理、分析、综合、总结等方面的文字写得清楚明白，准确精练，使凡是在相关专业有足够水平的读者，在阅读论文时，除对于它所论述的问题本身作必要的思考外，在交流上不会遇到任何困难．

一篇文稿需修改多少次才能定稿，难以预料，一般前几次修改着重内容和结构，后来则着重修辞和其他细节．

各学术期刊对文章的篇幅均有一定的字数限制，一般篇幅短、内容充实、言简意赅的论文总受读者欢迎．常常是草稿和最初清稿的篇幅比规定的长些，此时，先考虑内容删减，或者把一篇论文中的几个主题分开写成多篇论文；再考虑修改词句，一句话讲清楚的不用两句话讲，要舍得割爱．

一篇论文，如果不注意把内容的次序排列妥当，就很难对整体作出评价．因此，从文章结构上讲，应当把文章中放在一起的材料仔细研究一下，看是否符合逻辑，是否由对于一项内容的叙述或讨论很自然地过渡到下一项内容，从而估计出内容安排是否妥当．

依经验，修改结构时，要注意：

(1) 各主标题和分标题排列次序要自然，且合乎逻辑，便于推理；

(2) 主、分标题的从属关系准确，若分标题归于其他主标题之下更合适，或单列为主标题更突出中心内容，则应改过来；

(3) 检查各标题之下内容是否紧扣标题的涵义；

(4) 检查每一段的句子是否符合该段的意思．有些句子是否归入其他段更合适些？

同样，依经验，对论文内容的增删须从以下几个方面考虑：

(1) 论文中内容的每一个方面，材料必须充足．无论是自己实验或调查所获得的结果，还是由文献中引用别人研究的结果，都用以支持自己的论点，如果这方面的材料不够充足，应该考虑增加．

(2) 有限篇幅里内容不宜太多，词句不宜过于简略．如果内容过多，词句又过于简略，就不能使读者易读易懂．遇到这样的情况，则考虑要么把内容限制在某几个重要的方面，把其余部分删去；同时把要论证的这几个重要方面的内容，叙述清楚；要么把一篇论文分开写为多篇论文，同样在叙述上再下些工夫．

(3) 对没有紧扣主题的叙述，或者对推论用处不大的材料，应当删去；论文中不必要的重复应当删去．

对论文题目的修改，应着重考虑：原题目是否确切概括论文的主题思想和中心内容？是否包括被研究对象或被考察的因素？是否做到了易读易懂而且言简意赅？字句安排是否得当，是否语法合理，并能引起读者的兴趣？初学论文写作的理科学生，可以待清稿出来后，重新审视原先拟定的论文题目，按照上述的几个"是否"去自我评价原题，进行反复修改．必要时，将原题改为主、副标题并用的方式，让题目的意义更明确，措词更妥当，更能引起读者的兴趣．

特别值得一提的是：利用计算机汉字输入技术进行写作，甚至草稿、清稿和定稿都在计算机上完成，然后利用不同地方的存储、进行备份．修改起来，既省事，又能反复斟酌定篇，而且准确迅速……因此，我们鼓励理科学生在论文写作的完成阶段，要尽可能利用计算机汉字输入技术．

## 三、发表阶段

论文写作的最后阶段是发表．学术会议上作报告、举行学术演讲、在学术期刊上登载、被收入学术论文集，并公开出版发行等都是论文的发表形式．同学们的学位论文，在答辩会上宣讲，并通过答辩获得专家的首肯，本身也是一种发表.

在提交论文之前,同学们要认真审视一下自己的论文是否符合以下要求:

(1) 独创性. 优秀的论文贵在创新;

(2) 准确性. 论文目的明确,言之有物,数据和文献引用准确无误;

(3) 客观性. 凡实验或调查得到的结果,均忠于事实和原始材料,讨论问题实事求是,决不夸张;

(4) 公平性. 实事求是地评价自己和别人的工作;

(5) 证实性. 结论有充分的事实依据,且能够重复出来或被证实;

(6) 实用性. 理论联系实际,有实用价值;

(7) 可读性. 文字简明扼要,论点论据分明,便于阅读.

一般,高等师范理科生在学位论文答辩会前,都会准备一份答辩提纲,大体内容是:选题的理由,研究的内容、研究过程、研究的关键所在,论文的基本观点和立论的论据,获得的主要结论(着重突出论文的创新见解),结论的意义,尚待继续探讨,研究的问题. 因此,我们认为:在论文答辩会上,同学们在陈述自己的论文时,应着重讲清楚:

(1) 我为什么选此课题?

(2) 在进行此课题的研究中,我做了哪些工作?

(3) 本论文中,哪些是我个人的独立思考?

(4) 对本课题的研究,我认为还有哪些问题值得继续深究?还有哪些工作值得继续去做?

以上讲的是论文答辩,这是一种特殊场合、特殊形式的发表. 当然,最常见、最被看好的是在学术期刊上发表. 因为一旦被学术期刊登载,就成为公诸于世、藏于名山的科学文献,在科学知识中增加新的内容,为人承认,为人参考与引用,这对促进学术交流,促进理科教育、教学事业的发展,可以说,是做出了贡献的.

我们的理科学生,要想自己的论文能在学术期刊上发表,还须了解理科论文的书写格式及要求.

## 第二节 理科论文的书写格式及要求

20世纪80年代初,我们已经意识到,为了学习与交流,我们的科学技术论文的发表应当与国际接轨,论文书写格式及要求应当国际化、标准化、规范化. 国家制订了中华人民共和国专业标准GB3179—82《科技学术期刊编排规则》(试行),自1983年7月1日起执行. 随后,又出台了对科学技术报告编写格式的国家标准. 1988年,国家教委科技司又组织力量编制《中国高等学校自然科学学报编制规范》(试行),五年后,又根据国际与国家新的标准,制订了《中国高等学校自然科学学报编排规范》,于 1993 年 1 月 14 日颁布,要求各高校执行.……鉴于论文格式有统一的要求,我们有必要掌握这方面的知识.本节把论文的文题、作者、摘要、关键词、归为论文的头;把论文的引言、正文、结论等归为论文的主干;把论文中的致谢、参考文献、附录等归为论文的尾.然后,依头——主干——尾的顺序阐述理科论文的写作格式及要求.

## 一、头

论文的"头",指文题、作者、摘要和关键词.

1. 文题与署名

读者阅读文献,先看题目,然后决定是否看文章的正文.而各种文摘、索引、题录等二次文献又多是只列文题和出处.这就要求论文的题目既能提纲挈领、标明特点,又能引人注目、便于记忆,还要易于索引.

理科论文的题目忌长.西方一些科学杂志的稿约中规定:"给目录写一个限制在 75 个字母之内的短题."我国一些学者主张中文标题:"超过 20 字的便有嫌过长,30 字以上者难受欢迎",最好限制在 20 字以内.

理科论文的题目还忌意义不清.像文题中使用非公认公知的缩写词、字符、代号等,就常造成过于抽象,意义不清.

和理科教育调查研究报告的文题写法一样,理科论文的文题写法也是三种:①直接揭示内容的;②提问式的;③正、副结合的双行标题的.不论哪一种写法,总的要求都是:文字简练、含义确切,具有概括性,方便检索,易引起读者关注.

理科论文要署作者名,并写明工作单位和地址,以便联系.国外期刊还要求把作者的最高学位写出,以示郑重负责.由于科学研究的复杂和繁重,可能一篇论文不只一个作者,有较多人员参与研究和撰写.对需联合署名的,则谁的贡献最大,谁是第一作者.仅在职权范围内给予帮助的,不应署名.美国《内科学纪事》编者曾提出署名作者的五个条件:①必须参与过本项研究的设计和开创工作.如在后期参加工作,必须赞同研究的设计;②必须参加过论文中某项观察和获取数据工作;③必须参与过观察所见和取得的数据的解释,并从中导出论文的结论;④必须参加过论文的撰写;⑤必须阅读过论文的全文,并同意其发表.我们国家标准 GB7713—87 规定:"在封面和题名页上,或学术论文的正文前署名的个人作者,只限于那些对于选定研究课题和制订研究方案、直接参与全部或主要部分研究工作并作出主要贡献,以及参加撰写论文并能对内容负责的人,按其贡献大小排列名次.至于参加部分工作的合作者、按研究计划分工负责具体小项的工作者、某一项测试的承担者,以及接受委托进行分析检验和观察的辅助人员等，均不列入．这些人可以作为参加工作的人员——引入致谢部分，或排于脚注．"总之，署名是一桩严肃认真的事，它不仅具有文责自负和拥有知识产权的标志，而且涉及实事求是、重文德、讲风格的问题．

2．摘要和关键词

摘要，有人称为论文的主题思想或中心大意．实际上，它是论文内容不加注释和评论的简短陈述，是文章内容的概括．好的摘要能使读者迅速而准确地了解论文的基本内容，从而决定阅读全文．

理科论文的摘要一般包括如下内容：

（1）阐明该项研究工作的内容、目的及其重要性；

（2）描述所使用的研究方法；

（3）总结研究成果，突出论文的新见解；

（4）阐明研究结论及其意义．

国家标准 GB7713—87 对论文摘要的写作有许多明确要求，归纳起来主要是如下几个方面：

（1）论文一般应有摘要，为了国际交流，还应有外文（多用英文）摘要．中文摘要一般不宜超过 300 字；外文摘要不宜超过 250 个实词、如遇特殊需要，字数可以略多．

（2）摘要应具有独立性和自含性，即不阅读论文的全文，就能获得必要的信息．摘要中有数据、有结论，是一篇完整的短文，可以独立使用，可以引用．摘要的内容包含与论文同等量的主要信息，供读者确定有无必要阅读全文，也供文摘等二次文献采用．

（3）除了实在无变通办法可用以外，摘要中不用图、表、化学结构式、非公知公用的符号和术语．

（4）学术论文的摘要一般置于题名和作者之后、正文之前．

（5）学位论文为了评审，学术论文为了参加学术会议，可按要求写成变异本式的摘要，不受字数规定的限制．论文根据某种需要写成的变异本主要有节本、摘录本、为送请评审用的详细摘要本、为摘取所需内容的改写本等．变异本的封面上必须写"节本、摘录本或改写本"字样．学位论文的详细摘要可不写字样．

（6）论文摘要不能照搬论文正文中的小题目，不要列举例证，不讲研究过程，不要作自我评价．

紧跟论文摘要的是关键词．

关键词是为了文献标引工作从论文中选取出来，用以表示全文主题内容信息款目的单词或术语．每篇论文选取 3～8 个词作为关键词，以显著的字符另起一行排在摘要的下方．为了国际交流，除应标注中文关键词外，还应标注与中文对应的英文关键词．

所谓文献标引，就是对文献进行主题分析，从自然语言转换成规范化检索语言的过程，即对主题分析结果赋予检索标识的过程．也因此，有人又把关键词称为主题词．

关键词是论文信息的高度概括，是论文主题的集中反映．作者完成论文后，将论文中起关键作用的、最能说明问题的、代表论文内容特征或最有意义的词选出来，作为关键词．选择的关键词不考虑语法上的结构，不一定表达一个完整的意思，仅仅是将一个或几个词简单地组合在一起．

中国科学技术情报研究所与北京图书馆联合编制的《汉语主题词》收入规范词汇十万余条．选关键词首先从《汉语主题表》中找，若从中找不到合适的词或手边无此书时，作者可自定几个能反映论文中心内容的词和术语为关键词．

总之，关键词是用来描述文献资料主题和给出检索文献资料的一种新型的情报检索语言，有了关键词并输入计算机档案后，用户根据它通过计算机可以方便地查到相应的论文．所以，关键词选择得当，有利于计算机网络的信息交流和学术交流．

## 二、主干

论文的"主干"，指引言、正文、结论等．

1. 引言

引言又称前言、导言、序言、绪论，它是一篇论文的开场白．主要内容有：

(1) 简要说明研究的目的、范围，即本论文要解决什么问题；

(2) 简要的历史回顾及现在国内外情况的横向比较，说明研究的必要性；

(3) 研究的理论基础、技术路线、实验方法和手段，以及选择特定研究方法的理由；

(4) 预期研究结果及其意义．

引言的写作有一定的要求．我们可以归纳出如下几条：

(1) 根据论文篇幅的大小和内容的多少，引言一般在 600～800 字之间，短则可不足 100 字，长的至多 1000 字左右．文字不可冗长，要尽可能做到言简意赅，对读者产生吸引力．较短的论文可不单列"引言"，在其正文前只写一小段文字则可起到引言的效用．

(2) 引言不可与摘要雷同，不要写成摘要的注释，一般教科书中有的知识，在引言中不必赘述．

(3) 学位论文因为需要反映作者确已掌握了坚实的理论基础和系统的专门知识，具有开阔的科研视野，对研究方案作了充分证据．所以，对有关问题的历史回顾和前人工作有综合评述，以及理论分析等，此时，可将引言单独写成一章，用足够的文字详细加以叙述．

（4）引言的目的应是向读者提供足够的背景知识，不要给读者悬念．引言要体现作者能够正确地对待自己的和别人的研究工作．

2．正文

正文是用论据经过论证证明论点而表述科研成果的核心部分，它是论文的主体．理科论文的正文有实验型的、观测型的和理论型的正文．

实验型论文的正文一般有：实验装置、实验方法、实验结果及讨论．关于实验，我们在本书第五章实验报告的写作中已有一些阐述，凡可能重复的内容，在此不赘述．就论文而言，由于它比实验报告要强调自己的发现和自己的观点．因此，有必要提醒读者注意以下几个方面：

（1）实验装置这部分内容的介绍要详简适当．对通用的设备、仪器、材料、原料等标准产品，只需列出规格和型号；若属非标准产品，还应说明详细技术特征，物理、化学性质，以及准确的技术要求、数量、来源和制备方法等．叙述时，要避免使用地方俗语或商业名称．若实验装置是改进或自行设计的，则要说明改进、设计的理论依据，提供必要的图纸、照片，以及原材料规格等．

（2）实验方法也称实验过程、操作步骤或工艺流程等．对这部分内容的叙述，只叙述那些关键的、主要的、不同于一般同类型的实验设备及操作方法，特别是对那些新的未发表过的方法，要叙述其全部实验细节．若采用的实验研究方法是别人已发表过的，则只需说明参考文献，不必详述程序．

（3）表述实验结果时，不要把原始数据和盘托出，应把与论点紧密相关的材料整理后，按逻辑顺序列出．要说明实验结果中出现个别无法解释的异常现象，供读者继续研究时参考．

（4）实验型正文的讨论是对实验结果的数据、现象进行理论上的分析，可从以下几个方面进行：其一，提出"结果"中证明的原理、相互关系及归纳性解释；其二，将本实验结果与解释同前人的研究进行比较，指出相同之处和不同之处，解释因果关系，说明其必然性和偶然性；其三，要尽可能指出本实验尚未解决的问题及解决的方向；其四，要认真讨论你所搞的这项研究工作的理论意义以及各种实际应用的可能性．

观测型论文的正文部分主要是材料（对象）与方法、观测结果与讨论，由于观测与实验除了一个是在自然发生的条件下进行，一个是在人为控制的条件下进行之外，其他基本雷同，因此，可参阅实验型论文的正文写法来写观测型论文的正文．

理论型论文的正文（一般包括引言和结论），写作比较灵活，文章的结构最好是顺着产生论点的逻辑思路或从分析到综合的思维顺序来安排；或者是从观测、实验、调查而获得的客观事实出发，利用公认的理论（定理、定律）进行推理论证（包括数理公式的推导运算），从而获得新的结论，再运用实践去验证；

或者是对形成论点的基本概念间的关系进行合理判断,再由一个或多个判断得出新的判断,最后证明论点的正确性.

理论型论文是通过逻辑推理和假说来完成的. 推理应当合乎逻辑,假说应以事实作为根据.

3. 结论

理科论文的正文后面一般要有结论. 结论是实验、观测或调查结果和理论分析的逻辑发展,是将实验、观测或调查所得的数据、结果进行判断、推理、归纳等逻辑分析过程而得到的对事物的本质和规律的认识,是整篇论文的总论点.

结论的内容主要包括:研究结果说明了什么问题,得出了什么规律,解决了什么实际问题或理论问题;对前人的研究成果作了哪些补充、修改和证实,有什么创新;本文研究的领域内还有哪些尚待解决的问题,以及解决这些问题的基本思路和关键.

特别要提醒须提交理科学位论文的同学们,审读你的论文的导师常常是通过这部分内容来评价论文的价值的. 因此,要努力做到:

(1) 文字要准确、完整、明确、精炼. 结论要有事实根据,数据可靠,用语中肯,不能模棱两可、含糊其辞.

(2) 判断、推理依观测、实验或调查的结果,不作无根据或不合逻辑的推理和结论.

(3) 若研究虽有创见,但不足以得出结论,宁肯不写也不要下结论,可以依结果进行一些讨论. 但证据不足时,不要轻率否定或批评别人的结论.

## 三、尾

理科论文的"尾",包括致谢、参考文献和附录.

1. 致谢

科学研究往往不是由一个人或几个人完成的. 就理科论文的写作,可能需要导师的指导,需要他人或团体的帮助,因此,在论文结论之后,对予以指导或帮助的个人或单位表示感谢是应该的.

致谢的范围有:资助全部或部分科研经费的单位或个人;协助完成科研工作或为科研提供各种便利的单位或个人;在研究工作中提出建议和提供帮助的人;给予转载和引用的资料、图片、文献、研究思想和设想的所有者;给予论文指导和帮助的人;其他应感谢的组织或个人.

提交理科学位论文的同学要注意:

(1) 只限于感谢对你的研究工作和本篇论文写作有实质性帮助的单位或个人. 可写可不写的单位或个人一定不写,切不可把对本项工作关系不大的教授、专家和领导都列入感谢的名单中,这是一种强加于人或借名抬高自己的不良作风.

（2）感谢辞文字要简短，用词要恰当．凡提到的人，为礼貌起见可在其姓名前或后加学位、职称等敬称，用词既不欠缺，又不过分，使被感谢人体会你的诚心．

2. 参考文献

作为科学研究和撰写论文的重要基础，参考文献的引录，一是反映出真实的科学依据，表明作者的科学态度；二是分清自己的研究成果，还是别人的研究成果，体现对别人劳动成果的尊重；三是便于文献检索和方便读者进一步深入研究．

参考文献的引录一般采用正文随引随注、文尾统一列表著录的方法，即采用顺序编码制，在正文写作中按被引用内容出现的先后顺序，随即在其后标注文献序号．文献序号用外加方括号的阿拉伯数字表示，如［1］、［2］、［3］等．若文献号只起标注作用不做句子成分时，将其标注在被引用部分最后一个字的右上角，如："价键理论[1]指出……"等；若文献号既起文献标注作用，又作为句子成份时，标注在同位成分之后，居中平齐书写，如："文献［11］指出……"．这叫随引随注．而在致谢栏之后，按使用顺序列出其作者姓名、题目、出处，包括刊载的书刊名称、卷期、页码、出版者、出版日期、版次等，则称文尾统一列表著录．需要说明的有：

（1）作者包括著者、专利申请者（所有者）以及汇编本的编者等．当作者不超过 3 个时，可全部照录；超过 3 个时，只著录前 2 个或前 3 个，其后加"等"字．

（2）对版本，第 1 版无需著录，其他版本说明需著录．

（3）出版者可以按著录的来源形式著录，也可以按公认的简化形式或缩写形式著录．著录来源有多个出版社时，只著录一个处于显要位置的出版者．无出版者时，要注明"出版者不详"或者与之相应的词．

（4）从专著中析出的文献与原文献的关系用"见"字，或者其他相应的字表示．从连续出版物中析出的文献，应在"在原文献中的位置"项注明原文献的年代序号、卷、期、部分号、页数．

（5）参考文献可使用下列规定的符号：

［］用于文献类型标识以及著者自拟的著录内容，亦称标引项顺序号括弧；

・著录项目：如书名、文章题名、丛编名、附注名两边所用符号；

：用于副题名、说明题名文字、出版者、制作者、连续出版物中析出文献的页数的前或后的符号；

，用于后续责任者、出版年、制作年、专利文献种类、专利国别、卷号、部分号、连续出版物中析出文献的原文献题名之后的符号；

；用于丛书号、丛刊号、后续的"在原文献中的位置"项；

（ ）用于限定语、期号、部分号、报纸的版次、制作地、制作者、制作年；下边举例说明各种参考文献的著录格式．

（1）专著、编著的著录格式

按："标引项顺序号　作者．书名．版本，出版地：出版者．出版年，起页～止页"的顺序．如：

[4] 汪志诚．热力学与统计物理 [M]．第3版．北京：高等教育出版社．1991，78～82

[7] 王仲春，李元中等．数学思维与数学方法论 [M]．北京：高等教育出版社．1991，186～198

[11] Ashford. Industrial Prospect for Chitin and Proten form shellfish wastes [M]. Cambridge: WIT Sea Crand Report，1977

（2）连续出版物（期刊）的著录格式

按："标引项顺序号　作者．文题．刊名；年份，卷（期）：起页～止页"的顺序．如：

[1] 尹晓波．生态经济优化与资源配置 [J]．中南民族学院（自然科学版），1997，16（1）：86～89

[5] 唐瑞芬．关于布鲁姆教育目标分类学的思考 [J]．数学教育学报，1993（2）：17～19

[8] Ramalingams，Armstrong R C. Andlysis of isothermal spinning of liquid crystalline polymers [J]. J Rheol, 1993，37（6）：1141～1169

（3）论文集的著录格式

按："标引项顺序号　作者．题名．见（英文用In）：主编．论文集名．出版地：出版者，出版年，起页～止页"的顺序．如：

[2] 方嗣昭．雷公山旅游资源述评 [A]．见：雷公山自然保护区科学考察集 [C]．贵阳：贵州人民出版社，1989

[6] 张全福，王里青．"百家争鸣"与理工科学报编辑工作．见：郑福寿主编．学报编辑论丛第2集．南京：河海大学出版社，1991，1～4

（4）专利的著录格式

按："标引项序号　专利申请者．题名．国别，专利文献种类，专利号．出版日期"的顺序．如：

[3] 姜锡洲．一种温热外敷药制备方法．中国专利，881056073．1989-07-26

3．附录

附录是在论文末尾作为正文主体的补充项目．它包括附注、统计表、附图、计算机打印输出件、计算推导过程等有用而必须说明的信息．附录只是在必要时采用．一般论文的附录内容可为：

（1）对插入正文后有损于编排的条理性和整篇论文完整性的材料．如：比正文内容更为详尽和更深入的解释材料、方法和技术，或建议阅读的参考文献题录及对了解正文有用的信息等．

（2）由于篇幅过大，或取材于复制件不便编入正文的材料，或珍贵罕见的材料.

(3) 对一般读者并非必须阅读,但对本专业同行者有参考价值的材料.

(4) 某些重要的原始数据、数学推导、计算程序、框图、结构图等.

比如,有人写完题为《理科论文写作的若干问题刍议》的论文后,在附录处附上如下的结构图:

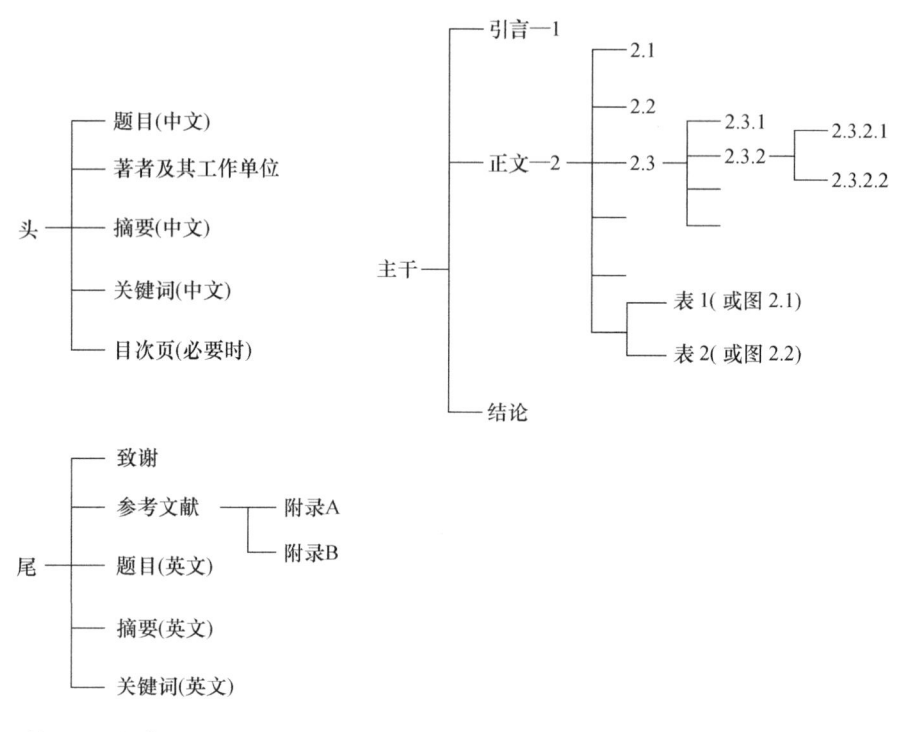

```
         ┌─ 题目(中文)
         ├─ 著者及其工作单位
    头 ──┼─ 摘要(中文)
         ├─ 关键词(中文)
         └─ 目次页(必要时)

                    ┌─ 引言—1
                    │              ┌─ 2.1
                    │              ├─ 2.2           ┌─ 2.3.1      ┌─ 2.3.2.1
    主干 ───────────┼─ 正文—2 ────┤                ├─ 2.3.2 ────┤
                    │              └─ 2.3 ─────────┘              └─ 2.3.2.2
                    │                              ┌─ 表1(或图2.1)
                    │                              └─ 表2(或图2.2)
                    └─ 结论

         ┌─ 致谢
         ├─ 参考文献 ──┬─ 附录A
         │             └─ 附录B
    尾 ──┼─ 题目(英文)
         ├─ 摘要(英文)
         └─ 关键词(英文)
```

这也算是一种附录.

## 第三节  理科教育、教学论文的写作技巧

一些理科教育、教学工作者在进行科研时,似乎应当取得高水平的成果. 他们的研究往往最先引进国外先进的教育、教学理论,能站在哲学的高度、用数理统计的方法或其他科学方法论的知识去审视理科教育、教学方面的问题. 然而,他们写出来的论文,没有获得广大读者的认同. 其论文,要么冗长、繁琐,重点不突出;要么艰涩难懂的理论叙述过多,使多数读者难以理解. 究其原因是写作者缺少一定的写作技巧.

本节从分析读者和组织材料这两个方面来谈写作技巧.

**一、分析读者**

理科教育、教学的论文的读者可能有三类：教育、教学行政管理人员或者能对教育、教学管理施以影响的学生家长，这是一类；理科教育、教学的研究者及理科教师，这是一类；还有一类就是接受理科教育的学生．第一类读者需要的是有关教育、教学管理方面的概括认识，关注的是一些说明问题的统计结果；第二类读者感兴趣的是观察、实验和调查的过程、作者的新观点新措施；第三类读者需要的是论文提供的新知识、新方法．可见，不同的读者有不同的需求．

优秀的理科教育、教学论文，在写作前，作者总有周密的计划、安排，重点是分析读者．例如，围绕着论文的读者对象，认真思考：

1. 读者是谁？什么职务？他们对这一课题的知识水平如何？希望知道些什么？你计划告诉他们什么？

比如，我们不能要求学校的行政领导都懂理科各专业的实验要求，都去研读你论文中的数据分析，他们没有时间读你论文的细节．你的论文能使他们对你的工作有概括的认识，能在你的教育、教学改革中给予支持，就足够了．

又比如，我们不能要求每个中学生在懂得什么是"元认知"，什么是"同化"和"顺应"等问题之后，再告诉他在学习中要发挥个人的主观能动作用．你的论文能使他悟出一些学习的道理和方法，并在"试一试"中获得一点成功的喜悦，就足够了．

2. 写作这篇论文的目的是什么？对读者提供什么使用价值？

试想，一篇理科教育、教学论文，只是把观察、实验或调查获得的一些事实和数据堆砌在一起，把现象统统罗列出来，既没有分析，又没有比较，读者读后抓不住要领，不知道什么是重要的，什么是不重要的．这样的文章目的就不明确．其中许多有用的资料、对读者能提供帮助的内容被淹没在冗长、繁琐的叙述中，因为没有重点，读者感到不得要领，甚至失去读下去的兴趣，显然也就对读者提供不了使用价值．

再试想，一篇想写给中学生看的理科教育、教学论文，里边大量使用哲学的、心理学的、教育学的词汇，对这些中学生没有学过的概念又不能深入浅出地进行解释，中学生们只能望文生畏，弃置不看．这样的文章，能说是目的明确，有使用价值吗？当然，如果读者对象是理科教育、教学的研究者或教师，论文中理性思考的成分应当多一点，理论上的分析应当水准高一些，多从因果性、预测性和综合性几方面去提高论文的价值．

总之，分析读者是一种写作技巧．对初学的读者，你的论文不妨在内容介绍、推导方面写详细些．他们感兴趣的是书本上没有的、你能深入浅出说出来的知识和方法．对同行，则不必介绍已具有的基础知识，侧重的是你的观察实验或调查的过程、方法和统计结果，还有你的理性思考，必要时，增加附录用以补充说明，满足你的同行的需求；对领导，你的目的是让他理解你的工作，让他成为你的主张的支持者．你不妨在摘要、前言和结论部分上下工夫，让他很容易与你达成共识．

## 二、组织材料

在分析清楚读者的需要，明确写作目的之后，就是组织材料．本书第二章已经详尽地阐述了：占有材料是理科写作的前提．占有材料是科研工作的第一步，而组织材料则是科研工作进入到科研写作的关键的一步．

我们在第二章里讲到材料的归类，即将搜集到的材料归为历史与现实的、"点"与"面"的、"正面"与"反面"的材料这几大类．除此之外，我们认为组织材料时，还应分"知识性"的和"相关性"的材料．比如，论文题目是"××地区的物理污染及其对策的研究"，文中提及的：噪声污染、热污染、光污染、电磁污染等属科普性知识，而剖析这些污染的物理机制、心理的或生理的因素对污染的反应以及这些污染对人的心理、生理造成的何种程度的危害等，是层次稍高一些的知识．文中对××地区环境的调查统计数据和材料，包括污染源的数目、发生污染的时间、地点、受害的群体、环境的植被、居民情况等等，则属与课题相关的材料．

对材料进行周密细致地归类之后，就要考虑主要的读者层可能提出的问题来组织论文材料．比如，站在读者的立场上思考：

"为什么与我有关？"想让读者知道为什么这篇论文与他们有关，就要认真识别哪些是与他们有关的材料．

"我该做些什么？"组织好与建议、决定和工作步骤有关的材料．

"为什么？"组织好与理由、事实、数据分析、优缺点、可能的收益、引申出来的问题等方面的材料．

"有什么样的选择？"组织好可供比较、评价或者符合与不符合条件等方面的材料．

总之，预测读者的问题，通过问题去组织材料，以此可以形成论文的骨架．如果原先的预测并不能满足读者的需要，论文将可能产生争议，读者不能很快接受论文的见解和思想，那就要另行预测读者提出的问题和组织材料．

组织材料也包括妥善安排材料的顺序．常用的顺序有

（1）时间顺序：按事件发生的先后、方法步骤的先后来组织材料．

比如，分析教案的设计，常常先讲课堂教学的引入——提出问题，再讲课堂教学的展开——建立概念、总结规律，最后讲课堂教学的结束——巩固新知识、提出新问题……按照上述思路组织论文的材料，就属于一种时间顺序．

(2) 逻辑顺序：按逻辑思维的习惯来组织材料.

比如，将材料按因果关系组合，可由原因到结果，或者由结果去寻找原因. 像叙述我国的南水北调工程，沿途排放工业污水的企业多，过量施用农药的农田多、城市垃圾及下水道管理不善等，造成调到北方去的水，质量严重下降……这是由原因到结果. 像分析某学校学生体质普遍下降是因为：偏食而缺乏某方面的营养、功课繁重缺乏体育锻炼、心理压力过大缺乏生活规律……这是由结果找原因.

又比如，将材料按一般的和特殊的关系组合. 将一般的、具有普遍性的知识、原理、规律、公式等材料作为前提，将特殊的、只有局部有限的范围内适用的知识、原理、规律、公式等材料作为结论，这在逻辑上称演绎推理. 像用牛顿运动定律分析力学中的"临界"问题，就是由一般到特殊的论述. 将特殊的知识材料为前提，具有一般的普遍性的知识材料为结论，这在逻辑上称归纳推理. 像"由某中学理科实验课看该地区中等学校的实验教学"，就是由特殊到一般的论述.

(3) 重要性顺序：按内容的重要程度来组织材料.

有人习惯把重要程度高的放在前边叙述，重要性依次减少；也有习惯按重要性上升的顺序来叙述的. 不论何种习惯，都不能违背为读者着想的原则. 读者的学习总是由熟悉的到不成熟的，由简单的到复杂的，因此，虽然习惯把重要程度高的放在前边叙述，而这部分材料却是读者不熟悉的，或者较复杂的，那就应该把这部分材料往后挪. 总之，读者容易接受的先叙述，读者较难弄懂的后叙述，而且越难懂的，越设法用浅显的实例加以佐证，宜放在后边，这叫为读者着想.

组织材料还包括制定论文结构的提纲，即写作提纲.

关于写作提纲，我们在本章第一节有所涉及，这里仅从组织材料的角度强调几点：

(1) 根据论文的目的和读者的需要，记下所能提出的概念，这时不要评价每个概念，使联想不受限制.

(2) 严格检查所列条款，保留与论文有关的条款，去掉无关的. 对模棱两可的条款暂时保留，注上记号，待以后确定去留. 有些条款开始考虑时是模糊不清的，以后还可能因此而修订原始的计划.

(3) 将相关的条款放在一起，记下的概念开始是没有条理的，经仔细检查就可以发现，有些概念密切相关. 第二次检查，可能发现有更多的类似情况……如此多次，就能将相关的概念分成几组，建立一组新的条款. 再根据各组间出现的漏洞，提出需要增补的项目，并再度审查不确定项目的去留.

(4) 制定一个对各组材料都适合的结构. 对每一组概念确定一个标题，表明这组内的材料在概念上是相互关联的. 再根据列出的标题，说明组与组之间的关系，组与论文目的和读者需要的关系．例如，两个标题相近，常意味着它们相互之间是相关联的，只要这种现象出现，就可将这些标题放在一个共同的大标题下面．将各组集合在越来越扩大的共同标题下，直到各组都合理地纳入几个广泛的领域里，形成初步的写作提纲．然后，再度检查需要补充的材料和不确定的材料的去留．

这样的提纲一般不能立即用来指导论文写作．因为它可能还不能满足读者的需求，作者还要按标题进一步补充材料，根据论文的目的、功用、读者的需要进一步修订写作提纲．

写作提纲能帮助作者思考，从而创作出一篇统一、连贯、流畅、结构均衡的论文来．但它并非不能突破，有时，在写的过程中，可能产生新思路，该思路更有利于读者的理解，更有利于表述，就可作适当的调整．

有人习惯按提纲一步步地着手写．其实，应当具体情况具体分析对待．比如，论文的摘要虽然在论文的开端写出，但摘要只有在论文结束后，才能写好．又比如，有些材料搜集多少不一，遇到材料较少的部分，写起来会比较困难．这时候就可以考虑成熟的先写，不成熟的后写．再比如，有些论据是由他人的论据或概念推导出来，使用他人的概念，要用自己的论文中心思想和目的加以重新衡量，想想它意味着什么，放在什么地方恰当，如何加工处理？这些问题没有想清楚，就可先放下来不写，决不能把论文变成其他作者的论述．

还须记住的是，写作时发现一些材料在论文中没有恰当的位置，那就毫不犹豫地舍弃．这是正常现象．一位作者研究一个问题，他所占有的材料总要比他使用的多．

总之，组织材料也是一种写作技巧．相信读者通过不懈的努力，能够悟出其中的道理．

### 三、关于"毕业论文写作手册"

在本科或研究生学习的最后阶段，要求同学们提交毕业设计（论文）的开题报告之时，一本用以指导写作的"手册"（有的学校取名为《毕业设计（论文）学生手册》，有的称《毕业设计（论文）写作手册》）会交到同学们手中．"手册"里详细阐明了学校对毕业论文写作的目的、要求和评分标准．如果读者希望自己的毕业论文获得比较满意的成绩，建议你认真阅读其中的内容．

不妨先抄录一段某高校在"手册"中有关毕业设计（论文）的评分标准：

（1）优（90～100 分）

按期圆满完成任务书规定的任务；能熟练地运用所学理论和专业知识；立论正确，计算、分析和实验正确、严密，结论合理；独立工作能力比较强，科学作风严谨；毕业设计（论文）有自己独到的见解，水平较高．

说明书条理清楚，论述充分，文字通顺并符合技术用语要求，符号统一，编号齐全，书写工整，图纸完备、整洁和正确.

答辩时思路清晰，论点正确，回答问题时有理论根据，基本概念清楚，对主要问题回答正确、深入.

(2) 良（80～89分）

按期圆满完成任务书规定的任务；能较好地运用所学理论和专业知识；立论正确，计算、分析和实验正确、严密，结论合理；有一定独立工作能力，科学作风良好；毕业设计（论文）有一定的水平.

说明书条理清楚，论述正确，文字通顺并符合技术用语要求，书写工整，图纸完备、整洁、正确.

答辩时思路清晰，论点正确，能正确地回答主要问题.

(3) 中（70～79分）

按期圆满完成任务书规定的任务；在运用所学理论和专业知识上基本正确；有一定独立工作能力；毕业设计（论文）水平一般.

说明书文理通畅，但论述有个别错误（或表达不清楚），书写不够工整. 图纸完备、基本正确，但质量一般或有小的缺陷.

答辩时对主要问题的回答基本正确，但分析不够深入.

(4) 及格（60～69分）

在指导教师的指导和帮助下，能按期完成任务，独立工作能力较差，且有一些小的疏忽和遗漏；在运用理论和专业知识中，无大的原则性错误；论点、论据基本成立，计算、分析、实验基本正确，毕业设计（论文）达到了基本要求.

说明书文理通畅，但叙述不够恰当和清晰，文字、符号有些出入；图纸质量不高，工作也不够认真，有个别明显错误.

答辩时主要问题能回答，或经启发后才能答出，回答问题较肤浅.

(5) 不及格（60分以下）

未按期完成任务书规定的任务；或基本概念和基本技能未掌握；在运用理论和专业知识中出现不应有的原则错误；在方案论证、分析、实验等工作中，独立工作能力差，毕业设计（论文）未达到最低要求.

毕业设计（论文）文理不通，书写潦草，质量差，图纸不齐全或有原则性错误.

答辩时阐述不清楚毕业设计（论文）的主要内容，基本概念模糊，对主要问题回答有错误，或回答不出.

从"评分标准"的阐述上看，该校要求学生递交的毕业设计（论文）要体现专业性、科学性、创新性和规范性. 其中，科学严谨性和文字表述及格式的规范性是最基本的要求，而体现专业学术水平和创新特点，是较高的要求. 只要在运用所学理论和专业知识上基本正确，文理通畅、书写工整、图纸完备、格式规范，就能通过答辩. 但是，要想获得好成绩，论文中运用所学理论和专业知识上，要体现出"熟练"、"较好"，立论上要体现正确、严密、合理，且"有自己独到的见解"……这些是值得读者注意的.

再来看某高校有关评审的几个附表：

### 附表一　毕业设计（论文）评审表（指导教师用）

单位　　　　　　班级　　　　　　姓名

毕业设计（论文）题目：

| 评价内容 | 具体要求 | 权重 | 评分 | 加权分 |
| --- | --- | --- | --- | --- |
| 调查论证 | 能独立查阅文献和从事其他调研；能正确翻译外文资料；能提出并较好地论述课题的实施方案；有收集、加工各种信息及获取新知识的能力. | 0.1 | | |
| 研究方案的设计能力 | 论文（设计）的整体思路清晰，结构完整、研究方案完整有序. | 0.2 | | |
| 分析与解决问题的能力 | 能运用所学知识和技能去发现与解决实际问题；能正确处理试验数据；能对课题进行理论分析，得出有价值的结论. | 0.2 | | |
| 工作量工作态度 | 按期圆满完成规定的任务，工作量饱满，难度较大；工作努力，遵守纪律；工作作风严谨务实. | 0.2 | | |
| 质量 | 综述简练完整，有见解；立论正确，论述充分，结构严谨合理；试验正确，分析处理科学；文字通顺，技术用语准确，符号统一，编号齐全，书写工整规范，图表完备、整洁、正确；论文结果有应用价值. | 0.2 | | |
| 总分 | | | | |
| 指导教师意见 | | 指导教师签名：<br>年　月　日 | | |

### 附表二　毕业设计（论文）评审表（评阅人用）

单位　　　　　　班级　　　　　　姓名

毕业设计（论文）题目：

| 评价内容 | 具体要求 | 权重 | 评分 | 加权分 |
| --- | --- | --- | --- | --- |
| 翻译资料综述材料 | 查阅文献有一定广泛性；翻译外文资料质量较好；有综合归纳资料的能力和自己的见解. | 0.15 | | |
| 质量 | 综述简练完整，有见解；立论正确，论述充分，结构严谨合理；试验正确，分析处理科学；文字通顺，技术用语准确，符号统一，编号齐全，书写工整规范，图表完备、整洁、正确；论文结果有应用价值. | 0.5 | | |
| 工作量难度 | 工作量饱满，难度较大. | 0.25 | | |
| 创新 | 对前人工作有改进或突破，或有独特见解. | 0.10 | | |
| 总分 | | | | |
| 评阅意见 | | 评阅人签名：<br>年　月　日 | | |

**附表三　毕业设计（论文）评审表**（答辩委员会用）

单位　　　　　　班级　　　　　　姓名

毕业设计（论文）题目：

| 评价内容 | 具体要求 | 权重 | 评分 | 加权分 |
|---|---|---|---|---|
| 报告内容 | 思路清晰；语言表达准确，概念清楚，论点正确；试验方法科学，分析归纳合理；结论严谨；论文结果有应用价值. | 0.50 | | |
| 创新 | 对前人工作有改进或突破，或有独特见解. | 0.10 | | |
| 答辩 | 回答问题有理论根据，基本概念清楚. 主要问题回答准确，深入. | 0.30 | | |
| 报告时间 | 符合要求 | 0.10 | | |
| 总分 | | | | |
| 答辩委员会意见 | 答辩委员会组长签名：<br>年　月　日 | | | |

从上述三个附表我们不难发现，该校所编制的"手册"在"质量"和"工作量及工作态度"两项评价内容上，给予较高的权重．而在"综述"与"创新"两项评价内容上，给予较低的权重．这是因为该校从初涉猎论文写作的同学们的实际情况出发，前两项内容，体现的是专业知识上的治学严谨和学习态度上的勤备务实，凡在撰写论文过程中认真努力的同学，应该能够在这两项内容上获得指导教师较高的评价．而多数同学，要求他在综述能力上体现较高的水平，在学术研究上有非常独到的见解，这未免是一种苛求．鉴于此，该校在评价的权重上区别对待，以示照顾大多数……可见，认真阅读"手册"中的各项内容，结合自己的具体情况认真思考，你就能把主要精力集中在能发挥自己最佳水平的地方；就能在专业性、规范性的各个细节问题上，避免出现错误或小的缺陷，把你的毕业论文写得更好．这也算一种"写作技巧"吧．

我们相信，未来的中学理科教师在其理科教育、教学研究方面，通过不懈的努力，是可以进入到较高的层次．但须记住：你的研究成果是需要写成论文发表的．而作为文字的东西，可以是生动而吸引读者的，也可以是模糊呆板而令人生畏的．可以给人以启迪，从而推动理科教育、教学工作向前发展；也可能让人莫名其云，浪费读者宝贵的时间而失去对该项成果的兴趣．因此，为了你的辛勤劳动、宝贵经验得到应有的重视，除了重视积累、认真进行理科教育、教学方面的研究，还应当注意写作的技巧，努力提高自身的写作水平．

## 第四节　理科教育、教学论文范例

本节推荐三篇我们认为值得给高等师范院校理生阅读的教育、教学论文，它们从不同侧面表明：在理科教育、教学方面，有许多问题值得我们去思考、去研究．

# 一、关于教学理论探讨方面的论文举例

## 科学探究与探究教学[①]

徐学福

（广西师范大学教育科学学院．桂林．541004）

**摘要**：科学探究可从基本程序和基本精神两方面来理解，二者统一在科学探究活动过程中．科学课程的教学若要真实反映科学探究的本来面目，就必须模拟科学探究的"形"，渗透科学探究的"神"，使探究教学与科学探究既"形似"又"神同"．

**关键词**：科学探究；探究教学；模拟；渗透

《基础教育课程改革纲要（试行）》要求在教学过程中培养学生的独立性和自主性，引导学生质疑、调查和探究；教育部颁布的各门自然学科的课程标准也要求开展以探究为核心的教学．然而，到底什么是探究，各学科教学应如何引入探究，这类问题在我国尚缺乏系统研究，广大教师对此也知之甚少．本文主要从科学探究的角度讨论如何在科学课程中开展探究教学．

### 一、科学探究的基本特征

面对日渐高涨的探究热潮，很少有人再怀疑探究教学的普遍适宜性．但从历史上看，它首先是在科学课程或各门自然学科的教学中倡导起来的，其目的在于将科学家的探究引入课堂，让学生以类似科学探究的方式学习科学，使他们不仅获得科学知识，同时还掌握科学方法，培养科学态度．因此，要成功开展探究教学尤其是科学课程的探究教学，就必须对科学探究有正确的认识．

那么，什么是科学探究？从众多的定义来看，这还是个有待明确的问题．下面列举的只是其中的两例．1."科学探究是一般探究的'子集'，它的对象是自然界，是在某种信仰和假设的指导下进行的."2."科学探究是一种系统的调查研究活动，其目的在于发现并描述物体和事物之间的关系，其特点是采用有秩序的和可重复的过程；简化调查研究对象的规模和形式；运用逻辑框架解释和预测．探究的操作活动包括观察、提问、实验、比较、推理、概括、表达、运用及其他活动."[1] 通观这些定义，彼此虽存在分歧，但似乎都力图指出科学探究与其他探究的不同，只是不够明确，需要作进一步的诠释．我们认为可从如下两方面来加强对科学探究的理解：一是科学探究的基本程序，二是科学探究的基本精神．科学探究的基本程序表明科学探究要先做什么，后做什么，再做什么，它是从各种不同的科学探究活动过程中概括出来的，实际上是科学探究的操作性定义，与抽象定义相比，它给人的印象更加直

---

① 摘自：人民教育出版社课程教材研究所主办《课程·教材·教法》，2002（12）：20～23．

观、具体，有利于从实践上去把握或在实践中运用。关于科学探究到底有没有共同程序，有哪些程序，下文再作说明。

科学探究的基本精神是推动科学活动的动力，是科学活动永无止境的精神源泉，其内涵十分丰富。中外许多学者对此作了大量探索。我们认为它主要包括以下三个方面。第一，求知精神。这是科学探究的首要特征，没有它就不会有人类对宇宙万物的无穷探索。日出日落，斗转星移，花开花落，季节变换，大自然中绚丽多彩、变化万千的现象激发人们的好奇心和寻求其奥秘的欲望，当人们由此去探索，试图理解自然时，便开始了科学探究的历程，并形成了所谓的学术传统。因此可以说，是好奇心和求知欲引导人们进入科学的大门。第二，进取精神。这是假设得以建立的前提，而没有科学假设也就不会有科学验证活动，进而就不会有科学的产生和发展。正如恩格斯所说："只要自然科学在思维着，它的发展形式就是假说。"当科学家在探索过程中遇到新问题或发现新现象时，他们既立足于已有知识，又不囿于传统的理论框架，而充分发挥自己的想像力和创造力，积极大胆地提出新思想或假设。可以说，正是这种进取精神，使科学家在探求真理的过程中不唯书、不唯上，不屈服于外来压力和长官意志，也不迷信任何权威和现有理论，始终保持清醒的头脑，独立思考，敢于怀疑，大胆假设，勇于创新。第三，求实精神。探究活动要保证其科学性，假设就必须是可以被检验的，并经得起检验。对于人类的其他事业如文学、艺术或宗教，人们可以提出各种假设，它们可以具有高度创新性或神秘性，这也许没什么不合适，但在探索宇宙基础上形成的关于自然现象的假设，如果不通过检验证明它们是否有效，就无科学探究或科学活动可言。科学假设是否具有真理性，是否正确反映了客观世界的本来面目，需要科学实验来检验。经过科学验证，合理的科学假设被确立，错误的科学假设被抛弃。正是这种科学探究的求实精神，才使得科学假设或理论的真理性得以保证。也正由于此，它也成为科学之所以是科学、科学区别于宗教迷信和非科学的惟一标准。

上述所说的科学探究的基本程序与精神，类似艺术中的"形"与"神"。科学探究的"形"与"神"紧密联系，相互依存。在现实的科学探究活动中前者是基础，后者是灵魂。没有前者，后者则失去载体，显得虚无飘渺；缺乏后者，前者会失去动力和方向。因此只有从"形"和"神"两方面来理解，才能把握科学探究的全貌。

二、模拟科学探究的"形"

使科学教育面向真实科学是当代科学教育改革的一个重要理念，而科学教学要与真实的科学探究相接近，就必须首先呈现出科学探究的"形"，或者说与科探究保持"形似"。为此，我们提出通过模拟科学探究的基本程序来开展探究教学。

如前所述，作为人类认识方式的科学探究，可从"形"和"神"两方面来认识。但对于需要开展探究教学的教育工作者而言，我们首先关注的是科学探究的基本程序，并希望以此来把握科学探究的过程特性。有许多学者提出了大同小异的科学探究程序，如有人认为科学探究的基本程序是：形成问题、建立假设、设计研究方案、检验假设、表达或交流结果；[2]也有人从比较的角度出发，认为科学探究包括形成科学研究问题、收集数据、建立假设、检验假设、交流结果这五个基本特征，学生的探究学习也要相应地体现这五个特征。[3]尽管有人反驳说，这些程序只是科学家报告其研究结果的程序，并非真正的科学探究活动程序，但许多科学教育工作者在实践中仍以此为依据来开展探究教学。

我们认为，尽管不同的科学家有不同的研究领域，采用不同的研究方式，各自在利用数据和实验结果、使用定性或定量方法、遵循的基本原则、吸取他人研究成果方面有很大的不同，其探究活动过程仍存在一定的共同之处，即从问题开始、运用假设和理论、寻找和依靠证据、作逻辑推理、表达和交流结果等。这些共同的特征或关键要素便构成科学探究的基本程序。我国《全日制义务教育科学（7～9年级）课程标准（实验稿）》对科学探究下了与此相应的操作性定义：提出科学问题、进行猜想和假设、制定计划和设计实验、获取事实与证据、检验与评价、表达与交流。[4]当然实际的科学探究非常复杂，远不是某个简化的程序所能精确反映的，而且不同的研究者会提出不同的程序，但这并不影响人们以此为范型来设计和开展探究教学。其原因就在于教学不是科学探究本身，探究教学是类似而不等于科学探究。

那么，教学应如何对科学探究程序进行模拟呢？任何模拟都是通过模式或模型来实现的，探究教学的实施也不例外，也要凭借探究教学模式来完成。综观现有探究教学研究，无不以探究教学模式的建立为重心，以致形成了各种各样的具体探究教学模式。这些模式在给人以启发的同时，也令人感到杂乱、迷惑，不得要领，这种情况在开展探究教学较早的美国尤其明显。有鉴于此，国外有学者在综合考查那些较为有效的探究教学模式后，将其共有的一般阶段和内容作了如下概括：1. 学生参与围绕科学问题、事件或现象展开探究学习，探究活动与学生原有认识紧密相关，教师设法激起学生认知冲突，激发他们的求知欲望；2. 学生通过动手实验探究问题，形成和检验假设，解决问题，解释观察结果；3. 学生分析、解释数据；对自己的观点进行综合，利用各种资源构造解释客观世界的模式或模型；4. 将所学知识运用于新情境，以拓宽理解，形成新技能；5. 教师与学生共同回顾与评价所学内容与学习方法。[5]上述概括表明，探究教学模式的建立既要考虑科学探究的基本规范，又要考虑学生现有能力水平及发展要求，在二者之间保持一定张力。这就启发我们，科学教学在模拟科学探究的"形"时要以学生的能力水平为基础，建构和采用适合学生发展水平的探究教学模式。

关于学生认知方式或发展水平，国内外已有大量研究，存在着多种学说，其中皮亚杰的认知发展理论为人们将科学探究程序转化为探究教学模式提供了重要理论依据。如兰本达提出的适用于小学科学教学的"探究—研讨"模式及卡普拉斯所首创后经发展并在美国中小学被广泛使用的"学习环"模式等，无不打下皮亚杰理论的深深烙印。它们都强调让学生通过手脑结合"做"科学，即在动手探索的基础上学习科学，而不是被动地"读"科学。近年来人们又尝试以建构主义学习观为基础，来研究和设计探究教学，提出了许多新模式。这些探究教学模式在目标上各有侧重，程序上有简有繁，看起来"五花八门"，但若对它们进行分类，大体上可归为以下三种：结构型探究（structured inquiry）、指导型探究（guided inquiry）、开放型探究（frree inquiry）。在这三类探究教学活动中，教师的直接指导和帮助相应地越来越少，学生探究的自主性和独立性越来越强。从某种意义上说，开放型探究教学与科学探究十分相似或接近。

可以认为，探究教学的开展虽会受到诸多因素的影响，但所确立的科学探究程序和学生认知方式无疑是建立探究教学模式的两个至关重要的依据。忽视前者教学就不能体现科学探究的特性，失去探究教学的基本规范；忽视后者探究教学就会缺乏心理基础，难以落到实处。因此说，科学课程的教学应以学生发展水平为基础对科学探究程序进行模拟。

### 三、渗透科学探究的"神"

模拟科学探究的基本程序有助于确立和提高探究教学的规范性，使教师尤其是新手教师在开展探究教学时有章可循，而不致茫然不知所措或随意而为，防止探究教学被神秘化或泛化。然而这还不够，科学教学在模拟科学探究之"形"的同时，还应渗透科学探究的"神"，以便学生从探究学习过程中领悟科学探究的本质，形成正确的科学态度，否则探究教学就会演变成对智力进行徒有形式的机械训练，无法使学生体验探究学习的乐趣，迷失探究教学的方向，最终导致他们丧失学习科学的兴趣和热情。为此，我们认为探究教学应注意解决好以下几个方面的问题。

(一) 自觉无知

自觉无知是探究过程开始的前提。当一个人感到无知、困惑与觉醒时，也就意味着学习的开始。相反，如果一个人缺乏知识，但自己却没有意识到，学习便不会主动发生。许多人缺乏好奇心，懒于探究未知，恰恰是因为缺乏这种自觉的无知。事实上，我们每个人几乎都被已知包围着，具有已知的幻觉。生活在已知世界里，使人感到惬意和满足，以致不思进取，正所谓"我见即我知，我知即我见"。我们确信自己认识世界的方式能很好地解释亲身经历或与耳闻目睹相符合。但要开展探究，我们必须善于寻找自己已知的界限，发现已知的局限和矛盾。这就是科学家所做的。他们经常寻找局限与界限，寻找自己的理论所不能解释的现象。从根本上说，科学家总在寻找从已知通向未知的"大门"，寻找突破口，以拓宽知识范围。我们只有当有意识地挑战自己已知的局限时，才会采取探究行动。也许正因为认识到这一点，苏格拉底教学时总是声称自己一无所知，也迫使学生先放下已知的假面具，然后共同求知。因此，开展探究时教师要特别注意唤起学生的无知意识，养成自觉无知的习惯。

这就对我们习惯的传统教学及其背后的教育观念提出巨大挑战。因为通常情况下我们组织课堂教学的方式十分不利于学生在自觉无知的基础上形成求知精神，这明显体现在我们所制定的从无知到有知的教学目标上。根据这种模式，教学以向学生呈现他们不知道的或新内容开始，教学活动结束时希望他们已掌握这些内容，然后根据其从无知到已知转变的程度评价其学习成功与否。这种教学最关心的是"学生掌握了哪些知识技能"，探究教学如果受这种目的观支配，必然会使学生认为探究的目标和理由在探究过程之外，不可避免地导致学生把教育看作是难以回避的灾祸，而不是人类精神的一种体现。因此，探究教学要求学生向反方向移动：教学应从学生的已知开始，教学结束时学生仍沉浸在多角度看问题的兴奋之中，并在把所得结论运用到新情境的过程中发现新问题，产生新的探究兴趣。换言之，学生原来的理解受到挑战，并由此形成问题，他们的思维超越寻求答案这种公认的任务。他们对问题感兴趣，被探究精神所支配，成为酷爱探究的人。

(二) 鼓励发表不同意见

科学探究是一种有计划、有目的的活动，是在一定理论假设指导下进行的。探究学习同样应当如此，由学生对问题所作的假设性解释作指导，而不是一种散漫、徒耗精力的盲目试误过程。而且学生年龄越大，知识经验越丰富，探究能力越强，探究学习的这种目的性越应当加强。也就是说，探究教学应紧紧围绕假设的提出和检验来展开。由于学生的知识经验各异，认知水平有别，他们对同一现象或问题会形成不同的看法，提出不同的假设。对此，教师不仅不应当加以限制，反而应当大力提倡和倍加尊重。只有这样，探究教学才有可能处在学生的最近发展区并走在发展的前面，学生才有可能开展丰富多彩而又切合实际的探究学习，经历曲折的探究过程，并由此获得各方面的最佳发展．如果教师因种种原因不给学生提供充分发表自己看法的机会，为走捷径，帮学生安排好探究的路线，把学生直接引向所要获得的学习结果，那么学生所经历的就不是真正探究，其想象力和创新能力的培养也就无从谈起，从而也就失去了开展探究教学的意义．

探究教学的倡导者和实验者萨其曼指出，课堂上学生感到自由和小压力是开展探究教学的两个重要条件．他认为教师必须认识到并非所有学生的知识基础都相同，都能以相同的速度学习，因而教师要允许和鼓励学生大胆提出和验证自己的想法，用自己的方式解决观察结果．而自由和小压力则允许学生在同一堂课内，以不同的思维方式和学习速度取得进步．他批评当时学校过于强调统一，教师匆忙赶进度，由此给学生施加太大的压力，致使学生不能真正开展探究学习．萨其曼所提出的上述探究教学条件，实际上是让学生有提出和检验假设的自由．我们认为要做到这一点，需采取以下措施．第一，改革评价制度，不以统一或标准答案限制学生的思维，采用能反映学生真实表现与个性的评价方法；第二，消除权威对学生自信心的不良影响，改变唯上、唯书、唯师的传统文化氛围，创建重争鸣的校园文化；第三，营造融洽的课堂气氛，消除独断、专制的不良作风，鼓励学生敢于质疑，大胆表现，乐于标新立异，使学生在轻松愉快的课堂环境里养成勇于探索、勇于思考和勇于创新的习惯．

（三）讲究证据

儿童在成长过程中自发形成了对周围世界的日常理解或日常概念，这些日积月累的观念有助于他们理解平常所见所感，但是这些观念不一定与科学概念一致，对学习科学既可能起促进作用，也可能起阻碍作用．科学教育的重要目的之一是帮助儿童从日常概念上升到科学概念，使他们在理解自然现象或问题时能像科学家那样思考．为此，探究教学要求从学生的现有知识经验或当前概念背景出发，通过设置问题情境使他们产生疑问，然后提出假设和检验假设来促进学生的原有观念发生转变．由于学生的日常概念能成功解释他们的经历，并与其他有关观念紧密联系在一起，因而相当顽固，很难发生转变．事实上，科学学习心理学研究表明，无论是使学生的错误观念发生转变，还是在其日常观念的基础上进一步形成科学概念，都非易事，需要有大量事实或证据作支撑．这要求探究教学时，对于体现学生日常概念或理解的各种假设，无论多么幼稚可笑，教师都不要轻易作出否定或肯定性的结论，对学生进行压服，而要让学生通过多种途径收集证据来验证，从而促使学生在理解或领悟的基础上主动转变观念．如此，学生才有可能养成尊重事实、敢于批判和实事求是的科学态度．

探究教学时教师可引导学生从以下几个方面来收集证据：一是观察，诸如观察植物、动物等自然现象，并描述它们的特征；二是测量，诸如测量温度、距离和时间，认真做好记录；三是实验，包括自然和实验室条件下的物理变化、化学反应、生物反射等；四是从校外专家、教学材料、网络以及社区可用资源中获得所需实证材料，把探究推向深入．对这些方面我国学校教育一直重视不够，因而亟待加强．我们认为探究教学需要大量材料和丰富资源，不能在设备简陋、环境贫乏的教室里进行，这正是为了给学生提供更多收集证据的机会．参照上述"模拟"、"渗透"观，许多科学概念与定律的教学都可以进行与下面的自由落体定律的探究教学相类似的设计，从而使学习科学的过程与科学探究既形似又神同．在进行自由落体定律的探究教学时，可改变过去那种先讲定律后用实验作证明的习惯，转而采用如下做法．首先给学生呈现一端装有轻重不同物体的钱毛管（真空管），让学生预测倒置钱毛管后管内物体下落的速度．由于学生事先并不知道管内是否真空，倒置的结果与学生根据日常经验所作的预测"轻重不同物体从同一高度同时下落，重的快，轻的慢"相冲突，从而形成问题，引发学生的探究兴趣．接着可让学生对问题的成因作解释，在教师鼓励下学生会作出种种假设性解释，典型的如"管内物体有假"、"管内有什么问题"、"管子太短"等．教师在不否定这些假设的前提下，可要求学生设计实验来证明这些看法．对此，学生会决定打开塞子对管内物体或"空气"进行检查，或用更长的相同管子进行检验．这时教师可根据学生是否赞同某种假设，让他们自由分成相应的小组检验假设．显然，有的假设很快被证明不成立，有的小组则发现重新塞上塞子后，管内物体下落速度与原先的预测反而一致．这时教师可启发学生探索空气阻力与物体下落的关系，并最终找出真空中各种物体的下落情况．最后，让各组学生一起交流和讨论各自的结果，对自由落体定律达成共识．此时，学生会认识到，自由落体定律是相对真空而言的，不适用于有空气的情境，同时也可能想知道，在既不同于真空又不同于日常所见空气的"其他空间"中，物体下落会是什么样子．

  当然，科学探究只是探究教学所要考虑的维度之一，我们不能忽视其他重大影响因素如学生和社会发展要求，而完全由此出发来设计和开展探究教学．从历史来看，探究教学在杜威的倡导下曾过于偏向学生的需要和兴趣，使课堂上的探究远离科学家的探究，使学校科学沦为生活科学．20世纪中期美国的课程改革运动所倡导的探究教学又过于偏向科学探究，远离学生的生活，以致过深过难，演变成枯燥乏味的智力游戏，使一般学生丧失学习科学的兴趣．因此，我们要善于吸取历史教训，在使探究教学反映科学探究本来面目的同时，尽量在学生、社会、科学之间保持一定张力，谋求三方面的共同发展．

**注：**

  [1][2] L. W. Trowbridge, R. J. Bybee, J. C. Powell. *Teaching Secondary School Science*. $7^{th}$, hed. Columbus, Ohio: Prentice-Hall Inc., 1996. p206, p207

  [3][5] National Research Council. *Inquiryandthe National Science Education Standards*. Washinton, DC: National Academy Press, 2000. pp34~35, pp24~27

  [4] 中华人民共和国教育部．全日制义务教育科学（7~9年级）课程标准（实验稿）[S]．北京：北京师范大学出版社，2001．11~12

  这是一篇广西师范大学徐学福老师发表在全国教育类核心期刊：《课程·教材·教法》2002年第12期上的论文．该文针对当前基础教育课程改革中大家比较关注的：什么是探究，各学科教学应如何引入探究？这样的问题，从理论层面上进行探讨．首先从科学探究的基本程序及基本精神两个方面剖析了科学探究的基本特征．进而强调：使科学教育面向真实科学是当代科学教育改革的一个重要理念，我们应当通过模拟科学探究的基本程序来开展探究教学．其中特别就模拟方法提出了自己的观点，即"以学生的能力水平为基础，建构和采用适合学生发展水平的探究教学模式．"以及"科学探究程序和学生认知方式是建立探究教学模式的两个重要的依据．"更进而指出：科学教育在模拟科学探究这"形"的同时，还应渗透科学探究的"神"，以便学生从探究学习过程中领悟科学探究的本质、形成正确的科学态度。为此，特别指出，探究教学应注意解决好，自觉无知、鼓励发表不同意见、讲究证据这几个主面的问题。

我们认为，该文所阐述的理论通俗易懂，不少地方配以教学实例佐证，条理分明，不乏自己的独立思考。这正是我们进行理科教育、教学研究后的写作应当提倡的。

## 二、关于研究学生学习方面的论文举例

### 理科学生对物理学科学习认识的差异研究[①]

张军鹏

（山西师范大学物理系，临汾，641004）

**摘要**：通过采用问卷调查的方式，对理科学生的物理学科学习认识的差异进行研究。研究结果表明：大多数学生关于物理学科学习的认识处于较低的感性层次上；一些学生虽然认识到物理学是研究物质世界的，却不采用"寻求对物质世界的理解"这样的学习方法；不少学生将在物理学习上的成功归因于"兴趣"；许多学生只知机械学习而不知主动探求；学生学习效果差却不知反思学习方法。这给物理教育以深刻的启示。

**关键词**：理科学生；物理学习；认识；差异研究

### 一、问题的提出

学生的学习是学生学习经验的积累与学习行为改变的过程。最近，国内外一些关于理科学生物理学习的研究发现，学生对物理学科本身的认识与他们学习本学科的方法是密切相关的，并对学生学习结果质量的品质（即学习效果）有重要影响。有关的调查研究表明，学生对所经历的有关理科课程学习持有五种不同的观念：1. 学习是知识上一种量的积累；2. 学习是一种记忆的过程；3. 学习是一种事实和方法的获得；4. 学习是一种意义的抽象化过程；5. 学习是一个旨在理解现实的解释过程。显然，这些观念与学生所经历的教学背景、与他们在这一背景下的学习方式方法有密切的联系。

基于以上观点所进行的物理方面的许多研究大都着眼于学习方法与学习结果的内在联系上。迄今为止，人们还没有考察学生对物理学科的更为广泛的理解，还不能解释学生物理学习观念的形成、学科的认识和学习方法对学习效果的影响的内在机理。

我们认为，学生对物理学科学习的认识是学生对所经历的物理教育活动的感悟和反映，是物理课程的教育功能在学生物理学习观念和学习行为上的直接显现。它必将作用于学生整个物理学习过程，直接影响物理学习的方式、方法和物理学习的效果。在某种意义上，能否使学生对物理学科的学习有一个反映物理学习活动特点的本质的理性认识，是衡量物理教学是否取得成效的一个标志。因此，了解、研究学生对物理学科学习认识的差异，以及对物理

---

[①] 摘自：人民教育出版社课程教材研究所主办《课程·教材·教法》，2002（1）：48～51。

学习方式、方法产生的影响，无论对我国物理教育的改革和发展，还是对物理教与学观念的变革都具有重要的意义。

对这一课题系统的研究，需要回答下列三个相关的问题：1. 学生关于物理学习本质的认识是什么？2. 物理的教与学是如何影响学生的认识的？3. 学生的认识和他们的学习结果是如何联系的？本文阐述的是对第一个问题研究的初步结果。

### 二、研究方法

本研究采用问卷调查的方法，对象选取 105 名山西省临汾一中高三理科生和 164 名山西师范大学物理系 2000 级学生，共收回答卷 269 份，有效答卷 254 份。

这项调查由四个书面回答的开放性问题组成。为了能引发反映学生物理学习个性特点，要求以自陈的方式来回答每一个问题，以期准确反映他们各自学习物理的经验。设计的四个问题分别为：1. 有的人学习物理似乎比其他人更容易，你认为这是为什么？2. 你是怎样学习物理的？说出你实际的做法而非你的想法。3. 如果你有一位朋友，他从来没有接触过物理，现在他问你物理是研究什么的，你该怎样回答他？4. 如果有人向你请教如何学习物理，你会给他一些什么样的建议？

为了分析调查结果，我们先将学生对每一问题回答的可能范畴，根据相同或相近的特征，划分为若干类别，然后再逐一把学生对每一问题的回答归属到相应的类别中。

为了将每一问题所涉及的可能范畴作尽可能准确的划分，在这个过程中，我们先选取 40 份答卷作样本，对样本中每一问题的回答进行认真分析和反复思考后，进行尝试性分类，再经过反复推敲修改，取得一致看法后，将剩余答卷分别归属到相应的类别中。

### 三、调查结果

现将对每一问题回答的类别、人数及比例分布情况描述如下。

(一) 问题 1——一些人学习物理似乎比其他人更容易，你认为这是为什么？

对该问题的回答分类如下。

种类 1：基于先天就有的能力或后天的努力的回答。($n=118$，47%)

例："一份耕耘，一份收获，他们在物理方面投入多。"

"他们有较宽广的思维，而且综合、想像能力较强，或者说，他们天生的物理细胞多。"

种类 2：基于试图理解，或者与其他科目或先前的经验相联系的回答。($n=51$，20%)

例："理解而非记忆。"

"深入理解物理知识的内涵，并能使它们联系起来。"

种类 3：基于与现实相联系，或者建立真实的模型的回答。($n=21$，8%)

例："善于运用自己的思维去和实际问题相联系，想得多，看得广。"

"学习时易于在头脑中建立与情景相对应的物理模型，从而由模型的特征启发解决问题的方法。"

种类 4：基于对该科目的兴趣的回答。($n=63$，25%)

例："如果一个人对某一件事比较感兴趣，那么他做起来就一定很轻松。"

"兴趣是最好的老师，有了兴趣就有了动力。"

对上述种类进行分析，我们发现，种类 1、2 和 3 之间有逻辑上的层次关系，比如，种类 2 所说的"试图理解"需要有先天的能力和后天的努力，这正是种类 1 的内容。但是，光有先天能力与后天努力还不够,故种类 2 包含了种类 1. 同样,种类 3 也包含了种类 2. 而种类 4 并不适用于这种结构,它的主要论点在兴趣,它可以与其他三种中的任一种存在逻辑关系. 值得注意的是,在前三种相互联系的种类中,第一种与具体内容无关,从这种意义说,它是较为普通的. 而种类 2 和 3 更多集中在学科内容上. 对这两种而言,如何与具体内容相联系则是至关重要的,其关键在于学习时学生做了什么而非学了多少.

这些回答的差异告诉我们,有将近一半(47%)的学生相信获得成功的主要因素是好的天赋和努力学习,而非怎样学或者如何联系学习内容. 要比别人做得更好,需要更聪明点并且加倍努力,而不在于是否采用了不同的方法.

(二) 问题 2——你是怎样学习物理的? 说出你真实的做法而非你的想法.

对该问题的回答分类如下.

种类 1:基于听课,复习笔记,学习公式,做练习,看课本(择一或多)的回答. ($n=182$, 71%)

例:"课前预习,课上听讲,作好笔记,课后看笔记,再看一遍课本,做相关的题."

"不断地做题,忘了再复习,以达到熟练."

种类 2:基于寻求理解——明了原理是如何作用的,并与其他学生讨论的回答. ($n=47$, 19%)

例:"理解各个物理定律成立的条件,即与之相对应的物理模型,从而掌握解题的策略."

"将基础知识搞懂,再做一些题,在做题中会发现许多概念理解中的问题,纠正并加以巩固."

种类 3:基于与实际经验相联系,围绕内容广泛阅读等的回答. ($n=25$, 10%)

例:"先理解,再记忆,最后理解,第一次理解是对理论推导过程的理解,第二次则是将这些东西形象化,在实际中证实并应用它来解决实际的问题."

"看一些有关的科普著作,科幻作品,从中顿悟真谛."

以上这些种类同样有层次不同的逻辑关系,其中种类 3 更复杂一些,包括了种类 1 和 2,而种类 1 中所提到的"听课:复习笔记、学习公式",也许是必不可少的,但仅仅如此学习物理是远远不够的.

种类 1 强调的是再现和机械操作,而种类 2、3 中主要强调"理解". 从某种意义上,种类 1 代表了一种表面的、浅层次的学习方式,而种类 2、3 则代表较深层次的学习方式. 对回答所作的统计表明,超过 2/3 的学生选择了"再现"这种浅层次的学习方式而非"理解".

(三) 问题 3——如果你有一位朋友,他以前从未接触过物理,现在他问你物理是研究什么的,你怎样回答他?

对该问题的回答分类如下.

种类 1a:基于物理学是研究物体运动及其规律的回答:($n=36$, 15%)

例:"研究大球碰小球,大球吸小球,小球压大球之类的现象."

"研究一切物体的运动及相互作用的规律."

种类 1b:基于物理学是研究物质世界或自然现象的回答. ($n=84$, 34%)

例:"物理是研究周围物质世界的."

"物理是研究万事万物的自然科学,小到分子、原子,大到宇宙中的天体,研究的内容主要有力、光、电、声、热等."

种类2：基于物理学是研究支配物质世界的基本原理的回答.($n=68$, 27%)

例："透过现象研究事物的内在本质."

"帮助人们认识自然,研究自然界一切物质（包括宏观和微观）的性质、规律及原理,在认识自然的过程中改造自然."

种类3：基于物理学是缘于生活,解释生活中的现象,并反过来作用于生活的回答.($n=59$, 24%)

例："对日常现象进行分析、概括,作出科学的解释,使你明白其中的道理.再利用这些原理研究更深层的问题."

"将生活中一些规律性的东西拿出来,再把生活中的东西模型化以后,用规律去解决问题."

以上种类划分也有一定的逻辑层次关系,其中1a和1b是相对较简单的看法.种类2和3是相对高级的看法,这种差异表现出有将近一半的学生对物理学有一种相对浅薄的认识（种类1a和1b占49%）.

（四）问题4——如果有人向你请教该如何学习物理.你会给他一些什么样的建议？

对该问题的回答所作的分类如下.

种类1：基于听课、复习笔记、学习公式、做练习（择一或多）的回答.($n=60$, 25%)

例："看书看五遍,听课听重点,做题做难点."

"认真听老师讲课,记好笔记.课后复习,做大量习题.熟能生巧."

种类2：基于寻求对问题的理解——明了原理是怎样起作用的,与其他同学讨论的回答.($n=92$, 39%)

例："认真看书,弄清书中各理论的来龙去脉,再通过做适当的练习来加深对知识的理解."

"必须靠多思考,多讨论.领悟真谛,掌握实质."

种类3：基于与现实世界相联系,阅读与内容有关的书等的回答.($n=85$, 36%)

例："对生活中的各种现象多加留心,多问为什么,通过广泛阅读寻找答案."

"正确建立物理情景,并与生活实际相联系,从而努力掌握由特殊到一般的物理研究方法."

前述问题分类的层次结构同样适用于问题4,种类2、3代表一种深层次的学习方法,而种类1则代表一种表层的方法.约有1/4的学生赞成这种用表层的方法学习物理.

## 四、讨论与结论

从以上分析中可以看出,国内理科学生在物理学习中明显表现出以下几个问题：①在前三个问题上,选择低层次回答的比率偏高；②虽然许多学生认为物理是研究物质世界的,并乐意将相应的方法推荐给其他人.但他们自己却不选择相应的方法；③不少学生将一些学生相对于另一些学生的成功归因于"兴趣"的重要性；④许多学生只知按部就班地机械学习而不会主动探究；⑤学习效果差却不善于对学习方法和学习过程进行反思.对上述几个问题的进一步讨论,对物理教学实践活动有重要的指导意义.

对于问题1,调查结果表明,低水平的回答占到很大的比例,多数学生认为物理学习上的成功应归因于好的天赋和后天的勤奋,而非如何学习.将近一半的学生采用一种表层的方法,以听课、复习笔记、学习公式和做练习的方式学习.很少一部分人表示他们正在采用

"寻求物理原理是如何作用的"或者"知识如何与现实世界相联系"这样的方法。有趣的是，大多数学生认识到物理是研究物质世界的，他们也乐意将相应的方法（如与现实的物质世界相联系），推荐给其他人，但他们自己却不采取这样的方法学习。

问题2是说，大多数学生认识到物理是研究物质世界的，但仅有少数人选择"寻求对物质世界的理解"这种方法学习物理。也就是说，学习物理的深层次的方法意味着学生把新知识同真实的物质世界相联系，但却很少有人用这种方法学习。究其原因，也许是学生为了应试，为了得到一个好的评价而学习，并非真心要去理解；或者他们觉得，所谓"物质世界的研究"是一个无法逾越的鸿沟，只能做抽象的理想化而不能应用到真实的世界中。

问题3是说，有一部分人将学生在物理学习上的成功归因于他们对物理学的兴趣，然而这一点在其他问题的回答中并未指出。为什么许多学生明白兴趣对别人的重要性却觉得对自己不那么重要，我们尚不得而知，这个问题在以前的研究中并没有涉及，以后我们会更进一步地研究这个问题。

问题4是说，由于长期以来受片面追求升学率的影响，国内学生普遍只知道学习死的知识，机械地了解自然科学的原理和方法，而很少像科学家那样去做一些有意义的探究，去尝试那些定理、原则、理论产生的艰难、曲折的过程，这对他们良好物理认知结构的形成是极其不利的。

问题5指出，许多学生在问卷中提到自己学习物理很困难，无论如何努力总是无法取得满意的效果，但却不去反思造成学习质量差、物理成绩低的真正原因，更没有尝试采用其他的学习方法以改变自己的不利境地，这是学生的思维被禁锢到狭小的时空中而无法解脱的表现。

### 五、对物理教学的启示

在上文中，我们已对学生关于"物理是什么"和他们怎样选择学习方法作了一定程度的描述。要改变学生认识偏低的现状，就要大力改善学生的学习环境。除此以外，对学生学习结果的评估，课程的设置（包括学生所学的内容）以及教学方法等都对学生理解和选择学习方法有很重要的影响。

对于学习环境方面，无论大学校园还是中学校园都被"应试"的氛围笼罩着，大学生为考研而学习，高中生为升入大学而学习，使学生的视野和活动空间限制在一个狭小的范围内，如何为学生创造一个宽松和谐的学习环境，使学生从"应试"的禁锢中解放出来，应当是每一个教育工作者思考和研究的问题。

对学生学习结果的评估，应当摒弃以"应试"为目的的纯"分数"标准，而应将重点放在学生学习的过程中，放在知识、技能的应用上，放在是否亲身参与探索性实践活动上。

课程的设置要合理，课程内容求精不求多，并适当增加实用性、探究性的课程，以便于学生理论联系实际，获得对物理世界探究的直接体验。

学生物理学科学习认识的差异研究及其表现出来的问题，对教师的教学方法也有重要的启示。物理教学应当着眼于帮助学生学会学习而不仅仅是教授知识，要帮助学生形成一种对知识的主动探求，并重视实际问题的积极的学习方式。下面我们用两个例子说明。

1. 如前所述，学生对物理学科的理解是衡量物理教学成效的一个标志。在这方面我们应当确信：直接告诉学生应当怎样做而不应当怎样做，远没有让学生自己通过科学探究活动体会到应当怎样和不应当怎样效果好。我们可以对一些物理的基本概念进行分析，精心设计一些与实际联系紧密的问题，让学生在思考并与别人讨论后最后得出结论；将这些结论总结归类再重新呈现给学生，让他们在比较中认识到自己的错误之处，并深刻体会到物理是与现实世界紧密联系的一门科学。

2. 研究中我们发现，长期以来片面追求升学率给理科学生学习物理产生的负面影响。一是学生认识到物理是研究物质世界的，却很少去选择"寻求对物质世界的理解"这样的方法来学习物理；二是造成学生只知机械学习而不知对物理知识进行主动探求。解决这些问题，关键是让学生明白物理学是一门研究性和实践性极强的学科，教师应当循着"发现问题—主动探索—研讨启发—交流共赏—点评升华"这样的流程教学。

### 六、总结与引申

综上所述，我们了解了学生对物理学习认识的差异，发现学生的认识总体上处在表层的、感性的水平，这给我们教学以有益的启示和思考。在了解到学生对物理学习认识的现状究竟如何之后，我们更关心的是如何改变这种不乐观的状况？学生的这种认识与他们的学习效果又有什么样的关系？这将是我们今后所要研究的问题。

这是一篇山西师范大学张军鹏老师发表在全国教育类核心期刊：《课程·教材·教法》2002年第1期上的论文。该文对问卷调查获取的信息进行综合分析得出调查结论指出：学生在物理学习中表现出来的问题，对物理教学方法提供重要的启示。

我们认为该文既有实地调查后的数据与事实，又能上升到理论层面进行归纳总结，得出能够提供教学启示的结论，这也是我们初学理科教育与教学方面写作的人应当学习的。

### 三、关于指导中学生写课题研究报告的举例

研究性学习作为基础教育课程改革中倡导的一种学习方式，它是在教师（校内外教师、专家、学者、社会各界人士）指导下，学生以类似科学研究的方法获取知识和应用知识的学习方式。对于未来的中学理科教师，势必要遇到如何指导学生进行研究性学习，以及如何指导学生通过学习后，写课题研究报告的问题。为此，特以南京师范大学化学系邱道骥教授指导金陵中学高二学生戴勤、程枫完成的研究报告为例。

### 浅谈白色污染及其治理

**摘要：** 众所周知，一次性塑料以方便实用、价格低廉等优势已经渗透到了工农业及日常生活等各领域，但随着一次性塑料用途的不断扩大和消费量的日益增长，其废弃物也与日俱增，由此产生的白色污染问题被世界各国普遍关注。本文通过对白色污染问题的分析，对解决白色污染各种途径的比较，对我国及国外治理白色污染情况的了解，以及我们在不同人群中作的关于一次性餐饮具的调查，针对我国国情提出了对于我国治理白色污染的小建议。

**关键词：** 白色污染；一次性发泡塑料餐具（EPS）；纸浆模塑餐具；可降解塑料；回收利用

近年来，随着国民经济的发展，人民生活水平不断提高，一次性发泡塑料餐具（EPS）从大城市到小乡镇，从铁路沿线到江河航道，已造成对生态环境的严重危害。当我们正青睐于美观便捷的塑料包装袋和清洁方便的一次性餐具时，白色污染已向我们发出警报。

## 一、白色污染的概念

简而言之，白色污染就是大量的废旧农用薄膜、包装用塑料膜和塑料袋、一次性发泡塑料餐具在使用后被扔在环境中。这类废料的腐烂降解过程需200年左右，且会释放有害物质污染大气、土壤、水资源，成为破坏生态环境的白色污染。

## 二、白色污染的现状及危害

### 1. 白色污染的现状

塑料制品作为一种新型材料，具有质轻、防水、耐用、生产技术成熟、成本低的优点，在全世界被广泛应用且呈逐年增长趋势。塑料包装材料在世界市场中的增长率高于其他包装材料，1990～1995年塑料包装材料的年平均增长率为8.9%。

我国是世界上十大塑料制品生产和消费国之一。1995年，我国塑料产量为519万吨，进口塑料近600万吨，当年全国塑料消费总量约1100万吨，其中包装用塑料达211万吨。据有关部门了解，上海市每年排入环境中的废塑料总量为29万吨，其中一次性发泡餐具为6.73亿个，重3363吨，平均每天抛弃184万个，重约9.2吨；广州市日产垃圾4300吨，塑料垃圾为755吨……这些难以分解的白色垃圾大部分以废旧薄膜、塑料袋和泡沫塑料餐具的形式被丢弃在环境中。废旧塑料包装物散落在市区、风景旅游区、水体、道路两侧，不仅影响景观，造成视觉污染，而且因其难以降解而对生态环境造成潜在危害。

### 2. 白色污染的危害

（1）恶化环境

塑料制品大都含有PVC和丙烯氰等有害物质，燃烧时会产生HCl，HCl是导致酸雨的重要原因之一。而发泡塑料中的氯氟烃类发泡剂（氟利昂）会严重破坏臭氧层，导致紫外线过量照射，使温室效应加剧，破坏大气和生态平衡。

塑料制品是难以降解的物质，其相对分子质量在20000以上，只有其相对分子质量降低到2000以下时才能被自然界中的微生物分解，变成水、$CO_2$和其他有机物。而相对分子质量从20000降到2000以下的半衰期是100年，即这些塑料废弃物要200年以后才能大部分被自然分化。

（2）影响工农业生产

白色垃圾破坏土壤的生态平衡，使农作物减产。我国是农用地膜的使用大国，年使用量高达80万～90万吨。据农业部门的专项调查，全国每年残留在田野、土壤、河沟里的塑料膜至少占供应总量的10%，现累积残存量已在百万吨左右。这些塑料膜影响土壤微生物活动，阻碍植物吸收水分及根系生长，使耕地土质劣化，农作物减产。据专家测算，当每$666.7m^2$地残余塑料制品达到3.9kg时，各类作物减产量见表2-1。

表2-1 塑料残存量对农作物产量的影响

| 农作物种类 | 玉米 | 小麦 | 水稻 | 大豆 | 蔬菜 |
| --- | --- | --- | --- | --- | --- |
| 减产量（%） | 11～23 | 9～16 | 9～14 | 5.5～9 | 14～59 |

（3）对土地生态的影响

我国不少城镇采用填埋法处理垃圾，而塑料垃圾体积大，难降解，不仅要占用大量的土地资源，而且会污染地下水。填埋了塑料垃圾的土地不能生长庄稼和树木，使大片土地失去使用价值。如果长期使用地膜而不采取有效措施，15年后，不少耕地将颗粒无收，寸草不生。

（4）危害生物

白色污染使环境恶化，它引发的酸雨、臭氧层空洞将破坏人类的免疫系统，增加致癌的机会及癌症发病率。塑料垃圾释放的多种有毒化学气体，特别是其中的二噁英，会使人消瘦，肝功能紊乱，神经损伤，诱发癌症。聚苯乙烯制品的游离单体——聚乙烯受热释放随食品进入人体后，将损害中枢神经、肾、肝，甚至致癌。美国康奈尔大学科学家的研究表明：全球大约40%的死亡病例应归咎于环境因素，如污染、气候变化、人口剧增和新生疾病，其中有机污染物和化学污染的影响最为严重。

### 三、如何解决白色污染

1. 解决白色污染的技术途径

（1）对白色污染本身的处理方法

① 填埋法

对不能焚烧或焚烧产生有毒气体的废塑料集中填埋、深埋。这种方法操作比较简单，非常经济，美国50%的垃圾均采用此法。但是我国土地资源紧张，若采用此法将占用许多有用耕地，浪费有限的资源。

② 焚烧法

将废弃白色污染物集中焚烧销毁。这种方法可制造大量热能，燃烧1kg可产生3718kJ热量，是煤的3倍，而且销毁比较彻底，可以减少体积95%，减少重量50%。但是这种方法所需费用高，而且如果焚烧设备不达要求，焚烧产生的烟尘和有毒气体将造成严重的二次污染。

③ 堆肥法

采用特殊的高聚物三级结构，将废聚乙烯等制成包膜肥料。这种方法可增产粮食，节肥，并抑制稻田甲烷排放。但是由于某些设备和技术不过关，导致肥料杂质多，所以此方法有局限性，只有特定的几类塑料才能堆肥。

④ 回收利用法

将废塑料分门别类回收后分别进行处理，再加工制造为新的塑料制品。

（2）研制新产品取代

根据国家经贸委制定的一次性可降解餐饮具国家标准，涉及的产品有四类：

① 纸制类餐饮具

纸板快餐具是以300~350g的漂白硫酸盐木浆纸板为原料，通过类似钣金加工的冲压成型工艺进行模切黏合或模切压制，定型后经涂料、消毒等工序制作而成。为防止纸板渗油、渗水，又分别在纸板表面淋膜（复合PE膜）或在造纸纸浆内直接施用化学助剂（即内施胶）。

纸板快餐具的特点是：表面可以印刷，产品美观，适合机械化大批量生产，而且在使用过程中对人体无毒，无副作用。

纸浆模塑快餐具是将木纸浆或芦苇、甘蔗渣、麦秸、稻草等一年生草本植物纤维纸浆碎浆和净化，加入适量无毒化学助剂用以阻油、阻水，再通过成型机在一定形状的模具上成型（模内注浆挤压成型或真空吸附成型）、干燥、整型、切边、消毒等工序制作而成．

纸浆模塑制品可选用国产草浆，不消耗森林资源，餐具产品为整体结构，无粘缝，无皱折，在纸浆内使用了化学助剂可防漏水，抗漏油，废弃物能回收再利用，能解决白色污染问题．

② 植物纤维类餐饮具

植物纤维类快餐具是以稻草、麦秸、稻谷壳、甘蔗渣等一年生草本植物纤维作为原料，经过粉碎，加入适量无毒成型剂，经搅拌混合，通过成型机在一定形状的模具上一次成型，加以干燥、修边、整型、消毒等工序制作而成．

其相对于纸类餐具的优点是，不消耗木材，也没有造纸过程的黑液污染，其制作原料在我国广大农村取之不尽、用之不竭，还可以提高农产品的附加值．但是该产品面市时间短，产品本身还有一些问题需要解决．

③ 淀粉（可食）快餐具

淀粉快餐具是根据一年生植物纤维的可变性和玉米淀粉、蛋白质、纤维素、钙离子及多聚糖等固有的特性，把60%的玉米淀粉、30%的膳食纤维和10%的其他可食类助剂经搅拌混合后，采用生物复配、聚糖交联、钙离子螯合等技术精制而成，它是由致密层、内防水层、胶网层和外防水层四个结构层相互结合在一起的．

该类快餐具的最大优点是既可食用，又可回收当做高档饲料，遇冷水能迅速膨胀至降解，对土壤不但无害，而且有益，基本上能够达到无垃圾、无污染的目的．但是，该类快餐具的防水、防油性能差．

④ 可降解塑料类快餐具

根据国内外研究开发现状，分析和归纳有关资料报道，目前开发研究的可降解塑料大致可分为光解塑料、生物降解塑料和光-生物双降解塑料三大类．

a. 光降解塑料

光降解塑料是指在紫外线的影响下聚合物链有秩序地进行分解的材料．

b. 生物降解塑料

从理论上讲，生物降解塑料是最为理想的材料，废弃塑料经生物作用后彻底分解，重新进入生物圈，这是最"干净"处理塑料的方法．由微生物引起物质破裂的形式有以下三种：生物物理作用，由生物细胞增长而使物质发生机械性毁坏；生化作用，由微生物对聚合物作用而产生新物质；霉的直接作用，微生物侵蚀塑料制品的组分生成霉而导致塑料分解或氧化破裂．

c. 光—生物双降解塑料

这类降解塑料是光降解和生物降解的结合．

综上所述，可降解塑料在户外条件下只需10天左右就出现碎裂，60～70天后将在自然环境中被完全消纳，不留痕迹，而在阴暗处用可降解塑料制成的餐具和塑料袋可保存1年之久．

2. 我国及国外治理白色污染的概况

上文提到了许多解决白色污染的途径，但实际上这些方法大多没有充分发挥作用（特指在我国）．经过调查，情况令人担忧，我国治理白色污染主要从行政和技术两方面入手，现行方法利弊参半．

(1) 行政方面

① 加强管理

由于我国人口众多，对塑料制品需求量不断增加，如不加强管理，后果不堪设想．例如，铁路行业若管理不善，旅客随意将用过的餐盒抛到窗外，甚至列车服务员也将垃圾弃于车外，会造成交通线路两旁的绿色植物"白色化"．

② 禁止使用一次性难降解的塑料包装物

杭州市于 1995 年 9 月作出规定，禁止使用一次性泡沫塑料快餐具，这是我国最早发出此禁令的城市．该市又实施新的"条例"，禁止销售和使用一次性不可降解餐具，违者处以 500～5000 元的罚款．随后，武汉市、哈尔滨市、福州市、广州市、厦门市、宁波市、汕头市等十几个城市先后宣布禁止使用一次性发泡塑料餐具，违者予以罚款．1997 年铁道部运输局发布了《关于实施铁路快餐盒替换工作的通知》，同时加强了列车的管理，使铁路沿线的白色污染问题有所解决．1999 年初国家经贸委发布第 6 号令，公布了第一批"淘汰落后生产能力、工艺和产品目录"，其中一次性发泡塑料餐盒被列为落后产品的第二名，限定淘汰最后期限为 2000 年底．

③ 强制回收利用

清洁的废旧塑料包装物可以重复使用．

(2) 技术方面

① 采取以纸代塑

近两年来，我国在远远落后于西方国家的纸餐具等成型较复杂且使用要求较高的容器方面进行了研究．目前在我国生产快餐盒生产线的厂家已达 30 多家，并有自动热压干燥成型快餐盒生产线、ZKC 型纸餐盒生产线等陆续投放市场．这些生产线由制浆、成型、干燥定型和表面处理、包装等部分组成，采用不同的模具、工艺，可以生产纸制餐盒、纸盘、纸杯等一次性餐具．但由于我国纸浆模塑行业起步较晚，生成纸浆模塑餐具设备的自动化程度较低，技术起点低，与国外同类设备相比在质量上存在较大的差距，尤其是在纸模外观质量和内在强度、干燥效率、设备生产规模和生产能力的提高、成本降低等方面还有待于进一步研究和探索．

② 采用可降解塑料

我国在 20 世纪 80 年代后期有 20 多所大专院校、科研单位纷纷投入研究可降解塑料．经过十几年的发展，据不完全统计，国内现已有可降解塑料生产线 30 多条，年生产能力在 4 万吨以上，用于生产可降解塑料快餐盒加工成型生产线 120 多条，年生产能力在 20 亿只以上．

**四、作者的意见和建议**

1. 意见

在了解了以上众多解决白色污染的途径后，我们认为根据我国的实际情况，还是应该走先回收利用，逐步减少发泡塑料餐具和塑料袋等的数量，同时发展新产品的研制，以最终取代白色污染物的路线．

一次性餐具除使用方便、适宜现代快节奏生活外，更主要的是可以大大降低因饮食带来的流行性疾病的传播．它于 1989 年开始在我国大陆迅速推行的一个重要原因就是为了避免类似 1988 年的全国甲肝大流行的发生．在目前我国大众饮食卫生状况尚未大幅度改善的情况下，一次性餐具必须继续积极推行，这一点是毫无疑问的．

2. 建议

在暑假中，我们对本校学生、南京市夫子庙和草场门地区的商贩、南京市区的普通市民进行了调查．在调查过程中遇到了一件令人费解的事，不少在夫子庙卖盒饭的商贩都不愿意接受我们的调查，甚至有的态度比较恶劣．他们拒绝的理由是怕由于接受我们的调查而招致不必要的麻烦．白色污染是与生活息息相关的环境问题，绝不是什么麻烦事，每个市民都应该关心．在此提出一些建议：

（1）加强宣传，提高认识

各种媒体应大力加强对环境保护的宣传教育工作．在调查中发现人们对白色污染只有模糊的概念，觉得离自己还很遥远，对白色污染的治理持可有可无的态度．而要搞好回收工作需要所有人的积极合作和支持．所以急需提高全民的环保意识，并对随意抛弃塑料包装物的现象采取一定的手段，让每个人都来关心我们赖以生存的环境．

（2）健全法制，强化管理

可以制定有关治理塑料废弃物的政策和法规，使自发行为或行业行为纳入政府部门的法制管理下，使生产厂家、销售商、消费者在处理废塑料的行为上有法可依，违法必究．在调查中发现，90％的商贩都没有接到有关部门关于禁止使用一次性发泡塑料餐盒的通知．在这方面，有关部门的工作似乎应该加强．

（3）回收再生，变废为宝

可以投资搞废弃塑料收购、加工，帮助各区、街、巷建立专职收购站，以环卫管理部门为核心组建收购分装处理网，确保塑料垃圾重新加工成有用之材，变废为宝．也可以借鉴国外的经验，让生产一次性塑料包装物的企业独立或联合建立回收处理的部门，这样不仅可以减少市场上一次性塑料包装物的总量；也可以使回收变得更加方便．

（4）研制开发新产品

虽然对塑料废弃物进行回收利用是符合我国国情的遏制白色污染的有效措施，但是也要从长远的环境保护的角度出发，研制新产品，改进当前制作工艺．

五、结论

综上所述，根据我国国情，治理白色污染应当先回收利用，逐渐减少一次性塑料袋及餐盒的使用数量，同时积极研究新产品，改进现有工艺，在条件更成熟时使用新产品取代．

六、参考文献

1. 兰州大学化学系．光-生物可降解塑料和膜的开发与研究，1993
2. 包装废弃物的污染控制．中国包装，2000（1）
3. 可替代一次性发泡塑料餐具理想产品的探索与发展．中国包装，2000（1）
4. 谈谈塑料包装废弃物的综合治理．中国包装工业，2000（4）
5. 可降解复合材料的研究．上海包装，1999（4）
6. 新技术产品：降解塑料．上海包装，1999（4）
7. 美国和德国环保包装政策．上海包装，1999（4）
8. 可降解塑料是否有害．上海包装，1999（4）

这篇学生写的论文，我们摘自邹正主编，由东北师范大学出版社出版的《中学理科研究性学习指导》一书,该书作者对这篇论文的评价是:"本课题贴近社会生活,通过对本课题的研究和学习,培养了学生的科学素养和探究意识,使学生养成较好的环保意识,具有一定的现实意义.该研究报告分白色污染的概念、白色污染的现状及危害、如何解决白色污染、作者的建议和结论四大部分.信息来源丰富,分析透彻,得出的结论富有创造性."

我们认为,未来的中学理科教师,要指导好学生进行研究性学习,不仅要学会突出学生在学习过程中的自主性、实践性和探究性等具体作法,而且还要学会指导学生写课题研究报告之类的论文.因此,认真阅读上文,认真进行思考,是有益的.

**思考题**

1. 认真思考你手边掌握的材料和你通过教育实习、社会调查所发现的问题,草拟一份你的学位论文的开题报告.

2. 从数据的准确性考虑,不能用大概、大约、可能、许多之类的词来概括数据,谈谈你的认识和体会.

3. 有人说:"只有当论文的论据为读者所理解和需要时,才引用."你同意这样的说话吗?谈谈你的思考.

4. 有人的论文的一些论据、材料来自计算机网络.请查一下有关理科学术期刊,看人家在引用网上查询获得的材料后,在参考文献这一栏上用什么格式来表述的.你认为应当怎样规范才好?

5. 如果让你写一篇面向初中学生的有关物理污染的文章,请思考:你将怎样分析你的读者?怎样组织你文章的材料?

6. 我们将著名中学特级教师王振文题为《中学物理探究教学法》的经验总结报告的标题列于下.请思考:如果你来按类似的标题,写同样的文章,你将搜集哪些材料,如何按类似标题去组织材料?

**王振文老师教学经验总结报告提纲**[①]

中学物理探究教学法

一、"中学物理探究教学法"产生的背景
二、"中学物理探究教学法"的课堂教学模式
 1. 提出物理知识新授课的课堂教学模式的环节
  ① 创设情境,启迪生疑.

---

[①] 摘自:教育部师范教育司组织编写.中学教师物理教育研究方法.北京:教育科学出版社,1999. 51~56

② 提出假设，共同探讨.

③ 设计实验，判断真伪.

④ 得出结论，符号表述.

2. 提出物理知识应用课的课堂教学模式的环节

① 提出问题，明确关键.

② 探索知识，提出假设.

③ 具体操作，一一辨析.

④ 分析归纳，得出结论.

3. 以能力为核心的物理教学目标可以通过新授课与应用课来实现.

三、"中学物理探索教学法"的实施要点

1. 对学生的认识.

2. 能力及其构成.

3. 能力的培养.

4. 学习态度的习得.

5. 课堂演示及实验的设计.

6. 探究的频率.

四、讨论

1. 它是物理学科的特征在教学中的体现.

2. 与施瓦布的探究法比较.

3. 关于能力分解.

4. 关于教学效率.

5. 对基础教育的理解.

6. 与其他教学方法的关系.

7. 教师把握本教法的可能性.

# 第十章　科学普及类文章的写作

"公民的科学素质是指公民了解必要的科学知识，具备科学精神和科学世界观，以及用科学态度和科学方法判断及处理各种事务的能力."[①] 我国公民的科学素质总体偏低，与科教兴国和实行可持续发展战略不相适应，这是一个不争的事实．正因为如此，我们的理科教师有责任结合自己的工作进行科学普及教育，这自然就涉及科学普及类文章的写作．本章围绕实用性科普文章和科学小品文介绍科学普及类文章的写作．

## 第一节　实用性科普文章的写作

通过对新型生产工艺的简介、先进工作方法的推广、科学技术成就的阐述、自然现象的解释、对不科学的做法的指正、生活小窍门的指点等，让读者在长知识、广见闻的过程中，提高以科学态度和科学方法判断及处理各种事务的能力，主要目的在于普及科学技术知识的一类文章，称实用性科普文章．本节从分析实用性科普文章的基本特点入手，进而通过典型案例说明实用性科普文章的写作要领．

### 一、实用性科普文章的基本特点

实用性科普文章必须具备科学性、思想性和实用性这三个基本特点．

1. 关于科学性

这里所说的科学性，是从写作的主体、客体、载体和受体上来思考的．

我们从事高等师范理科教育教学活动的师生，要写实用性科普文章，我们自己就是写作的主体．从科学性的角度讲，科普文章里的科学知识需要达到一定的水平和深度，要求作者所表述的科学知识，包括科学思想、方法、内容是正确、准确、先进的．如果作者对所写的内容要求必备的知识不全面，就可能出现科学性错误，让人耻笑事小，流传出去，造成不良社会影响事大．

科普文章的客体大都来自"二手"材料，即作品所要传播的知识，大都是别人创造和发现的，作者纳入篇什的知识大多是从学习中得来．关键在于作品使用

---

① 摘自：中国科协 1999 年提出的《全民科学素质行动计划》．

的材料必须已经被证实,不能出自预想. 这是因为,科普文章的读者需要得到的是真实可靠的科学知识,而不是尚未证实的猜想和假说. 尤其是实用性科普文章的材料,更要求真实可据,才可能达到向读者传授某种知识或了解某种事物或事理的目的.

载体即文章的体裁和样式. 就体裁而言,既有纯粹的实用文体,又有被视为文学作品的科学散文,还有科学小品文一类的边缘性文体. 就文体样式而言,有讲述体、图说体、文艺体和辞书体等. 从科学性角度考虑,实用性科普文章大都采用实用的平述浅释式,它适应各种对象和环境,而且通过简化、美化、通俗化的表述,使公众乐于接受.

受体即文章的读者. 同为科普作品的读者,科技知识水平和解码能力差距很大. 有的关心并能够阅读关于深奥理论的科普读物;有的则适宜阅读浅显的科普读物,从科学性角度考虑,依读者的不同层次,写不同的科普文章,让读者在自身解码能力允许的条件下,理解、接受新的科学知识,这一点很重要.

2. 关于思想性

基于"让公众理解科学"的现代科普理念,科学不仅仅是一系列成体系的知识,更是一种对现代社会有重要作用的社会活动. 因此,让公众理解科学,是让公众理解并参与到科学活动中来. 另一方面,公众对科学的理解,包括对科学知识的理解、对科学活动的理解、对科学与社会关系的理解,其核心是对科学精神的理解. 鉴于此,科普文章所体现的思想性并不是简单的思想政治教育,而是选取了能够激发读者对科学的兴趣,拆除科学事业与普通民众间的藩篱,并帮助读者对科学精神、科学与自然、科学与社会等方面有更深理解的材料,让其作品在传播科学知识的同时,也向读者宣传科学的精神、思想和方法,从而提高他们的科学素养. 这种思想性不是作者外加的,而是科学事实固有的特点和规律自然体现出来的.

3. 关于实用性

这里所说的实用性,是针对读者而言的,即科普文章对具体的读者而言,能够开卷获益.

写科普文章的作者要思考的第一个问题就是:谁是文章的读者. 不同的读者有不同的知识需求和解码能力,只有确定了具体的读者群,并且熟悉他们的需求和解码能力,才能写出他们喜闻乐见的作品,这是不容置疑的. 比如,我国自行编辑出版的《十万个为什么》一书,畅销40余年后,受到英国学者出版社的《可怕的科学》一书的冲击. 有人预测后者将代替前者"成为新一代中国青少年的枕边书"[①],原因是后者放弃了前者采用的一问一答阐述一个知识点的方式,

---

① 萧庆元,强亦忠. 科学写作教程. 北京:高等教育出版社,2005. 259.

通常是采用设悬念讲故事来讲授科学知识，方式开放、语言幽默、更适应儿童心理。可见，熟悉读者，适应读者的需求，使作品成为读者感兴趣的读物，才谈得上开卷获益。

写科普文章，目的在于把事物、事理中的科学知识介绍和解释清楚，使读者由不懂到懂，由不知到知。科普文章的目的决定了它要以说明为主要表达方式，即介绍人物和事物、解说事理、让人获得新知的一种表达方式，亦即用解说的方法指明事物的特征，引导读者去认识事物的本质。尽管文章里有叙述、议论甚至描写等成分，但主要的成分是说明。这里边，需要把专门化的知识转换成一般读者能够理解的知识，让读者不存在阅读的障碍，才谈得上开卷获益。

总之，科普文章要让读者读得懂、用得上，能从中得到许多有益的启示，这一点非常重要。

### 二、实用性科普文章的写作要领

为了更好地说明实用性科普文章的写作要领，我们将北京大学许智宏教授发表在《新华文摘》2001年第12期上的文章：《关于21世纪的生命科学》作为典型范例介绍给读者。

### 关于 21 世纪的生命科学

在科学技术飞速发展的今天，我们不仅应该了解当今生命科学的发展前沿，而且还需要知道生命科学和农业、医药及其他相关领域的联系。我认为，每一个中国人都需要掌握最基本的生命科学知识及其发展动态，这一点是不能忽略的。

为什么要这样说？让我们先看一看21世纪人类所面临的问题和挑战。现在全球的政治家、经济学家、科学家都在谈论人口问题、资源问题、环境问题。而这些问题没有一个不与生命科学紧密相关。

首先，来看看人口问题。我国人口将近13亿，预计2030年，中国人口将达到16亿。全球的人口已达61亿（年增长7500万）。根据计算机的模拟推测，到2050年全世界人口最低限度将达到73亿，如果高一点也许就是107亿。我们就这么一个地球，能不能允许这么多的人很好地生活？能不能为这么多人提供良好的生活、居住环境？使很多科学家感到非常地头痛。与人口相关的，还有医药、卫生，这也是现在全球都非常担忧的事情。一方面很多疾病死灰复燃，势头难以控制。在历史上，一方面，在文明社会发展过程中，不断战胜疾病给人类带来的灾难；另一方面，各种新的、老的疾病又在不断地变化给人类继续带来巨大的危害。

除了疾病外，随着生活水平的提高，人的平均寿命也在不断地增加。根据联合国的资料和北京大学人口研究所曾毅教授的报告，65岁以上的老人所占比例由10%增加到20%所需要的时间，我国实际上比美国要快30多年。我们在以很快的速度向老年社会过渡，而我们的经济基础却比美国落后很多。大家关心的一些跟老年有关的疾病，如帕金森综合症、老年痴呆症等，都是与神经系统有关的疾病，发病率随着年龄的增加而大大提高，也是我们国家面临的一个突出的问题。中国仍旧是个比较贫穷的国家，部分边远地区和山区处于相对闭塞的状况，加上长期以来形成的一些婚俗和传统，也因此成为遗传病发病率相对较高的国家。所有这些问题都给我们提出了巨大的挑战。

其次，与人口增长密切相关的还有资源。我们曾为中国有这么多的人口感到自豪，中国的领导人在很多国际会议上的报告中都讲，我们中国用全球7％的耕地养活了占全球20％的人口。但实际是，我们现在的生活水平依然比较低；随着经济建设的发展，我国可耕地的面积还在逐步减少，每年大概减少的耕地面积相当于一个县的土地。尽管我国采取了非常严格的计划生育措施，但每年仍旧要增加约1300万人口，而一个澳大利亚的总人口才不到1800万。要满足这么一个人口的增长率，我国的粮食产量，从现在起到2030年要增加30％，才能满足需求。农业上，增产1％有时都是很困难的，而且随着基数加大，它的增长将越来越慢。从全世界范围来看也是如此，全世界发展中国家将近18％的人口处于食品短缺状况。还有，全世界每年大概有1200万5岁以下的儿童死亡，其中有将近一半是由于营养不良所致。所以我认为，食品、食品的营养价值直接影响着我们的生活质量。自然资源中人类最关心的是能源，我们地底下的石油、天然气、煤等，是古代生物沉积的产物，总有一天要耗尽。虽然我们有原子能、太阳能，但是人们仍在发掘更多的能源包括生物能源。除了这些，自然界的生物还为人类提供了纤维、木材和对人类有用的各种工业原料等。

第三个问题，谈一谈大家很关心的环境问题。人类的活动实际上大大加速了地球环境的恶化。人类的文明进程本身不断使人类得到发展，生活水平不断提高。但它同时也带来了很多负面的影响，使得全球的总体环境状况恶化。环境状况的恶化，使生物的多样性也随之下降。地球上有成千上万的各种生物，这些动物、植物、微生物是人类赖以生存的基础。一种生物的毁灭，表面上好像和我们没有关系，实际上一种生物的丧失，往往意味着整体环境的进一步恶化。

以下我们就来看一看，上一世纪生命科学所取得的成就，以及今天生命科学的一些热点。上一世纪生命科学得到了极大的发展，特别是50年代美国的沃尔森和克里克博士发现了DNA的双螺旋结构，他们也因此获得了诺贝尔奖。这个结果大大地推动了分子生物学和分子遗传学的发展，人类历史上第一次揭示了遗传物质的基本结构。很多人把相对论、量子力学、DNA双螺旋结构称为上一世纪影响科学发展的最重要的三个突出成就。90年代美国能源部和美国国立卫生院首先提出人类基因组的研究计划，准备花30亿美元把人类基因组的30亿个碱基用15年时间测定完成。这一工作翻开了生命科学研究的新的一页，因为基因组的研究，使人们有可能在分子水平上更清楚、更完整地来认识生命现象的本质。该项工程极大地推动了生命科学各领域的研究。

今天的生命科学已经体现出几个特点。首先，生命科学不再像历史上我们分得那么细：动物学、植物学、微生物学、生理学、生物化学等，彼此之间不再有不可跨越的鸿沟。生物学家已揭示DNA在所有生物种类中具有高度的一致性，很多生命现象，如代谢、生长分化、细胞分裂等的调控在不同生物中也有共同的规律和机理，对生命现象的认识得到了极大统一。生命科学在向两个方面发展，一方面向微观领域发展，在分子水平细胞水平上来进一步认识生命的本质. 另一方面, 在宏观领域, 把生物放在大的生态系统中来研究, 关注生物与环境的相互关系, 甚至探索宇宙中生命的起源. 第二点, 今天的生命科学, 越来越体现出一种多学科交叉的性质. 今天的生命科学不仅仅属于生物学家, 越来越多的物理学家、化学家, 甚至包括数学家、计算机学家, 他们所从事的基础科学都涉及生命科学. 第三点, 今天生命科学的很多工作不再是一两个人或靠单个实验室自身的能力可以完成的. 历史上在很长一段时间内, 生物学家给人的印象是, 到野外采集标本, 在显微镜下看一看, 随后发表论文. 今天的生命科学研究越来越体现出一种团队的合作方式, 需要不同学科科学家的联合, 需要不同部门科学家的联合, 甚至跨国科学家的联合.

科学发展的原动力, 源于社会的需求, 以及科学本身存在的很多问题, 激励科学家产生兴趣及探索, 生命科学的发展也是如此. 下面我想根据我所了解的情况, 就本世纪生命科学的前沿, 大概介绍以下几个方面:

首先是基因组计划. 虽然到今年底或明年年初, 人类基因组测序工作将基本完成. 新闻媒体往往给人们一种错觉, 好像到今年年底, 人类基因组研究就可以万事大吉了. 在测序完成以后, 30亿个碱基的排列序列实际上就像一本天书, 一本很厚的天书. 它跟字典不一样, 我们有英汉字典找英文词. 而我们人类基因组30亿个碱基连续排列出来, 究竟说明什么? 生物学家可以一个基因一个基因地寻找, 去核对、去确定每个基因的功能, 但这么多的基因, 也不知哪一天、哪一年才能完成, 所以必须依靠大型的计算机, 依靠计算机科学家的帮助, 由此也发展出一门新的学科生物信息学. 原来预计人类30亿个碱基中大约有10万个基因来控制人的多种生命活动. 而根据现在测序结果, 远远没有那么多, 估计仅有3万～4万个基因, 比果蝇等其他低等的生物多不了太多. 但是同样一段染色体, 人类的DNA中有那么多的碱基序列没有编码基因, 它们起什么作用? 很多人讲, 这是 rubbish, 这是垃圾, 这是进化过程中形成的垃圾, 但是不是这样的? 越来越多的分子生物学研究表明, 很多非编码序列在生命活动中, 是有很重要的调控作用的, 但现在对它们的了解还很少. 也有人认为, 真正最重要的基因也许不过就几千个. 可以相信这些影响人类重要生命活动的关键基因的功能. 随功能基因组研究的发展, 将在不久的将来被研究清楚.

地球上还存在很多种不同的生物, 除了人的基因组外, 人们也对其他生物的基因组十分感兴趣. 比如, 中国的一些科学家提出研究猪, 中国人吃猪肉占世界首位, 国内外很多科学家还想用转基因猪提供器官用于人的器官移植. 按理说, 猪的基因组和人的基因组差不多, 但猪就长得像猪, 人就长得像人, 是什么道理? 我们把范围再缩小一点, 猩猩与人的关系更密切, 它跟人的DNA的序列差别估计小于0.5%, 可是一个长的是人, 一个长的却是猩猩, 是什么道理? 现在科学家已可在基因组水平上来比较不同生物之间的差异. 我们有人类的基因组, 植物中水稻的基因组, 用其他动物和植物基因与人的基因, 以及跟水稻基因进行比较, 了解它们之间究竟存在多大的差异, 这将为生物进化的研究提供很多新的知识和证据. 所有这些, 将是本世纪生命科学最激动人心的事情.

我以为, 人类要彻底认清基因组中所有密码的奥秘, 还有很长的路要走. 这几千几万个基因, 每个基因都发挥什么样的功能? 它们相互之间的关系如何? 必须研究清楚. 要真正搞清楚基因组中每个基因的功能, 这就是需要遗传学家、生理学家、生化学家以及生物信息学家一起来共同研究. 只有把我们所有的基因的功能弄清楚, 人类才能最终认清自己. 当然,这也会带来很多社会伦理学的问题。很多文科的老师和同学都非常有兴趣研究生物伦理学，遗传密码搞清楚了，人是不是就没有隐私权了？当人们知道自己在什么时候生病，能够预测人的寿命是多少年时，保险公司给不给你投保，会不会带来就业歧视等。这是生命科学世纪给社会、给人类带来的新问题。

第二，介绍一下大家都很关注的发育生物学的研究，众所周知，生物的生长发育都受到基因的控制。基因组中不同的基因在生物发育的不同阶段、不同的部位有序地进行表述，进而完成生命的整体功能，展现整个生长的过程。问题是这个过程非常复杂。动物由一个受精卵，如何经过细胞分裂、分化而发育成一个个体？植物的发育面临同样的一个问题，植物的种子是由受精卵发育形成，种子也是一个生命。但这个生命体生长的每一部分细胞，都行使着自己特定的功能。就如人体心脏的细胞，是什么指令使细胞分化形成心肌细胞，那些心肌细胞又是怎样形成心脏的完美结构的等。还有植物叶片的叶肉细胞进行光合作用，根在土壤中吸收水分和矿物质，一株植物根部的细胞、叶片的细胞和花的细胞，它们在遗传物质组成上应该是完全一样的（实际上，无论动、植物，均已发现在一些器官和组织的细胞中会发生染色体数目、倍性、某些基因的扩增等情况）。但是，为什么一个受精卵通过细胞分裂，就能发育长成一个具有多种细胞类型组成的完整生物体，而体细胞不能？在这方面，植物学家也许会自豪一点，因为上一世纪初，1902年德国植物学家Haberlandt就预言：每一个生活着的植物细胞具有全能性（totipotency），即在一定外界条件下，都可以重演受精卵形成胚胎的过程而发育成完整的个体。这的确是个非常天才的预言。在1902年后的几十年间，经过很多科学家一代一代的努力，经历一次又一次的探索和失败后，终于在1958年，由美国植物生理学家Steward和德国植物学家Reinert差不多同时用培养的胡萝卜细胞，通过形成类似始胚胎的结构（以后习惯称之为胚状体或体细胞胚）而再生成新的胡萝卜植株。这是第一次实验证明了植物的体细胞的全能性，即植物的体细胞可以和受精卵一样，完成整个个体的发育过程。其实，动物学家也一直在进行这方面的探索，比如可以利用去核的非洲蟾蜍的卵细胞，移入体细胞核后培养出成熟个体，但长期以来在高等哺乳动物方面一直没有多大进展。直到三年前"多利"羊的出生，才使动物学家、发育生物学家重新感到振奋。我想，这是一个具有重大意义的成果。它第一次证明了一个成熟动物的体细胞的遗传物质，同样保存着所有的发育信息。但如果我们比较一下，动物细胞和植物细胞在发育上的差异，还是非常有趣。植物身体上的任何一个细胞，比如用胡萝卜，不论取自哪一个部分，根、茎、叶、花、果实都行，在体外培养的条件下，都可以长成一棵植物，但动物就不行。我们中国人有很好的想象力，《西游记》中的孙悟空就能克隆，拔一簇毛，就能变出几十个、上百个孙悟空。这当然是神话幻想。现在，人们还不可能把成年动物细胞直接培养成一个动物个体，即不可能和植物细胞一样。我们必须把体细胞的细胞核移植到一个卵细胞中去，而植物就不需要。看来动植物细胞核表现出这种发育上的全能性的重新编程过程（reprogramme）是不同的。对于植物体细胞，我们只要给它激素和一定的培养条件，细胞就会重排它的发育程序。但动物不行，它必须在卵细胞的细胞质的调节下才能重排，启动新的发育过程。这种差异是发育生物学上非常有趣的问题。

在发育生物学上还有另一个有趣的问题，就是生物体这么复杂的生长发育过程是如何调控的，为什么人的躯干上长两只手、两只脚，而两只眼睛却长在头上？植物种子的两极一端

# 第十章 科学普及类文章的写作

长根，另一端长茎和叶子，茎到一定阶段开花结果。这么复杂的形态发生过程或者叫模式形成（pattern formation），一直是发育生物学家关注的领域。在这方面，近年来已取得不少惊人的成果。分子遗传学家利用果蝇发育突变体，已发现了一类同源异型基因（homeotic gene），这类基因在果蝇的胚胎发育过程中控制各体节部位的发育。一个动物体的发育模式在胚胎阶段即已决定了，它的前后、左右、背腹结构的对称或不对称，均受到这类基因的调节；而且这类基因在不同的生物中相当保守，即使在低等动物如线虫、水螅中也存在。在庙里，我们见到千手观音的每只手上长着眼睛。前几年在国外的杂志上刊登了腿上长出眼睛的果蝇的照片，很多人感到异常惊奇。这些惊奇甚至被一些科幻作家写到他们的科幻小说里去了。科幻作品里我们看到一个果蝇，每个腿上都长着眼睛。现在科学家就正在尝试科幻作品里这种使眼睛不光长到头上，而且长到腿上的实验。在有果蝇突变体里，本该长腿的地方却长成翅膀。可见这类基因在生物体内太重要了，它一旦发生变化，就会对一个生物体的发育发生致命的影响。

现在已经知道，植物也是一样。在植物中也发现了这类基因。自然界中多种植物不光有美丽的鲜花，也为我们提供了非常良好的居住环境，为我们提供了吃的、用的。植物分类学家把花的不同部分形态，比如花的结构、雄蕊、雌蕊的数目等，作为进行分类的重要指标。植物花的千变万化复杂的结构同样受到同源异型基因的控制。这是分子生物学和发育遗传学研究上一个极大的突破。但是，人们在这方面的认识还远远不够，现在只是构建了一个粗略的框架，找到控制这些复杂过程的关键基因，它是如何被调控的，它又是如何调控其下游的基因，使具体的形态发生过程得以实施，还有一大堆的问题需要研究。

第三个热点，是关于脑功能的研究。生命科学领域还存在着大量的盲区，就人类本身而言，比如对人的大脑，我们所掌握的知识就实在太少。也许大脑太复杂，大脑是由几亿个神经元组成的一个庞大的信息处理系统，它通过复杂的网络结构，为人类提供语言、记忆、认识、情感等高级神经功能。大脑作为长期进化的产物，其结构、功能与行为的关系极其复杂，所以揭示脑的奥秘是当代科学面临的最大挑战之一。科学发展到今天，生命科学本身的技术已日趋完善，许多过去无法逾越的障碍已得到了解决。现在科学家已可采取无损伤的方法，研究大脑各个区域的功能。加上对很多的突变体的研究，以及基因组研究所提供的知识，使人们对大脑更精细的研究取得了长足的进步，这为阐明脑的功能、为治愈人类脑疾病以及损伤后遗症奠定了基础，很多人也期望将来能开发人脑计算机。实际上，大脑的功能确实是非常非常精确的。为什么这么说呢？我举个例子，就拿记忆来讲，人脑知道应该把哪些记下来，有所谓的短期记忆和长期记忆之别。例如问同学们上一星期每天午饭吃些什么，可能早忘了。但你记的单词，或者其他需要记的重要事情，可能想忘也忘不了。我们的大脑把一部分没必要记的东西，过几天就丢失遗忘了，但对需要记忆的就会进行归类，长期保存。这种功能现在的计算机看来还达不到。而且我们记忆中还有许多奇怪的现象，比如很多老年痴呆症患者，他年轻时候所做的事情往往记忆得很清楚，越是近期的事情越是忘得快，最后他逐步地把从前记的事也全部都忘了。人类大脑的左脑和右脑功能上的差异，也会影响我们的学习。比如西方人用的是拼音文字，我们用的中文是象形文字，两种文字学习时的思维方式是很大不同的。能不能通过比较研究，使我们中国人学英文更轻松一些呢？我们大脑中有太多的奥秘，认知、记忆、语言是人类最高级的生命活动，还有很多的问题留待人们去探索研究。

第四，讲讲生物工程．生命科学领域的巨大进展，特别是分子生物学和基因操作技术，已使人们有可能按人的意愿来改造生物，或生命活动过程．生物工程正在对农业、医药、环境等方面产生深刻的影响．农业方面，培育抗病、高产、优质的农作物新品种是作物育种家的目标．希望按照人类的设想来改造农作物则是育种家梦寐以求的愿望．上面讲到随着环境的变化，耕地面积的减少，迫切需要大量优良的作物品种．大家知道，用传统的育种方法，农学家一般需经过7～8年才能培育出一个生产上可以推广的新品种，有时要花费更长的时间．今天生物工程技术就可以帮助农学家缩短育种的周期．比如利用多种分子标记，可以有效地确定选育的作物群体中哪些带有所需的基因．利用基因工程技术，人们已培育出一批抗病、抗虫的作物品种，进而人们也期望用基因工程来改良作物的品质．举个例子，去年瑞士的科学家发明了一种金黄色大米．大家知道很多亚洲发展中国家的老百姓缺乏维生素A，中国过去也是这样，因他们主要吃大米，而大米中维生素A含量极低．胡萝卜素是合成维生素A的前体．于是人们就将与胡萝卜素合成有关的三个基因先从水仙和细菌中克隆出来，尔后转移到水稻中去，而且使它在子粒中表达，结果使大米中含有很高量的胡萝卜素，米粒也变成金黄色的了．这就是用生物工程技术来改造作物品种，提高作物营养的一个很好的例证．现在很多人都在谈论健康食品，今天的植物生物工程学家也在试图利用转基因植物生产疫苗或其他有用的物质．比如，让香蕉、番茄产生抗腹泻的疫苗，孩子吃了就可以治病．

生物技术在生物医药上成功的例子就更多了．我们过去的很多生物药品是靠从人体或动物的血液或者特定的组织中提取的，获取的量实在太少了．现在已可把生物合成产品有关的基因分离出来，然后转移到细菌或培养的动物细胞中去，用微生物发酵的方法大量生产我们所需的产品．比如现在国内生产人-1b干扰素，就是使用生物工程技术生产的一种药物，现在已大量生产．美国Amgen公司生产的EPO（红细胞生成素），每年生产约3磅，每磅价值10亿美元，E-PO有显著的促进红血球形成的作用．通过基因工程可以大大地扩大药物生产的品种．目前国内的医药市场存在很多问题，90％的药品是仿制外国的，我们现在大城市的药店，中成药有50％或者更多是进口的或者是与外国的合资企业生产的．我国不久即要加入WTO，我们的医药市场、医药产业将面临极大的挑战．在这方面，生物工程将会提供有力的支持．对中国人来讲，还有一方面是重要的，这就是我们的中医药，我们的老祖宗通过千百年的经验，科学的积累，使之成为中华民族的医药宝库．随着化学合成新药的代价越来越高，使很多的专家开始转向生物制药，西方的科学家越来越感到中医药的奇效．中国历史上记录了6000余种草药，是非常有效的．中医研究医药的过程是与现代的西方医学不同的，我们老祖宗还不知道用耗子作实验，于是就尝百草．中国之所以有这样有效的6000多种草药，也不知道我们的祖先吃了多少年，不知道牺牲了多少人，在成千上万种材料中筛选出我们现在用的6000多种草药．但是说来也很可怜，在全世界中成药的市场上，中国只占3％．我们中国是中药的老祖宗，而日本呢，在中成药市场上却占了90％．医药在国际上是有非常大的市场的，我们国家前几年即开始提出中医药的现代化，中医药必须现代化，才能步入国际市场．不能再满足于我们老祖宗把中药熬成汤，或者做成丸药，我们今天要用科学的方法来提炼中草药，来寻找其中的有效物质并开发它们．

最后一个问题，讲一讲生命科学和环境．在新世纪中科学家仍会非常关注全球环境的变化对生物的影响，这是生命科学研究的一个重大问题．环境和生物多样性的保护已越来越受到各国的重视. 中国是个生物多样性非常丰富的国家, 约有陆生生物 100 万种, 约占全球的 1/10, 但是中国生物多样性消失的速度高于全球, 如全球濒危植物估计达 10% 中国则达 15%~20%, 远远高于其他欧美国家. 我们环境恶化的速度非常惊人, 如大气污染、水体污染、固体污染物的堆积等. 农业上滥用化肥的结果使江、湖中积累大量过剩的氮磷, 加上我们所用的洗衣粉含有大量的磷, 加速了水体富营养化过程, 危害严重. 自然界是个大的生态系统, 任何一个环节出了问题, 都会影响整个系统. 环境受到破坏后, 在不少情况下要想恢复它是非常困难的. 保护环境保护生物多样性, 应该是我们中华民族每一个人的责任, 所以每一个人都要有保护环境的意识, 保护生物多样性的意识. 的确, 你可能感到很矛盾, 一方面国家在提倡森林保护, 一方面还有人在大量乱砍林木. 这种行为也许一时对当地的经济发展起到了些作用, 但却会严重影响我们子孙后代的环境条件. 为此, 科学家也还必须研究如何使恶化的生态环境得以恢复, 研究濒危生物物种的保护生物学, 当然也要研究如何可持续地利用我们宝贵的自然资源.

上面我所讲的五方面, 我认为是本世纪生命科学领域人们非常关注的几个方面. 我希望通过这一简单的介绍, 能使大家了解 21 世纪生命科学和技术, 关注与生命科学密切相关的农业、医学以及与人们生活的方方面面密切相关的生物学问题. 今天的生命科学越来越表现出学科交叉的特点, 希望越来越多的物理学家、化学家、数学家、计算机专家以及与生命科学相关的人们都来关注生命科学的发展. 我期望越来越多的其他学科的科学家包括人文科学家和社会科学家加入到生命科学的研究领域. 最后, 我想说明, 今天的生命科学还在不断发展, 将继续不断地为人类提供更多的知识和技术, 为人类创造更美好的未来.

通过认真阅读上边的范文, 我们可以总结出实用性科普文章的写作要领.

首先, 在题目的拟定上, 实用性科普文章的题目质朴实在, 紧扣主题和要说明的对象. 比如范文的题目: "关于 21 世纪的生命科学", 读者一看就知道文章要介绍的是生命科学的知识, 而且是新世纪里生命科学值得关注的一些问题.

再者, 在材料的精简和语言的转化上, 实用性科普文章要求:

(1) 删繁就简, 从系统丰富的专业知识中提炼出要点.

比如范文中, 涉及生命科学的许多专业知识, 作者作了让读者感到通俗易懂的提炼. 像生命科学体现的特点, 作者归纳为: ①生命科学不再像历史上分得那么细; ②今天的生命科学, 越来越体现出一种多学科交叉的性质; ③今天生命科学的很多工作不再是一两个人或靠单个实验室自身的能力可以完成的, 共三个特点; 像生物工程, 作者从农业、医药、环境三个方面来阐明其研究领域……

(2) 把专业术语转化为解释性的陈述句.

比如范文中, 在说明今天的生命科学不再像历史上分为动物学、植物学、微生物学等; 使之存在一种"鸿沟", 文章的解释性陈述句是: "生物学家已揭示 DNA 在所有生物种类中具有高度的一致性, 很多生命现象, 如代谢、生长分化、细胞分裂等的调控在不同生物中也有共同的规律和机理, 对生命现象的认识得到了极大的统一."

(3) 注意语言转化中的规范与通俗易懂.

比如,范文中提及的 DNA 双螺旋结构,碱基的排列序列,如果用图形、符号或公式表示,会增加一般读者的阅读障碍.范文就尽可能用通俗的书面语言来表述.文中提到"同样一段染色体,人类的 DNA 中有那么多的碱基序列没有编码基因,它们起什么作用?很多人讲,这是 rubbish",为了让一般读者读懂这个"rubbish",文中附上"这是进化过程中形成的垃圾".

还有,在内容的逻辑性方面,实用性科普文章要求:

(1) 力求文章思路符合科学技术的自身逻辑.

任何科学技术的发生与发展,总有其内在的逻辑性,或由简到繁,由低到高,由产生到消亡,这种过程常常不可逆转、不可颠倒,作者在介绍它们时,总要按照其发展的内在逻辑来安排文章的表述的顺序.比如,范文中对生命科学涉及的各种问题,总是先从 20 世纪生命科学所取得的成就谈起,再涉及今天生命科学的一些热点;在介绍发育生物学的研究时,先谈受精卵问题,再谈细胞分裂、分化,最后谈发育……其思路符合该学科研究的自身逻辑.

(2) 力求科普文章符合认识规律.

人的认识总是由浅入深;由表及里;由表象到本质发展的.因此,实用性科普文章的开头,要有一个恰当的知识水平起点.既不能让读者望而生畏,也不能使其觉得不值一读.比如,范文由大家早就关注的人口问题谈到环境问题;再自然而然地谈到生命科学涉及的领域及体现的特点,循序渐进地引入专业术语:基因组、染色体、发育程序、调控等专业术语,这种从日常生活写起,继而介绍其中的科学道理,最后作远景展望的写法,自然赢得众多读者的喜爱.

最后是语言技巧的运用.优秀的科普文章之所以能把复杂现象和深奥事理讲得简单明白,除了材料转化、内容逻辑安排方面讲究方法,在修辞上,常用比喻、比拟、类比、描摹等.比如范文中,将"碱基排序"比喻成"一本很厚的天书";在讲述"克隆技术"时,举孙悟空"拔一簇毛,就能变出几十个、上百个孙悟空";讲述"基因的调节"时,举了"千手观音的每只手上长着眼睛"……都充分地体现了语言技巧的运用.

## 第二节 科学小品文的写作

科学小品文是一种用小品文的形式普及科学技术知识的科普体裁.本节从阐述科学小品的界定入手,分析科学小品的特点,并结合案例谈谈科学小品的写作.

### 一、什么是科学小品文

古代一部佛经《释氏辩空经》说:"详者为大品,略者为小品."这种划分,对后来小品文的发展有影响，但它不是一种对文字体裁进行分类的方法。就文字体裁而言，小品文是相对诗歌、小说、戏剧等体裁独立存在的一种文体，文学小品，是散文的一种。从题材上划分，那种以科学内容为题材，用散文小品的形式来介绍科学知识的文章，就叫科学小品。

在我国，小品文可以追溯到周秦时代的庄子、荀子等人的寓言体文章。不过，作为一种独立文体，特别是以科学内容为题材的科学小品文，是20世纪30年代才出现的事。1934年陈望道主办的《太白》半月刊，开辟了"科学小品"专栏，柳湜的《论科学小品》是专栏上发表的第一篇阐述科学小品的论文，此后，李公朴、艾思奇主编的《读书生活》和其他进步刊物都有科学小品文发表。像贾祖璋的《萤火虫》，除了介绍萤火虫的种类、繁殖、生长及萤火虫发生机理等科学知识，还联系社会变迁、自然灾害等导致萤火虫的消失等情景的描述，被公认为当时一篇知识性、趣味性、思想性俱佳的科学小品代表作。

通过半个多世纪若干有识之士的努力，在我国，科学小品文已经成一种独具特色的传统的独立文体，对普及科学知识、提高全民族的科学文化素养方面起着重要的作用。

**二、科学小品文的特点**

科学小品文具有科普文章的共性，诸如科学性、思想性和实用性等。但由于其形式和写法上不是格局宏大的著作，因此，有它的个性。其特点是：

1. 短小精练、自由灵活

相对科学专著而言，科学专著是"大品"，大部头，而科学小品是"小品"，小部头。这就决定了，科学小品的材料可以多，可以广，但篇幅一般仅几百、上千字。鲁迅先生一篇关于文字学的小品《门外文谈》，所用的材料从中国伏羲八卦，到西班牙原始洞窟壁画，从仓颉造字到国际通用拉丁名，可谓跨越中外，包容古今，但篇幅却很短。因此，在学写科学小品文时，我们一定要注意，在广泛涉猎素材的基础上，精心剪裁，不搞材料堆砌，力求文字简洁明快，这样，才能做到既短小而又精炼。

科学小品的笔法自由灵活，可以采用故事的表现手法，或者童话叙事的写法，可以用散文的笔调，或杂文的手法。小品文的开头，可以从一句诗、一句成语说起，也可以从一个小故事或神话传说引出，还可以从一段富有哲理的话或身边的琐事谈开。比如，初中《语文》中《琥珀》这篇科学小品，一开头就采用故事的形式，展示琥珀是如何形成，又如何被人捡到，故事生动有趣，在故事的叙述中，读者获得了许多相关的科学知识。

2. 浅显通俗，富有趣味

科学小品的读者群是非专业或外行的人，所以，科学小品通常称为"大众化的科学食品"。写科学小品要求尽量减少深奥的科学术语,而用浅显通俗的语言介绍科学知识.例如,初中《语文》曾选用郑文光的科学小品:《宇宙里有些什么》,其中对银河系的介绍如下:

大约一千万万颗以上的恒星组成一个铁饼形状的东西,我们把它叫银河系,太阳在其中.从地球望出去,银河系就像一个环,套在地球周围.这是一个美丽的环,当它的一半没在地平线下,另一半横过天空的时候,人们就说这是一条天河,它把多情的织女和牛郎隔开了.

不到 150 个字,把神秘莫测的"银河系"勾勒得浅显易懂,又巧妙地加上一个家喻户晓的神话传说,使小品文更富有情趣.

3. 允许艺术加工

科学小品在讲述科学现象时,常采用比喻、比拟、类比、描摹等手法进行文字上的艺术加工,使读者在获得科学知识的同时,也获得一种文学欣赏,这种有机结合,常帮助读者更好地理解科学内容.例如,初中《语文》曾选用罗会明的科学小品:《海光》其中写道:

海上过夜的人们,常有机会欣赏绚丽的海光.有时海上行驶的船只,后面竟会拖着一条又长又亮的光带,波辉闪烁,银光荡映,有点像白天在万里碧空飞行的喷气式飞机后面拖的那条雪亮的"雾带".有时一股股亮流慢慢地从水下升起,升到水面时又化开扩展,活像海洋居民们在施放节日焰火,有时突然发现海面上"浮起"一个个巨大的火轮,像风车一般不停地转动着,把夜空下的海面照得忽明忽暗.有时海面风起浪涌,那浪头却像一条条火舌,前冲后扑,万籁俱寂,一片光涛,令人惊心动魄.有时海面平静宛如沉睡的大地,可是偏有一批海洋"灯火"彻夜不熄,把夜幕里的海面点缀得如同白昼.

这既是一段介绍海光知识的文字,又是一幅绚丽多彩的海光景物画面,这就是科学与文学的有机结合.

### 三、科学小品文的选题

让我们先来阅读选自人民教育出版社 1994 年出版的初中语文《自读课本》中的两篇科学小品.

**云南松怕冷的秘密**

罗红里

既为"岁寒三友"之一,松树当然是不怕冷的了.没想到云南二月的一场尾寒,真个把好生生上万亩云南松冻得直打抖,枝枯叶败后冷死了.

云南人怕冷,难道云南松也怕冷么?

松树怕冷,自是奇闻. 人说云南的松树是云南的好天气宠坏了,这却是天大的冤枉.

俗话说"好汉就怕病来磨". 松树——这树中的伟丈夫正是被一种叫做致冰细菌的恶魔折磨着呢. 你也许不知道,在自然界成千上万的细菌家族中,有两个怕羞的小兄弟:一个叫丁香假单胞菌,一个叫草生欧文氏菌. 它们好像很有修养:干净、爱绿色、专居留叶面. 可是如果你真认为它们是君子国里的良民,那就上当了.

人类最好的朋友——水,有一个怪脾气:从摄氏 4℃ 开始,越冷越发"胖",到零度时就结冰啦! 也许,你没听说过,有超过摄氏零度而不结冰的超冷水吧? 我们的水朋友在植物体内,即使气温降到零下几度时,她也不结冰而是保持超冷水的姿态,使植物能持续经受摄氏零下 60℃ 到零下 80℃ 的寒冷而不致冻坏. 水是植物的血液,血液涌动着,不会析出冰晶,生命组织形态正常,松树能怕冷么?

偏偏冰核细菌这两个恶少,有一手被科学家称做催冻致凝基因的真传:当气温急剧下降,它们会在叶面形成一个特殊的晶核,引起植物体内的超冷水结晶. 科学家叫它们冰晶种子.

植物的血液凝固了,这命还能保么? 许多像松树这样的好汉都被这两个病魔缠倒了. 这植物冻害,也直接打击了人类.

俗话说"助人如助己". 为了帮助水朋友,科学家们捉住了丁香假单胞菌,对其真传的基因片段进行脱胎换骨手术,然后再将失去致冻基因的片段重新放回原处,缴了械的细菌就再也不能致冻了. 树木生长季节到了,人们把经过改造的细菌喷射到大片树林上,它们以全新的面目取而代之,将那些没经过改造的丑恶的同类排挤掉. 于是,致冻细菌不致凝了,气血顺畅,云南松不怕冷了. 这就是遗传工程在防霜冻灾害上的应用.

## 半坡姑娘的锥形瓶

### 袁 泊

凡是来到西安半坡博物馆的中外游客,人人都会被那首先映入眼帘的半坡姑娘雕塑所吸引. 她身披兽皮,手提锥形瓶. 可是你别只把那塑像当艺术品来欣赏,那塑像说明半坡人已从茹毛饮血的穴居的极其原始的生活,开始向前迈进了一大步,以崭新的面貌出现在人类历史的地平线上.

在这里,请你切莫忽视了半坡姑娘手中的那个两头尖、中间大的汲水用的锥形瓶. 乍一看,这个锥形瓶没有什么特别之处,似乎放都放不稳. 可是,你要知道,这个锥形瓶空时在水里会倾倒,而当瓶里汲满了水时就会自动恢复平衡状态. 这种为了便于汲水而发明的锥形瓶所含的力学原理是很深刻的. 它说明先民们在实践中早就知道利用重心和定倾中心相对位置跟浮体稳定性的关系.

我们知道,对称浮体在倾斜一个微小角度时,浮力同对称轴的交点叫定倾中心. 当定倾中心低于浮体重心时,力偶就可以使浮体恢复到平衡状态. 半坡姑娘手中的锥形瓶就是根据这个原理制作的. 当空的锥形瓶放入水中后,锥形瓶自然倾斜,使水进入瓶中;而当锥形瓶汲满水后,锥形瓶就会自动恢复平衡状态.

也许有的朋友会说,这个道理太简单啦. 是的,现代的人们是懂得这个简单的道理. 但是如果你想到半坡姑娘是距今 6000 年的新石器时代仰韶文化时期的原始人,那你就会明白在当时懂得这个道理并在实际生活中加以利用,是一件十分了不起的发明.

半坡姑娘手中的锥形瓶,反映了我国史前文化的光辉. 如果你能在半坡姑娘手提锥形瓶汲水的塑像伫立凝视一刻,你定会从半坡姑娘手中的锥形瓶获得历史的启示,听到时代的召唤,并从中汲取到智慧和力量.

这两篇科学小品,告诉我们,科学小品的题材是广泛的,但选题却是严格的. 就选题而言,我们要注意:

1. 从生活中选题

科学小品的主要任务是向人们普及科学知识,它的选题应选那些与大众生活、生产密切相关的题材. 像《云南松怕冷的秘密》,表面上讲植物冻害,似乎与大众生活关系不大,但仔细一想,人类生存环境的好坏,与植被的好坏息息相关. "好生生上万亩云南松"受冻,"枝枯叶败后冷死"显然不是一桩小事. 让大众了解遗传工程在防霜冻灾害上的应用,这篇小品文在宣传教育上的作用是显而易见的. 事实上,诸如:信息与通讯、资源与能源、战争与防御、环境与污染、医疗与卫生、经济与市场、交通与市政、土地与农业等一系列社会热点问题,都可以成为科学小品的选题,关键在于我们认真地选取材料、组织文字,写出读者喜闻乐见的科学小品来.

2. 选新颖有趣的题材

新颖有趣的东西才能吸引人. 比如,西安半坡博物馆,到西安旅游的人,大都去过,也见过半坡姑娘雕塑. 但对她手提的锥形瓶究竟有什么奇特的功能,不一定了解,从力学原理上阐释锥形瓶的功能,再从历史文化的价值去评价锥形瓶. 这正是《半坡姑娘的锥形瓶》这篇科学小品的新颖有趣的地方,前边提到的郑文光在《宇宙里有些什么》这篇科学小品,他对"天河"是什么样的一条"河"的介绍,让人们知道银河系是怎么一回事,这是对人们熟悉而又不甚理解的科学事实、科学现象,联系生活实际来阐述,同样新颖有趣.

**本章结束语**

中国科学院的路甬祥先生在他的《时代、科学与教育的未来》一文中[①],剖析了中国在21世纪面临的挑战:

12亿~16亿人口从小康需求到中等发达的需求,要解决食物、健康、文化教育、就业诸多问题;

调整经济结构,以实现工业化、信息化和高技术化;

提高我国产品与经济的国际竞争力;

缩小东西部差别;

---

① 新华文摘,2000(1):138.

解决资源、环境、生态的制约问题；

保障经济安全、国家安全；

实行开放合作、自主自强，实现民主法制、科学文明、公平公正、稳定发展．

这里边，特别值得我们关注的是科学教育问题．今天，当发达国家已全部普及中等义务教育，像日本这样的国家 10 多年前就完成了高中以上普及教育，而我国极偏远贫困地区的小学入学率还不足 90%，全国文盲数百万，"科盲"更多！当发达国家把知识作为生产力、竞争力和经济发展的基本要素，越来越重视科学和教育，我们却仍然须同大量存在的不重视知识、不尊重科学的愚昧行为作斗争……面对着"我国公民的科学素质总体偏低，与科教兴国和实行可持续发展战略不相适应"这样一个不争的事实，作为未来的中学乃至大学的理科教师，国家和人民对我们寄予很高的期望．我们没有理由不努力完善自己的知识结构，丰富自己的科学知识，随时准备为国家全民性的科学普及工作出力．科普工作，由我做起，对高等师范理科学生来说，不是一句空话．我们应当利用一切可能的机会向周围的群众宣讲科学知识．教学之余，留心搜集素材，试着写科普类文章，写科学小品，是可行而且必要的．

今天，当我们为实现强国之梦而高喊"发展是硬道理"的时候，我们更要记住：正在成长着的一代年轻人，将主宰未来的社会发展，如果一开始，他们能通过熟悉科学的历史而全面地理解科学，那么科学就能更好地造福社会．从这个意义上讲，积极投入科学普及类文章的写作，是时代赋予每一个理科教师的责任．

**思考题**

1. 实用性科普文章和科学小品有何联系和区别？谈谈你的理解．

2. 现将某中学物理教师归纳出的厨房里的热学知识列出 14 条，请选取全部或部分内容，作为你的写作素材，写一篇实用性科普文章或小品文：

（1）锅铲、手勺、漏勺、锅等炊具的柄都用木头或塑料，因为木头塑料是热的不良导体，在烹饪过程中不烫手．

（2）炉灶上面安装排气风扇，是为了加快空气的对流，使厨房里的油污及时排出去，避免污染房间．

（3）往保温瓶灌开水时，不灌满能更好地保温，因为未灌满的瓶口处有一层气体，它是热的不良导体，能更好地防止热量的散失．

（4）冬季从保温瓶里倒出一些开水后塞紧瓶塞时，常常会看到瓶塞往上跳一下（有时会脱离瓶口掉在地上），这是因为随着开水的倒出，进入了一些冷空气，瓶塞塞紧后，进入的冷空气很快膨胀，压强增大推开瓶塞．

（5）冬天或气温很低的情况下，往玻璃杯中倒入沸水时，应当先用少量沸水预热一下，以防止玻璃杯内外温差过大，内外壁膨胀不均匀，使之破裂．

（6）煮熟后滚烫的鸡蛋和沸水中烫过的西红柿，放入冷水中浸一会儿，容易剥壳和剥皮，因为滚烫的蛋壳与蛋白、西红柿皮与肉遇冷后都会收缩，但他们的收缩程度不一样，从而使两者脱离.

（7）冬季刚出锅的汤往往汤面看不到热气，好像汤不烫，其实温度很高，因为汤面上的一层油阻止了汤的热量散失.

（8）夏天来自水管壁大量"出汗"常常是要下雨的征兆，自来水管"出汗"现象可不是管内的水渗漏而是因为自来水大都来自地下，温度较低，空气中的水蒸气接触到水管壁就会放热而液化. 一旦水管壁大量"出汗"，说明空气中蒸汽含量高、温度大，这正是下雨的征兆.

（9）磨刀时要往刀上洒水，因为刀与磨石摩擦生热，刀的温度过高会使钢铁的硬度降低，刀口就不锋利了，洒水可以使刀石间的热量被水带走，这样刀口的温度就不会升得过高了.

（10）冬天水壶里的水烧开后，在壶嘴一定距离能看到"白气"，而紧靠壶嘴的地方看不到"白气". 这是因为紧靠壶的地方温度较高，壶嘴喷出来的水蒸气不能液化，而距壶嘴一定距离的地方温度低，壶嘴喷出来的水蒸气放热液化成小水滴，即看到的"白气".

（11）煮食品时，并不是火越旺越快. 因为水沸腾时的温度是不变的，即使再加大火力，也不能提高水温，只是加快了水的汽化，使锅内的水干得快些而已，白白浪费了燃料. 正确的方法是用大火烧开后，就改用小火，保持锅内的水一直沸腾就行了.

（12）用砂锅煮食物，食物煮好后让砂锅离开火炉，锅内还能继续沸腾一会儿，这是因为砂锅离开火炉后，砂锅底的温度高于100℃，而锅内的食物温度维持为100℃，继续沸腾直到砂锅底的温度降为100℃为止.

（13）滚烫的砂锅在湿地上容易破裂，这是因为砂锅是热的不良导体，滚烫的砂锅放在湿地上时，砂锅外壁迅速放热收缩，而内壁温度降低很慢，砂锅内外收缩不匀所以容易破裂.

3. 请在自己专业知识的基础上，联系生活实际收集素材，写一篇关于防治污染的科普性文章，可以是实用性科普文章，也可以是科学小品.

## 主要参考书目

[1] 周启源. 科技论文写作须知 [M]. 上海：上海科学技术出版社. 1983
[2] 中国科普创作研究所. 科技写作十六讲 [M]. 天津：南开大学出版社. 1986
[3] 马维绪，马玉英. 科技论文写作 [M]. 北京：煤炭工业出版社. 1999
[4] 赵建伟. 科教文书写作 [M]. 珠海：珠海出版社. 2000
[5] 教育部师范教育司. 中学教师物理教育研究方法 [M]. 北京：教育科学出版社. 1999
[6] 王仲春，李元中等. 数学思维与数学方法论 [M]. 北京：高等教育出版社. 1989
[7] 王力邦. 科学概述与科学方法 [M]. 贵阳：贵州教育出版社. 2002
[8] 封小超，王力邦. 物理课程与教学论 [M]. 北京：科学出版社. 2005